普通高等教育规划教材

ISO 9001 质量管理体系及认证概论（2015版）

第二版

魏恒远　主　编
周富林　仝　源　副主编
孙克清　主　审

化学工业出版社
·北京·

本书共分为七章。第一章介绍了质量、环境、职业健康安全等现代管理体系以及产品合格安全认证等方面的基本知识；第二章介绍了 ISO 9000:2015《质量管理体系 基础和术语》标准中的内容；第三章介绍了 ISO 9001:2015《质量管理体系 要求》标准的各条款要求；第四章、第五章以 ISO 19011:2011《管理体系审核指南》为基础，介绍了质量管理体系审核的基本知识、审核阶段活动的基本内容和实施方法；第六章介绍了质量管理体系文件的内容和编写方法；第七章给出了质量管理体系文件的部分示例以供参考。

本书针对大学生缺乏企业工作实践的特点，通过大量的案例分析，以求达到理解标准要求、理解和掌握质量管理体系审核和质量管理体系文件编写的过程和方法的目的。每章后附有复习思考题与练习题，书后附有部分参考答案，以供自学之用。

本书可作为本科、高职高专机械、化工、电子等专业的教材，也可作为企业质量管理人员的培训教程，还可作为成人高校、高级技工学校、中等职业学校相关专业的教材。

图书在版编目（CIP）数据

ISO 9001 质量管理体系及认证概论：2015 版／魏恒远主编. —2 版. —北京：化学工业出版社，2018.8（2023.8 重印）
普通高等教育规划教材
ISBN 978-7-122-32446-7

Ⅰ. ①I… Ⅱ. ①魏… Ⅲ. ①质量管理体系—国际标准—高等学校—教材 Ⅳ. ①F273.2-65

中国版本图书馆 CIP 数据核字（2018）第 135258 号

责任编辑：高　钰　　　　　　　　　　文字编辑：陈　雨
责任校对：王素芹　　　　　　　　　　装帧设计：刘丽华

出版发行：化学工业出版社（北京市东城区青年湖南街 13 号　邮政编码 100011）
印　　装：三河市双峰印刷装订有限公司
787mm×1092mm　1/16　印张 17½　字数 448 千字　2023 年 8 月北京第 2 版第 6 次印刷

购书咨询：010-64518888　　　　　　　售后服务：010-64518899
网　　址：http://www.cip.com.cn
凡购买本书，如有缺损质量问题，本社销售中心负责调换。

定　　价：48.00 元　　　　　　　　　　　　　　　　　　版权所有　违者必究

前　言

国际标准 ISO 9000:2015《质量管理体系　基础和术语》、ISO 9001:2015《质量管理体系　要求》经过几年的讨论和重大修订后已于 2015 年 9 月 23 日正式发布实施，替代了 ISO 9000:2005 版和 ISO 9001:2008 版标准；同时国际认可论坛 IAF 发布了转换实施指南，明确新旧标准的转换期限为 3 年。中国规定所有的 GB/T 19001—2008 版认证证书将于 2018 年 9 月 15 日后作废。对 ISO 9000:2015 和 ISO 9001:2015 英文版进行翻译并等同采用的中国国家标准 GB/T 19000—2016《质量管理体系　基础和术语》、GB/T 19001—2016《质量管理体系　要求》也于 2016 年 12 月 30 日发布，并于 2017 年 7 月 1 日正式实施。此外，用以指导管理体系审核的国际标准 ISO 19011:2002《质量和（或）环境管理体系审核指南》也已换版为 ISO 19011:2011《管理体系审核指南》。

《ISO 9001 质量管理体系及认证概论（2015 版）》第二版，全书共分为七章。第一章介绍了质量、环境、职业健康安全等现代管理体系以及产品安全认证等方面的基本知识；第二章介绍了 ISO 9000:2015《质量管理体系　基础和术语》标准中的内容；第三章重点介绍了 ISO 9001:2015《质量管理体系　要求》标准的各条款要求；第四章、第五章以 ISO 19011:2011《管理体系审核指南》为基础，介绍了质量管理体系审核的基本知识、审核实施活动的基本内容和实施方法；第六章介绍了质量管理体系文件的内容和编写方法；第七章为部分质量管理体系文件示例。

本书的特点是案例丰富、概念准确，既有严谨的理论解释，也有通俗的举例说明；既有编者多年实践经验的独特见解，也博采了诸多专家的精华论点。

本书的内容已制作成用于多媒体教学的 PPT 课件，并将免费提供给采用本书作为教材的院校使用。如有需要，请发电子邮件至 cipedu@163.com 获取，或登录 www.cipedu.com.cn 免费下载。

本书由魏恒远任主编，周富林、仝源任副主编；周富林编写第一章，仝源编写第二章，魏恒远编写第三章、第五章，魏恒远、李建新编写第四章，周富林、吴文伶编写第六章，蒋旭伟、王晓梅编写第七章。全书由魏恒远统稿，中国方圆标志认证集团江苏分公司孙克清担任主审。

限于编者水平，书中疏漏和不足之处敬请同行与读者予以批评指正，不胜感激。

编者

2018 年 5 月

目 录

第一章 现代管理体系及认证知识概述 1
第一节 现代管理体系与认证 1
一、现代管理体系简介 1
二、常见管理体系认证介绍 2
三、产品认证简介 9
第二节 ISO 9000 族标准简介 15
一、ISO 9000 族标准的起源与发展 15
二、ISO 9000 族标准的构成 17
三、企业实施 ISO 9001 标准及认证的意义与现状 19
第三节 质量管理体系的建立、实施及管理 22
一、质量管理体系建立的步骤及主要工作 22
二、质量管理体系认证实施程序 25
三、质量管理体系内审员、外审员简介 27
四、相关认证认可管理机构 29
五、国际认可论坛 33
复习思考题与练习题 34

第二章 质量管理体系基础和术语 36
第一节 概述 36
一、引言 36
二、范围与总则 36
第二节 基本概念 37
一、质量 37
二、质量管理体系 37
三、组织环境 37
四、相关方 37
五、支持 37
第三节 质量管理原则 38
一、以顾客为关注焦点 38
二、领导作用 39
三、全员积极参与 41
四、过程方法 42
五、改进 43
六、循证决策 45

七、关系管理 45
第四节 运用基本概念和原则建立质量管理体系 46
一、质量管理体系模式 46
二、质量管理体系的建立 47
三、质量管理体系标准、其他管理体系和卓越模式 47
第五节 术语和定义 48
一、有关人员的术语 50
二、有关组织的术语 51
三、有关活动的术语 52
四、有关过程的术语 55
五、有关体系的术语 56
六、有关要求的术语 58
七、有关结果的术语 62
八、有关数据、信息和文件的术语 64
九、有关顾客的术语 66
十、有关特性的术语 67
十一、有关确定的术语 68
十二、有关措施的术语 69
复习思考题与练习题 71

第三章 质量管理体系要求的理解 72
第一节 概述 72
第二节 引言部分概述 73
一、总则 73
二、质量管理原则 75
三、过程方法 76
四、与其他管理体系标准的关系 79
第三节 范围、引用文件和定义 80
一、范围 80
二、规范性引用文件 81
三、术语和定义 81
第四节 组织环境 81
一、理解组织及其环境 81
二、理解相关方的需求和期望 83
三、确定质量管理体系的范围 83
四、质量管理体系及其过程 84
第五节 领导作用 86

  一、领导作用和承诺 ………………… 86
  二、方针 …………………………… 88
  三、组织的岗位、职责和权限 ……… 88
 第六节 策划 ………………………… 89
  一、应对风险和机遇的措施 ………… 89
  二、质量目标及其实现的策划 ……… 90
  三、变更的策划 …………………… 91
 第七节 支持 ………………………… 92
  一、资源 …………………………… 92
  二、能力 …………………………… 96
  三、意识 …………………………… 97
  四、沟通 …………………………… 98
  五、成文信息 ……………………… 99
 第八节 运行 ………………………… 103
  一、运行的策划和控制 …………… 103
  二、产品和服务的要求 …………… 105
  三、产品和服务的设计和开发 …… 108
  四、外部提供的过程、产品和服务的
    控制 …………………………… 114
  五、生产和服务提供 ……………… 117
  六、产品和服务的放行 …………… 123
  七、不合格输出的控制 …………… 124
 第九节 绩效评价 …………………… 125
  一、监视、测量、分析和评价 …… 125
  二、内部审核 ……………………… 128
  三、管理评审 ……………………… 129
 第十节 改进 ………………………… 132
  一、总则 …………………………… 132
  二、不合格和纠正措施 …………… 132
  三、持续改进 ……………………… 134
 复习思考题与练习题 …………………… 134

第四章 质量管理体系审核概论 ……… 138
 第一节 与审核有关的术语 ………… 138
 第二节 审核类型、审核原则与抽样 … 141
  一、审核类型 ……………………… 141
  二、审核原则 ……………………… 144
  三、抽样 …………………………… 145
 第三节 审核方案的管理 …………… 146
  一、概述 …………………………… 146
  二、确立审核方案的目标 ………… 147
  三、建立审核方案 ………………… 148
  四、实施审核方案 ………………… 150
  五、监视审核方案 ………………… 152
  六、评审和改进审核方案 ………… 152

 第四节 ISO 9001:2015/GB/T 19001—2016
     标准审核要点 ……………… 153
 复习思考题与练习题 …………………… 159

第五章 质量管理体系审核实施 ……… 160
 第一节 总则 ………………………… 160
 第二节 审核启动与审核活动准备 … 161
  一、与受审核方建立初步联系 …… 161
  二、确定审核的可行性 …………… 161
  三、审核准备阶段的文件评审 …… 161
  四、编制审核计划 ………………… 161
  五、审核组工作分配 ……………… 167
  六、准备工作文件 ………………… 168
 第三节 编制检查表 ………………… 169
  一、检查表的作用和基本内容 …… 169
  二、检查表的分类与编制要点 …… 170
 第四节 审核活动的实施 …………… 174
  一、举行首次会议 ………………… 174
  二、审核实施阶段的文件评审 …… 175
  三、向导和观察员的作用和责任 … 175
  四、信息的收集和验证 …………… 176
  五、现场审核方法 ………………… 176
  六、审核中的沟通 ………………… 180
 第五节 审核发现与不符合的确定 … 180
  一、审核发现的形成 ……………… 180
  二、不符合项及报告 ……………… 180
  三、准备审核结论 ………………… 184
  四、举行末次会议 ………………… 187
 第六节 审核报告编制与分发 ……… 187
  一、审核报告的编制 ……………… 187
  二、审核报告的批准和分发 ……… 192
 第七节 审核完成与后续活动实施 … 193
  一、提出纠正、纠正措施和
    预防措施要求 ………………… 193
  二、纠正措施和预防措施的认可
    与实施 ………………………… 193
  三、纠正措施和预防措施的跟踪验证 … 194
 复习思考题与练习题 …………………… 194

第六章 质量管理体系文件编写 ……… 197
 第一节 质量管理体系文件（成文信息）
    概述 ………………………… 197
  一、质量管理体系文件（成文信息）的
    作用 …………………………… 197
  二、质量管理体系文件的要求及构成 … 198
  三、质量管理体系文件编制流程 …… 203

  四、质量管理体系文件编制要点 ………… 205
 第二节 质量手册的编制 ……………… 207
  一、编写质量手册的主要目的 …………… 207
  二、质量手册的内容 ……………………… 208
  三、编制质量手册应注意的问题 ………… 208
 第三节 程序文件的编制 ……………… 209
  一、程序文件与质量手册、作业（工作）
    指导书的关系 ………………………… 209
  二、程序文件的作用 ……………………… 209
  三、程序文件的编制内容 ………………… 209
 第四节 作业（工作）指导书的编制 … 214
  一、作业指导书类型 ……………………… 214
  二、编制作业指导书的目的及作用 ……… 214
  三、作业指导书的编制内容 ……………… 215
 第五节 记录的编制 …………………… 216
  一、记录的类型 …………………………… 216
  二、记录的作用 …………………………… 217
  三、记录的基本形式 ……………………… 217
  四、记录的编制要求 ……………………… 217
 复习思考题与练习题 ………………………… 219

第七章 质量管理体系文件示例 …… 220
 第一节 质量手册示例节选 …………… 220
 第二节 程序文件示例 ………………… 235
 第三节 质量记录表样 ………………… 240
  一、质量记录表格明细 …………………… 240
  二、部分质量记录表格样式 ……………… 242

复习思考题与练习题参考答案 ………… 266

参考文献 ……………………………………… 272

第一章

现代管理体系及认证知识概述

第一节 现代管理体系与认证

一、现代管理体系简介

自国际标准化组织（ISO）在1987年根据各国的需要颁布了ISO 9000族质量管理体系标准以来，在世界范围内出现了持续的"ISO 9000"热。在人们关注质量管理的同时，大规模的全球环境问题使人们对环境保护更加重视。在1992年召开的联合国环境与发展大会上，提出了"可持续发展"的概念。实现可持续发展引发了在工商业界，将实施可持续发展和保护环境的行动作为企业自身应尽的责任和义务。在这种环境管理国际化大趋势下，1996年9月国际标准化组织（ISO）根据ISO 9000系列标准的成功经验，颁布了ISO 14000系列环境管理体系标准。20世纪90年代以来，西方发达国家特别是其中一些跨国公司和大型现代化联合企业为强化自己的社会关注力和控制损失的需要，开始建立自律性的职业健康安全与环境保护的管理制度，并初步形成了比较完善的体系。同时，随着全球经济一体化的发展，国际社会对职业健康安全问题日益关注。2001年6月，国际劳工组织颁布了OHSAS 18001职业安全和健康管理体系标准，它与ISO 9000和ISO 14000等标准规定的管理体系一并被称为后工业化时代的管理方法。除此之外，一些有利于社会、企业和顾客等的管理体系标准也相继颁布。

ISO 9000:2015标准对管理体系（Management System）的定义是："组织建立方针和目标以及实现这些目标的过程的相互关联或相互作用的一组要素。""一个管理体系可以针对单一的领域或几个领域，如质量管理、财务管理或环境管理。"在当今，只要有需要，一个组织（企业）的管理体系可包括若干个不同的管理体系，例如：

ISO 9001 质量管理体系（QMS）；

ISO 14001 环境管理体系（EMS）；

OHSAS 18001 职业健康安全管理体系（OHSAS）；

IATF 16949 汽车行业质量管理体系；

ISO 50001 能源管理体系；

ISO 22000 食品安全管理体系（HACCP）；

ISO/IEC 27001 信息安全管理体系。

二、常见管理体系认证介绍

认证是指由认证机构证明产品、服务、管理体系符合相关标准、技术规范或其强制性要求的合格评定活动。就制造型的企业而言，通常的认证包括管理体系认证和产品认证两大类（如图 1-1 所示）。

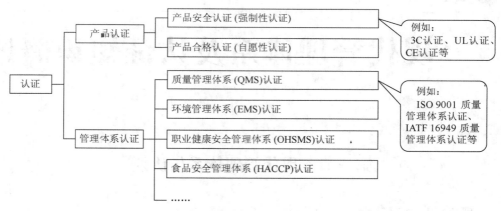

图 1-1　认证的构成

管理体系认证是依据管理体系标准进行的。当前，依照各种不同管理体系标准进行的体系认证很多，最常见的就是 ISO 9001 质量管理体系认证。下面介绍的是制造行业常见的管理体系认证。

1. ISO 9001 质量管理体系认证

这是应用最为广泛的，也是本书重点介绍的管理体系认证，在本章第二节做了详细介绍。

2. ISO 14001 环境管理体系认证

环境管理体系不属于质量管理体系，它和质量管理体系一样，是一个组织内全面管理体系的组成部分。

环境管理体系将有助于组织系统化地处理环境问题，并将环境保护和企业经营结合起来，使之成为企业日常运行和经营策略的一个部分。

国际标准组织化于 1996 年发布了 ISO 14000 环境管理体系（Environmental Management System，EMS）系列标准，它是一个庞大的标准体系，其中 ISO 14001 标准是 ISO 14000 系列标准的核心标准，也是主要用于认证的标准。我国等同转化为 GB/T 24001—1996《环境管理体系　规范及使用指南》国家标准。2004 年 ISO/TC 207 将该国际标准修订换版为 ISO 14001:2004《环境管理体系　要求及使用指南》，我国继续等同采用该国际标准并在各行业组织中加以大力推广实施。ISO 14001 作为世界上首个被广泛采用的环境管理体系国际标准，现已帮助全球超过 30 万家组织提升其环境绩效。目前，我国通过环境管理体系认证的组织已逾 10 万家，位居全球获证组织数量国家排名榜首。组织通过建立、实施、保持和持续改进环境管理体系，对环境因素进行有效控制，改善环境绩效，减少环境影响，取得了显著的环境、经济和社会效益。基于"环境保护承诺"与"降低不良环境影响的风险"的需求，2011 年 ISO/TC 207/SC1/WG5 启动了对 ISO 14001:2004 国际标准的修订工作。在历经了 2014 年 7 月 DIS 稿、2015 年 7 月 FDIS 稿后，ISO 14001:2015《环境管理体系　要求及使用指南》国际标准于 2015 年 9 月正式发布。

为了使我国广大企业更好地实施新版国际标准，更有效地运用环境管理工具实现环境绩效的持续改进，为环境的可持续发展做出贡献，同时也为实施已获证企业的换版过渡做好铺垫，2015 年 10 月，全国环标委组织成立了标准修订转化起草组，并组织召开了 GB/T 24001—2015《环境管理体系　要求及使用指南》国家标准修订转化工作会议，经过多次内部研讨和对标准草案的修改完善，于 11 月形成征求意见稿，面向社会各界广泛征求意见并进行汇总处理，于 12 月底形成送审稿。2016 年 10 月与 ISO 14001:2015 对应的 GB/T 24001—2016《环境管理体系　要求及使用指南》正式发布，并于 2017 年 5 月 1 日正式实施。

新版国际标准 ISO 14001:2015 较 ISO 14001:2004 而言，在结构、术语和要求等诸多方面都进行了较大幅度的调整和修订，除了采用 ISO/IEC 工作导则第 1 部分附件 SL 附录 2《高阶结构、相同的核心文本、通用术语和核心定义》所规定的管理体系标准通用结构和框架，并将 ISO 14001:2004 国际标准的 20 条术语和定义调整为 33 条之外，其主要变化还体现在提出战略环境管理思维、将环境管理体系融入组织的业务过程、采用基于风险的思维、强化领导的作用、承诺从污染预防扩展到保护环境、强调履行合规义务、强化提升环境绩效、运用生命周期观点、细化内外部信息交流、对文件化信息的要求和对变更的管理等。

ISO 14001:2015 标准由领导作用、策划、支持、运行、绩效评价和改进 6 个部分构成。各部分有机结合，紧密联系，形成 PDCA 循环的管理体系，并确保组织的环境行为持续改进。它为组织提供了一个框架，使其能够在业务不断发展增长的同时，降低对环境的影响、减少浪费、节约能源。还能帮助企业更具创新性，改进管理体系流程，满足相关法规要求，增强企业在投资者、客户和公众眼中的信誉度。

ISO 14001 标准要求组织通过建立环境管理体系来达到支持环境保护、预防污染和持续改进的目标，并可通过取得第三方认证机构认证的形式，向外界证明其环境管理体系的符合性和环境管理水平。由于 ISO 14001 环境管理体系可以带来节能降耗、增强企业竞争力、赢得客户、取信于政府和公众等诸多好处，所以自发布之日起即得到了广大企业的积极响应，被视为进入国际市场的"绿色通行证"。许多国家，尤其是发达国家纷纷宣布，没有环境管理认证的商品，将在进口时受到数量和价格上的限制。例如，欧洲国家宣布，电脑产品必须具有"绿色护照"方可入境。美国能源部规定，政府采购只有取得认证的厂家才有资格投标。

ISO 14001 标准是在当今人类社会面临严重的环境问题（如温室效应、臭氧层破坏、生物多样性的破坏、生态环境恶化、海洋污染等）的背景下产生的，是工业发达国家环境管理经验的结晶，其基本思想是引导组织建立环境管理的自我约束机制，从最高领导到每个职工都以主动、自觉的精神处理好自身发展与环境保护的关系，不断改善环境绩效，进行有效的污染预防，最终实现组织的良性发展。该标准适用于任何类型和规模的组织，也适用于各种地理、文化和社会环境。

3. OHSAS 18001 职业健康安全管理体系认证

OHSAS 18000 职业健康安全管理体系标准是 20 世纪 80 年代后期，在国际上兴起的现代安全生产管理模式，是近几年又一个风靡全球的管理体系标准的认证制度。

随着工业科技的不断进步，职工的安全健康问题越来越突出，全球安全生产事故持续增长。据国际劳工组织估计，世界范围内每年约发生2.7亿起职业事故，200万人死于职业事故和与工作相关的疾病，1.6亿人遭受职业病，职工的安全健康受到严重威胁。20世纪90年代后期，一些发达国家借鉴ISO 9000认证的成功经验开展了实施职业健康安全管理体系的活动，以保障从业人员的健康安全。1996年英国颁布了BS 8800《职业安全卫生管理体系指南》国家标准。以后，美国、澳大利亚、日本、挪威的一些组织制定了关于职业健康安全管理体系的指导性文件。1999年英国标准协会（BSI）、挪威船级社（DNV）等13个组织提出职业健康安全评价系列（OHSAS）标准，即OHSAS 18000标准。在ISO尚未制定的情况下，它起到了准国际标准的作用。其中的OHSAS 18001标准是认证性标准，它是组织（企业）建立职业健康安全管理体系的基础，也是企业进行内审和认证机构实施认证审核的主要依据。

1999年10月，国家经贸委颁布了《职业安全卫生管理体系试行标准》（OSHMS试行标准）。为迎接加入世界贸易组织后国内企业面临的国际劳工标准和国际经济一体化的挑战，规范各类中介机构的行为，我国于2001年11月12日转化为国标GB/T 28001—2001 idt OHSAS18001:1999《职业健康安全管理体系 规范》。同年12月20日，国家经贸委也推出了《职业安全健康管理体系审核规范》，并在我国开展起职业健康安全管理体系认证制度。GB/T 28001于2011年12月30日更新至GB/T 28001—2011版本，并于2012年2月1日实施。修订后的国家标准等同采用OHSAS 18001:2007《职业健康安全管理体系 要求》，与质量、环境管理体系标准更加兼容，更加强调"健康"的重要性，增加了"合规性评价"要求，对职业健康安全策划部分的控制措施层级提出了新要求，对术语和定义部分作了较大调整和变动。

目前，职业健康安全管理体系已被广泛关注，包括组织的员工和多元化的相关方（如：居民、社会团体、供方、顾客、投资方、签约者、保险公司等）。标准要求组织建立并保持职业安全与卫生管理体系，识别危险源并进行风险评价，制定相应的控制对策和程序，以达到法律法规要求并持续改进。在组织内部，体系的实施以组织全员（包括派出的职员，各协力部门的职员）活动为原则，并在一个统一的方针下开展活动，这一方针应为职业健康安全管理工作提供框架和指导作用，同时要向全体相关方公开。

实施职业健康安全管理体系的益处：

① 可以提高企业的安全管理和综合管理水平，促进企业管理的规范化、标准化、现代化；

② 可以减少因工伤事故和职业病所造成的经济损失和因此所产生的负面影响，提高企业的经济效益；

③ 可以提高企业的信誉、形象和凝聚力；

④ 可以提高职工的安全素质、安全意识和操作技能，使员工在生产、经营活动中自觉防范安全健康风险；

⑤ 可以增强企业在国内外市场中的竞争能力；

⑥ 可以为企业在国际生产经营活动中吸引投资者和合作伙伴创造条件；

⑦ 可以促进企业的安全管理与国际接轨，消除贸易壁垒，是企业的第三张通行证；

⑧ 可以通过提高安全生产水平改善政府－企业－员工（以及相关方）之间的关系。

职业健康安全管理体系（OHSAS）是一套系统化、程序化和具有高度自我约束、自我完善的科学管理体系。其核心是要求企业采用现代化的管理模式，使包括安全生产管理在内的所有生产经营活动科学、规范和有效，建立安全健康风险，从而预防事故发生和控制职业危害。这与我国"安全第一，预防为主"的基本工作方针相一致，是当前市场经济、国家企业，尤其是大的跨国公司一致采用的安全生产管理体系，具有很高的科学性、安全性和实效性。

4. IATF 16949 质量管理体系认证

IATF（International Automotive Task Force）国际汽车工作组是由世界上主要的汽车制造商及协会于 1996 年成立的一个专门机构。IATF 16949 的前身是 ISO/TS 16949，ISO/TS 16949（第一版）最初由 IATF 创建于 1999 年，旨在协调全球汽车行业供应链中的不同评估与认证体系。其后随着 ISO 9001 标准的多次修订，先后产生了 2002 年的 ISO/TS 16949：2002（第二版）和 2009 年的 ISO/TS 16949：2009（第三版）。2016 年 IATF 征求了认证机构、审核员、供应商和 OEM 的意见，创建了 IATF 16949：2016（第一版）以注销并取代 ISO/TS 16949：2009 标准。

IATF 成员包括了国际标准化组织质量管理与质量保证技术委员会（ISO/TC 176）、意大利汽车工业协会（ANFIA）、法国汽车制造商委员会（CCFA）和汽车装备工业联盟（FIEV）、德国汽车工业协会（VDA）、汽车制造商如宝马（BMW）、克莱斯勒（Daimler Chrysler）、菲亚特（Fiat）、福特（Ford）、通用（General Motors）、雷诺（Renault）和大众（Volkswagen）等。

IATF 16949：2016 标准是"质量管理体系——汽车生产件及相关服务件组织应用 ISO 9001：2015 的特殊要求"，它是一个很特别的标准，只适用于在汽机行业供应链内的厂商，所谓"汽机行业"只包括在道路上行动的车辆，如汽车、卡车、巴士及摩托车。虽然如此，汽车产业作为我国国民经济支柱产业的地位越来越突出。2016 年交通运输设备制造业对工业增长的贡献率首次跃升至 40 个工业行业之首，以汽车制造业为主的交通运输设备制造业已取代电子信息通信业，成为名副其实的领头羊。该标准在全球乃至我国的影响力及认可度可见一斑。

IATF 16949 标准是以 ISO 9001 标准为基础，加进了汽车行业的技术规范。标准完全和 ISO 9000 标准保持一致，但更着重于缺陷防范、减少在汽车零部件供应链中容易产生的质量波动和浪费，该标准的目标是在汽车供应链中开发提供持续改进、强调缺陷预防，以及减少变差和浪费的质量管理体系。标准具有非常明确的针对性和适用性，适用于顾客要求的用于生产件和/或服务件的制造现场，适用于整个汽车供应链中的组织，已成为世界范围内共同和唯一的汽车行业质量管理体系的基本要求。按照该标准建立、实施和保持质量管理体系，将给企业带来很多的好处和显著的效益。

① 有利于企业成为汽车顾客的供方，特别是为主机厂配套。汽车主机厂目前普遍提出了对汽车生产件及相关维修件供方的质量管理体系要求，依据 IATF 16949 标准或其他质量体系标准建立质量管理体系，取得认证，才有可能进入国际、国内汽车顾客的采购圈。

② 提高企业的工作效率。IATF 16949 标准告诉企业的不仅仅是质量管理体系各过程的要求，还提出并规定了许多有效的、切实可行的控制程序和方法，如质量先期策划、测量系统分析、生产件批准程序等，合理地使用这些方法，可以有效地提高工作效率，增强企业的战斗力。

③ 有利于企业全员以顾客为关注焦点、满足顾客要求质量意识的形成。通过人力资源管理，培训管理的加强，形成与质量有关的各级管理人员、岗位员工整体素质不断提高的发

展局面。

④ 能不断提高顾客对企业提供的产品和服务的满意程度。产品质量的不断改进与提高，百分之百按时交付产品的机制，以及对顾客要求的关注、沟通与满足，IATF 16949 标准将帮助企业不断提高顾客的满意程度。

⑤ 预防产品缺陷，减少不合格品。IATF 16949 标准从产品的策划、设计与开发、制造过程设计、生产过程的确认、不合格品的分析与控制、纠正措施、预防措施诸多过程进行控制。对产品实现过程潜在的缺陷进行识别、分析，制定相应的措施，防止不合格的发生，减少不合格品，降低废品损失，减少成本，从而提高企业产品的市场竞争力。

⑥ 产品实物质量明显提高。落实并实施 IATF 16949 标准，采取质量先期策划、控制计划等手段，对产品从原辅材料采购到产品实现过程直至交付的全过程规定控制要求，实施过程控制，能有效地提高产品的实物质量。

⑦ 推动企业建立与供方互利的关系，确保共同对顾客提供产品质量的保证，对顾客负责，创造最佳的服务业绩，获取双赢。

⑧ 减少了质量管理体系的重复检查和验证。"共同的标准，共同的第三方认证，相互承认"已是大势所趋。过去不同汽车管理体系标准的重复认证，将逐步过渡到单一的认证，这为广大汽车生产件企业减轻了负担。

⑨ 促进企业充分识别、贯彻落实与产品有关的法律、法规要求，从而保证产品满足相应的要求。

⑩ 有助于企业建立自我检查、发现问题、寻求改进、自我完善的管理机制。内部审核员队伍建立和保持，将为企业质量管理水平的不断提升、持续改进提供保证。

IATF 16949 标准极具代表性、可操作性和系统性，对于我国汽车工业来说是一部编辑完美的质量管理学习指南。学习和接受国外先进的质量管理方法，是提高我国汽车工业质量水平的基础工作，应该踏踏实实地做好这项工作。过去我们引进了技术，有了好图纸、好设备却生产不出来高质量的产品，主要就是因质量管理差，只有按照好的质量管理方法去做，才能提高产品质量。这是一个系统、全面的质量管理体系，值得汽车行业高度重视。

IATF 16949 标准产生的深远意义还在于，它说明了汽车工业正在快速地向全球一体化的方向发展，全球采购越来越普遍、越来越规范，要想打入国际市场，必须达到国际质量标准的要求。

5. ISO 22000 食品安全管理体系（HACCP）

随着经济全球化的发展、社会文明程度的提高，人们越来越关注食品的安全问题，要求生产、操作和供应食品的组织，证明自己有能力控制食品安全危害和那些影响食品安全的因素。顾客的期望、社会的责任，使食品生产、操作和供应的组织逐渐认识到，应当有标准来指导操作、保障、评价食品安全管理，这种对标准的呼唤，促使 ISO 22000 食品安全管理体系要求标准的产生。

ISO 22000 标准既是描述食品安全管理体系要求的使用指导标准，又是可供食品生产、操作和供应的组织认证和注册的依据。

ISO 22000 表达了食品安全管理中的共性要求，而不是针对食品链中任何一类组织的特定要求。该标准适用于在食品链中所有希望建立保证食品安全体系的组织，无论规模、类型和其所提供的产品。它适用于农产品生产厂商、动物饲料生产厂商、食品生产厂商、批发商和零售商。它也适用于与食品有关的设备供应厂商、物流供应商、包装材料供应厂商、农业化学品和食品添加剂供应厂商，涉及食品的服务供应商和餐厅。

ISO 22000 采用了 ISO 9000 标准体系结构，将 HACCP（hazard analysis and critical control point，危害分析和临界控制点）原理作为方法应用于整个体系，明确了危害分析作为安全食品实现策划的核心，并将国际食品法典委员会（CAC）所制定的预备步骤中的产品特性、预期用途、流程图、加工步骤、控制措施和沟通作为危害分析及其更新的输入，同时将 HACCP 计划及其前提条件均衡地结合。该标准可以与其他管理标准整合，如质量管理体系标准和环境管理体系标准等。

国际标准化组织于 2005 年 9 月 1 日发布国际标准 ISO 22000:2005《食品安全管理体系 食物链中各类组织的要求》。ISO 22000 标准包括 8 个方面的内容，即范围、规范性引用文件、术语和定义、政策和原理、食品安全管理体系的设计、实施食品安全管理体系、食品安全管理体系的保持和管理评审。ISO 22000 是一个自愿采用的国际标准，该标准对全球食品安全管理体系提出了一个统一的标准，实施这一标准可以使生产加工企业避免因不同国家的不同要求而产生的许多尴尬，可能为越来越多国家的食品生产加工企业所采用，而成为国际通行的标准。面对这种情况，我国等同采用该标准制定了国标 GB/T 22000—2006，我国食品生产加工企业应当未雨绸缪，尽快熟悉和掌握该标准，按照这一标准建立健全食品安全管理体系。

6. ISO 50001 能源管理体系认证

ISO 50001 能源管理体系是由 ISO 国际标准化组织的 ISO/PC 242 能源管理委员会制定的。42 个成员国参与了该标准的制定，而另外的 10 个成员国则作为观察者。该标准为工厂、经营设施或组织的能源管理建立了一套框架，以协助企业进行能源管理，提高能源使用效率，减少成本支出及改善环境效益。我国在 2009 年推出 GB/T 23331—2009《能源管理体系 要求》，2012 年 12 月 31 日我国国家标准化委员会发布了 GB/T 23331—2012《能源管理体系 要求》，于 2013 年 10 月 1 日正式实施。本次标准修订最重要的变化是等同采用了国际标准 ISO 50001:2011 的要求，此前的 GB/T 23331—2009 是名副其实的中国能源管理体系标准，此次改版后，中国标准跟国际标准进行接轨。

工业活动以及商业建筑的能耗约占全球能耗的 60%，这两个领域都具有巨大的节能潜力，然而当前预测表明，到 2035 年，这两个领域都难以实现一半的节能潜力。当前，各国政府及企业都在向国际能源管理体系 ISO 50001 靠拢，力争加大节能力度，提高生产率、竞争力和国家能源安全性。各组织机构如果按照全球化标准 ISO 50001 去实施强大有效的能源管理体系，就能提高能效、减少碳排放。通过对采用 ISO 50001 的美国企业的初步分析发现，18 个月内平均节能 10%，年节能效益从 8.7 万美元到 98.4 万美元不等。

ISO 50001 标准主要基于 ISO 管理体系标准的共同元素，保证与 ISO 9001（质量管理）和 ISO 14001（环境管理）保持最大的兼容性。ISO 50001 将会提供以下帮助：将能源效率纳入管理办法的框架中；更好地利用现有能源消耗资产；制定标准、测量、记录和报告能源强度改进及其预计的对消减温室气体（GHG）排放量的影响；能源资源的透明管理和交流；能源管理的最佳做法和良好的能源管理行为；评估并确定新能源效率技术的实施和其优先顺序；通过供应链促进能源效率的框架；和温室气体排放消减计划有关的能源管理改进。

ISO 50001 标准的关键要素包括：

① 能源政策；

② 跨部门管理团队；
③ 能源规划流程；
④ 能耗基准；
⑤ 能效指标的认定；
⑥ 能源目标和指标；
⑦ 行动计划；
⑧ 运营控制和程序；
⑨ 测量、管理、文档内部审核；
⑩ 定期报告企业采用国际标准 ISO 50001 取得的成绩。

ISO 50001 能源管理标准主要可以实现以下目标：
① 协助组织更好地使用已有的能源消耗资产；
② 建立与促进能源管理的透明度和沟通；
③ 促进能源管理最佳实践，加强良好的能源管理行为；
④ 提供评估和判定新能源技术导入优先顺序的辅助工具；
⑤ 提供可促进整个供应链能源效率提升的架构；
⑥ 在温室气体排放减量的计划内，促进能源管理改善；
⑦ 允许将能源管理体系与其他的管理体系结合（如环境、健康与安全）。

总之，ISO 50001 有助于企业抓住节能机遇，保持和不断扩大节能成果，助推可持续发展和减排目标的实现。通过能源管理体系认证的企业不仅能够及时满足国家对环境、能源相关法律法规的相关要求，同时，能源管理体系的运行可以帮助企业以高效和可持续的方式使用能源、提高能源使用率并深挖企业节能潜力。

7. 信息安全管理体系认证

随着以计算机和网络通信为代表的信息技术（IT）的迅猛发展，政府部门、金融机构、企事业单位和商业组织对 IT 系统的依赖日益加重，信息技术几乎渗透到了世界各地和社会生活的方方面面。如今，遍布全球的互联网使得组织机构不仅内在依赖 IT 系统，还不可避免地与外部的 IT 系统建立了错综复杂的联系，但系统瘫痪、黑客入侵、病毒感染、网页改写、客户资料的流失及公司内部资料的泄露等事情时有发生，这些给组织的经营管理、生存甚至国家安全都带来严重的影响。所以，对信息加以保护，防范信息的损坏和泄露，已成为当前组织迫切需要解决的问题。

目前，在信息安全管理体系方面，ISO/IEC 27001 信息安全管理体系标准已经成为世界上应用最广泛与典型的信息安全管理标准。ISO/IEC 27001 是由英国标准 BS 7799 转换而成的。

BS 7799 标准于 1993 年由英国贸易工业部立项，于 1995 年英国首次出版 BS 7799-1：1995《信息安全管理实施细则》，它提供了一套综合的、由信息安全最佳惯例组成的实施规则，其目的是作为确定工商业信息系统在大多数情况所需控制范围的参考基准，适用于大、中、小组织。1998 年英国公布标准的第二部分 BS 7799-2《信息安全管理体系规范》，它规定了信息安全管理体系要求与信息安全控制要求，是一个组织全面或部分信息安全管理体系评估的基础，可以作为一个正式认证方案的根据。BS 7799-1 与 BS 7799-2 经过修订于 1999 年重新予以发布，1999 版考虑了信息处理技术，尤其是在网络和通信领域应用的近期发展，同时还非常强调了商务涉及的信息安全及信息安全的责任。2000 年 12 月，BS 7799-1：1999

《信息安全管理实施细则》通过了国际标准化组织 ISO 的认可，正式成为国际标准——ISO/IEC 17799：2000《信息技术——信息安全管理实施细则》，该标准现已升级为 ISO/IEC 17799：2005。2002 年 9 月 5 日，BS 7799-2：2002 正式发布，2002 版标准主要在结构上做了修订，引入了 PDCA（plan-do-check-act）的过程管理模式，建立了与 ISO 9001、ISO 14001 和 OHSAS 18000 等管理体系标准相同的结构和运行模式。2005 年，BS 7799-2：2002 正式转换为国际标准 ISO/IEC 27001：2005。

ISO/IEC 27001：2005 标准包括安全方针，安全组织，资产分类与管理，人力资源安全，物理和环境安全，通信与操作管理，访问控制，系统的获取、开发和维护，信息安全事件管理，业务持续性管理，符合性等 11 大管理要项，39 个控制目标和 133 项控制措施，为组织提供全方位的信息安全保障。

BS 7799-2 从 1998 年颁布后，在全世界范围内得到广泛的认可。目前已有 40 多个国家和地区开展信息安全管理体系的认证。根据信息安全管理体系国际使用者协会（ISMS International User Group）的最新统计，到 2005 年年底，全球通过信息安全管理体系 BS 7799-2 认证的组织已经超过 2000 家。

信息安全对每个企业或组织来说都是需要的，所以信息安全管理体系认证具有普遍的适用性，不受地域、产业类别和公司规模限制。从目前的获得认证的企业情况看，较多的是涉及电信、保险、银行、数据处理中心、IC 制造和软件外包等行业。

对组织来说，符合 ISO 27001/BS 7799 标准并且获得信息安全管理体系认证证书，虽然不能证明组织达到了 100% 的安全，但通过信息安全管理体系的认证能够强有力保障组织的信息资产的保密性、完整性和可用性，并能带来如下好处：

① 加强公司信息资产的安全性、保障业务持续性与紧急恢复。
② 强化员工的信息安全意识，规范组织信息安全行为。
③ 减少可能潜在的风险隐患，减少信息系统故障、人员流失带来的经济损失。
④ 维护企业的声誉、品牌和客户信任，维持竞争优势。
⑤ 满足客户和法律法规要求。

三、产品认证简介

1. 产品认证的种类

一般来说，产品认证分为产品合格认证和产品安全认证两种类型，其中产品合格认证是自愿性的认证，而产品安全认证是强制性的认证，因此，企业进行产品安全认证最为普遍。进行产品认证分别有八种认证模式，见表 1-1。

表 1-1　产品认证模式

认证模式	认证项目						特　　点
	型式试验	市场产品抽样检验监督	生产产品抽样检验监督	工厂质量体系检查和监督	批检	全检	
第一种	√						①只证明产品样品是否符合有关产品标准；②不允许企业在产品上附有任何认证标志；③最简单的产品认证模式；④多用于对新开发产品的鉴定

续表

认证模式	认证项目						特　点
	型式试验	市场产品抽样检验监督	生产产品抽样检验监督	工厂质量体系检查和监督	批检	全检	
第二种	√	√					①允许在通过认证的产品上附上认证标志； ②对认证后的产品是否能持续稳定地达到合格要求，有较大的风险
第三种	√		√				①允许在通过认证的产品上附上认证标志； ②对认证后的产品是否能持续稳定地达到合格要求，有较大的风险
第四种	√	√	√				①认证后的监督较全面； ②允许在通过认证的产品上附上认证标志； ③对认证后的产品是否能持续稳定地达到合格要求，有一定的风险
第五种	√	√	√	√			①我国现在实施的主要产品认证方法； ②每个产品上都允许附加认证标志； ③全面和可靠，但较复杂、费用高
第六种				√			①只评定工厂满足提供相关产品的能力； ②不涉及具体产品是否合格
第七种					√		①对一批产品进行抽样检验； ②只对这批产品检验结果做出结论； ③只发证书，不使用认证标志
第八种						√	①对认证产品100%检验； ②允许每个产品上附加标志； ③多用于特殊行业，如珠宝首饰、计算器具等

注：√表示实施该项目。

表 1-1 中有关"认证项目"的内容说明：

① 型式试验：对照产品标准对产品样品进行型式试验以证明产品是否完全符合有关产品标准。

② 市场产品抽样检验监督：企业通过认证后，对进入市场的产品进行抽样检验，起到对产品质量进行监督的作用。

③ 生产产品抽样检验监督：企业通过认证后，在工厂对生产的产品进行抽样检验，起到对产品质量进行监督的作用。

④ 工厂质量体系检查和监督：由认证机构按照有关工厂质量体系检查标准对企业实施检查认证，是对工厂是否稳定生产符合标准要求的产品的能力进行检查和评定，并在通过认证后，按一定的时间间隔对企业的质量管理体系进行复查监督，如 UL 约每三个月不定期地对通过认证后的工厂进行现场复查。这种工厂质量体系检查与 ISO 9001 认证的内容有一定的不同，侧重点也不同，二者可以合二为一。

⑤ 批检：是对一批产品进行抽样检验，并依据抽样结果，做出该批产品是否符合技术条件的评定的一种认证模式。

⑥ 全检：是对认证的产品，按照相关的技术条件进行100%检验的一种认证模式。

2. 产品合格认证

产品合格认证也就是通常说的自愿性产品认证，其主要目的是证明产品已达到了指定标准的要求。

① 认证模式：产品型式试验＋初次工厂审查＋获证后监督。

② 认证过程：认证的申请→型式试验→初始工厂审查→认证工厂审查→认证后结果评价与批准→获证后的监督。

③ 认证标准。自愿性产品认证的依据为国家标准、行业标准、IEC标准、其他国家先进标准及认证机构补充技术要求。例如，中国质量认证中心（CQC）的认证标准为：自愿性产品认证的通用要求＋自愿性产品认证的特殊要求。

④ 认证产品。例如《自愿性产品认证目录》的某些家用电器，见表1-2。

表1-2 自愿性产品认证目录

大类	产品类别号	产品名称	依据标准
家用电器 008	008008	电池充电器	GB 4706.18—2014
	008009	滚筒干衣机	GB 4706.20—2004
	008010	洗碟机，洗碗机	GB 4706.25—2008
	008011	桑那浴加热电器	GB 4706.31—2008
	008012	便携式电加热工具及类似器具	GB 4706.41—2005
	008013	投影仪和类似用途器具	GB 4706.43—2005
	008014	空气净化器	GB 4706.45—2008
	008015	加湿器	GB 4706.48—2009
	008016	废弃食物处理器	GB 4706.49—2008
	…	…	…

通过认证后，产品可以贴该认证机构的认证标志，证明该产品按该机构发布的标准生产，并达到了标准的要求。由此可见，这种认证的市场效应取决于认证所依据的标准发布机构的知名度和认证机构的知名度。

3. 产品安全认证

由于全球化经济的快速发展，产品安全认证已被越来越多的国家和企业认同，产品安全认证种类也相应地增加。这里介绍几个国内外主要的安全认证。

（1）3C认证

3C认证，就是"中国强制认证"（China Compulsory Certification，缩写为"CCC"，简称"3C"认证）。《强制性产品认证管理规定》2001年12月3日发布，2002年5月1日起施行。从2004年5月1日起（实际延期至8月1日），凡列入《第一批实施强制性产品认证的产品目录》19大类132种产品，没有通过3C认证的，一律不准出厂或进口，更不得上市销售。

第一批列入强制性认证目录的产品包括电线电缆、开关、低压电器、电动工具、家用电器、音视频设备、信息设备、电信终端、机动车辆、医疗器械、安全防范设备等。

3C认证是我国新的安全许可制度，统一并规范了原来的"CCIB认证"（CCIB为进口安全质量许可证）和"长城认证"（2004年5月1日废止），符合国际贸易通行规则，是我国质量认证体制与国际接轨的重要政策之一，既能从根本上强制企业提高管理水准和产品质量，又有利于建立公平、公正的市场准入秩序。

① 3C 标志。通过 3C 认证的企业可以使用与其认证证书内容相一致的认证标志，目前的"CCC"认证标志分为四类，分别为：CCC + S（安全认证标志）；CCC + F（消防认证标志）；CCC + S&E（安全与电磁兼容认证标志）；CCC + EMC（电磁兼容类认证标志）。如图 1-2 所示。企业可以将认证标志标示在产品、产品铭牌、包装物、产品说明书、出厂合格证上。需要注意的是，3C 标志并不是质量标志，而只是一种最基础的安全认证，该标志只能说明它的某些指标代表了产品的安全质量合格，但并不意味着产品的使用性能也同样优异。

(a) 安全认证标志　(b) 消防认证标志　(c) 安全与电磁兼容认证标志　(d) 电磁兼容类认证标志

图 1-2　3C 标志类型

② 3C 认证模式：型式试验 + 初始公司审查 + 获证后监督。

③ 3C 认证步骤。认证申请→型式试验→初始公司审查→获证后监督→标志使用。以中国质量认证中心（CQC）的 3C 强制产品认证流程为例，如图 1-3 所示。

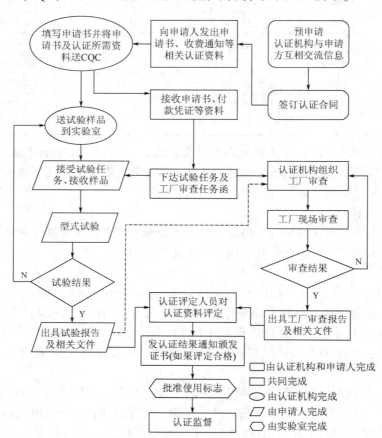

图 1-3　3C 强制产品认证流程

(2) UL 认证

UL 是美国保险商实验室（Underwrites Laboratories Inc.）的简写，是一家产品安全测试和认证机构，成立于 1894 年，主要从事电气、电子设备、机械产品、灯具、建材、防火器材及化学品等公共安全方面的检验工作。UL 标志是美国以及北美地区公认的安全认证标志，贴有这种标志的产品，就等于获得了安全质量信誉卡，其信誉程度已被广大消费者所接受。因此，UL 标志已成为有关产品（特别是机电产品）进入美国以及北美市场的一个特别的通行证。

UL 作为一个独立的第三方检验机构，目前在美国本土有五个实验室，总部设在芝加哥北部的 Northbrook 镇，同时在我国台湾和香港分别设立了相应的实验室。在美国，对消费者来说 UL 就是安全标志的象征。在全球，UL 是制造厂商最值得信赖的合格评估提供者之一。

① UL 标志。

UL 标志分为 3 类，分别是列名、分级和认可标志（如图 1-4 所示），这些标志的主要组成部分是 UL 的图案，它们都注册了商标，分别应用在不同的服务产品上，是不通用的。某个公司通过 UL 认可，并不表示该企业的所有产品都是 UL 产品，只有佩带 UL 标志的产品才能被认为是 UL 跟踪检验服务下生产的产品。UL 是利用在产品上或产品相关地使用的列名、分级、认可标志来区分 UL 产品。

(a) 列名　　(b) 分级　　(c) 认可标志

图 1-4　UL 标志类型

UL 的三种标志是 UL 用来区分跟踪检查服务类型的一种方法，区别在于：

a. 列名：一般讲，列名仅适用于完整的产品以及有资格的人员进行现场安装和更换的机器和装置（如：家用电器、医疗设备、计算机、商业设备，以及在建筑物中作用的各类电气产品如配电系统、保险丝、电线、开关和其他电气构件等）经 UL 列名的产品，通常可以在每个产品上标上 UL 的列名标志。

b. 分级：分级服务仅对产品的特定危害进行评价，或者对执行 UL 标准以外的国际标准方面进行评价。一般情况下进行分级服务的产品多为工业或商业用的产品而非消费品。UL 的产品分级标志表明：产品经 UL 鉴定是有一定的条件限制和规定范围的。

c. 认可标志：是 UL 认可服务里的一种，其鉴定的产品只能用在 UL 列名、分级或其他认可的产品上作为零部件或者原材料。认可产品在结构上并不完整，或者在用途上有一定的限制以保障达到预期的安全性。

② UL 认证申请流程。

a. 咨询 UL 或代理认证机构进行预申请产品方面的信息交流；

b. 申请人递交公司及产品资料；

c. UL 根据产品资料作出决定，UL 提供正式的申请书和协议书等；

d. 申请人汇款，寄回申请表、协议书及样品；

e. UL 测试启动；

f. UL 发出合格报告和跟踪服务细则（PSP）；

g. UL进行首次工厂检查（IPI）；

h. 审查结果，同时UL出具工厂审查报告及相关文件；

i. UL发放认证合格证书，申请人获得UL标志；

j. UL根据跟踪服务协议进行定期的监督。

③ UL认证申请注意事项。

a. 预申请产品须准备的资料有：产品所使用的所有零部件和材料（包括生产商、型号、数量、尺寸、额定值等）以及是否为UL认可或列名。对于所有的聚合材料，要求指明材料的种类名、生产商、型号，产品有关的电路图、接线图、设计图和/或产品照片、说明书等。

b. 大概性地了解从申请、拿到证书到授权使用标志的时间，以便安排。一般情况下，从申请到拿到证书3个月左右，费用6万元左右。

c. 认证产品生产过程中必须对产品100%检验绝缘阻抗、电磁兼容、低压、漏电，并保持检测记录。

d. 建立质量保证体系，保障产品的一致性，一般情况下，若工厂有通过ISO 9001认证，只需在体系中增加《产品一致性管理控制程序》《UL标志管理控制程序》，同时在《质量手册》中增加关于UL认证产品方面的信息即可。

e. UL工厂现场检查时，工厂做好与现场审核员的沟通交流工作，因为UL工厂现场检查是不定期和不预先通知的。

f. 工厂要指定相应UL质量责任人。

（3）CE认证

"CE"标志也是一种安全认证标志（如图1-5所示），被视为制造商打开并进入欧洲市场的护照。凡是贴有"CE"标志的产品就可在欧盟各成员国内销售，无须符合每个成员国的要求，从而实现了商品在欧盟成员国范围内的自由流通。

图1-5　CE标志

① CE标志。在欧盟市场"CE"标志属强制性认证标志，不论是欧盟内部企业生产的产品，还是其他国家生产的产品，要想在欧盟市场上自由流通，就必须加贴"CE"标志，以表明产品符合欧盟《技术协调与标准化新方法》指令的基本要求。这是欧盟法律对产品提出的一种强制性要求。

近年来，在欧洲经济区（欧洲联盟、欧洲自由贸易协会成员国，瑞士除外）市场上销售的商品中，CE标志的使用越来越多，CE标志加贴的商品表示其符合安全、卫生、环保和消费者保护等一系列欧洲指令所要表达的要求。

② CE标志的意义。表示加贴CE标志的产品符合有关欧洲指令规定的主要要求，并用以证实该产品已通过了相应的合格评定程序和/或制造商的合格声明，真正成为产品被允许进入欧盟市场销售的通行证。有关指令要求加贴CE标志的工业产品，没有CE标志的，不得上市销售，已加贴CE标志进入市场的产品，发现不符合安全要求的，要责令从市场收回，持续违反指令有关CE标志规定的，将被限制或禁止进入欧盟市场或被迫退出市场。

③ 厂商找第三方实验室申请CE认证的流程。

a. 制造商相关实验室（以下简称实验室）提出口头或书面的初步申请。

b. 申请人填写 CE-marking 申请表，将申请表、产品使用说明书和技术文件一并寄给实验室（必要时还要求申请公司提供一台样机）。

c. 实验室确定检验标准及检验项目并报价。

d. 申请人确认报价，并将样品和有关技术文件送至实验室。

e. 申请人提供技术文件。

f. 实验室向申请人发出收费通知，申请人根据收费通知要求支付认证费用。

g. 实验室进行产品测试及对技术文件进行审阅。

h. 技术文件审阅包括：文件是否完善、文件是否按欧盟官方语言（英语、德语或法语）书写。

i. 如果技术文件不完善或未使用规定语言，实验室将通知申请人改进。

j. 如果试验不合格，实验室将及时通知申请人，允许申请人对产品进行改进。如此，直到试验合格。申请人应对原申请中的技术资料进行更改，以便反映更改后的实际情况。

k. 第 i、j 条所涉及的整改费用，实验室将向申请人发出补充收费通知。

l. 申请人根据补充收费通知要求支付整改费用。

m. 实验室向申请人提供测试报告或技术文件（TCF），以及 CE 符合证明（COC）和 CE 标志。

n. 申请人签署 CE 保证自我声明，并在产品上贴附 CE 标志。

第二节　ISO 9000 族标准简介

一、ISO 9000 族标准的起源与发展

1. 什么是 ISO 9000 族标准？

ISO 是 "International Organization for Standardization"（国际标准化组织）的简称。ISO 是世界上最大的国际标准化组织，成立于 1947 年 2 月 23 日，其成员由来自世界 100 多个国家的国家标准化团体组成，代表中国参加 ISO 的国家机构是国家技术监督局（CSBTS）。ISO 与国际电工委员会（IEC）有密切的联系，中国参加 IEC 的国家机构也是国家技术监督局。ISO 负责除电工、电子领域之外的所有其他领域的标准化活动。而 IEC（国际电工委员会）主要负责电工、电子领域的标准化活动。

ISO 已经发布了 9200 个国际标准，如 ISO 公制螺纹、ISO 的 A4 纸张尺寸、ISO 的集装箱系列（目前世界上 95% 的海运集装箱都符合 ISO 标准）和有名的 ISO 9000 质量管理系列标准等等。

ISO 制定出来的国际标准除了有规范的名称之外，还有编号，编号的格式是：ISO + 标准号 + [杠 + 分标准号] + 冒号 + 发布年号（方括号中的内容可有可无）。例如 ISO 8402：1987 是某一个标准的编号。

我们通常说的 "ISO 9000 标准" 不是指一个标准，而是一族标准的统称，由几个标准组成，全称为 "ISO 9000 族质量管理体系标准"（以下简称为 ISO 9000 族标准）。"ISO 9000 标准" 是国际标准化组织（ISO）在 1994 年提出的概念，是指由 ISO/TC 176（国际标准化组织质量管理和质量保证技术委员会）制定的国际标准。

ISO 最主要是发布产品技术标准。ISO 9000 族标准并不是产品的技术标准，而是针对组

织的管理结构、人员、技术能力、各项规章制度、技术文件和内部监督机制等一系列体现组织保证产品及服务质量的管理措施的标准。ISO 9000 族标准主要针对质量管理，同时涵盖了部分行政管理和财务管理的范畴。

具体地讲 ISO 9000 族标准就是在以下四个方面规范质量管理：

① 机构。标准明确规定了为保证产品质量而必须建立的管理机构及职责权限。

② 程序。组织的产品生产必须制定规章制度、技术标准、质量手册、质量体系操作检查程序，并使之文件化。

③ 过程。质量控制是对生产的全部过程加以控制，是面的控制，不是点的控制。从根据市场调研确定产品、设计产品、采购原材料，到生产、检验、包装和储运等，其全过程按程序要求控制质量。并要求过程具有标识性、监督性、可追溯性。

④ 总结。不断地总结、评价质量管理体系，不断地改进质量管理体系，使质量管理水平呈螺旋式上升。

2. ISO 9000 族标准的由来

随着全球化经济的迅速发展，不同国家、企业之间在技术合作和贸易往来中，对于供需双方的质量观念、评价质量管理和质量保证的规范，以及质量认证的依据等方面，急需达成共识。再加上现代企业内部协作的规模日益庞大，使程序化、标准化管理成为企业发展的需求。另外，企业仅仅靠对已有产品保证质量或通过产品质量认证取得信任，已经不能满足市场竞争的需要。这些原因共同使 ISO 9000 标准的产生成为必然。

1979 年英国标准协会 BSI 向 ISO 组织提交了一份建议，倡议研究质量保证技术和管理经验的国际标准化问题。同年 ISO 批准成立质量管理和质量保证技术委员会，即 TC 176，专门负责制定质量管理和质量保证标准。TC 176 主要参照了英国 BS 5750 标准和加拿大 CASZ 299 标准，从一开始就注意使其制定的标准与许多国家的标准相衔接。

ISO 在 1987 年正式颁布了 ISO 9000 系列标准（9000~9004）的第一版。ISO 9000 标准很快在工业界得到广泛的承认，被各国标准化机构所采用，是 ISO 标准中在国际上被采用最多的一族标准，当时被 70 多个国家一字不漏地采用，其中包括所有的欧洲联盟和欧洲自由贸易联盟国家、日本和美国。有 50 多个国家建立了国家质量体系认证/注册机构，开展了第三方认证和注册工作。欧洲联盟在某些领域（如医疗器械）的立法中引用 ISO 9000 标准，供应商在某些领域必须取得 ISO 9000 认证注册。许多企业/公司得出的结论是：要想与统一起来的欧洲市场做生意，取得 ISO 9000 注册是绝对有好处的。许多国家级和国际级产品认证体系（如英国 BSI 的风筝标志、日本 JIS 标志）都把 ISO 9000 作为取得产品认证的首要要求，把 ISO 9000 结合到产品认证的计划中去。

目前，不仅全部发达国家推行 ISO 9000 族标准，发展中国家也正在逐步加入到此行列中来。ISO 9000 族标准已成为一个认可度最高、采用率最高、名副其实的国际标准。

3. ISO 9000 族标准的发展

ISO 9000 族标准自 1987 年由国际标准化组织颁布以来，由于各类组织（各行各业）对标准需求和要求的推动，在至今的近 30 年中，ISO 对标准进行了不断的修改和完善，先后经历了 1987 年版、1994 年版、2000 年版、2008 年版和 2015 年版五个版本的标准修改与颁布（见表 1-3），特别是 2000 年版和 2015 年版 ISO 9000 族标准的变化很大。2000 年版主要是为了使标准适用于 ISO 列出的 39 个行业（基本上是各行各业），在充分总结了前两个版本标准的长处和不足的基础上，对标准总体结构和技术内容两个方面进行了彻底的修改。

2000 年版的 ISO 9000 族标准更强调了顾客满意及监视和测量的重要性，增强了标准的通用性和广泛的适用性，满足了使用者对标准应更通俗易懂的要求，强调了质量管理体系要求标准和指南标准的一致性。

2008 年版的 ISO 9000 族标准的修改，与 2000 年换版时的巨大变化不同，修订采取的是"有限修正"原则：原标准的结构没有变化，也没有增加对质量管理体系的新要求。修订方式主要是"增加 78 处"和"删除 46 处"，使标准中原有的内容表述更为清晰和准确。从 2008 版到 2015 版的修改，是 ISO 9001 标准从 1987 年第一版发布以来的四次技术修订中影响最大的一次修订，修订主要变化有：

① 采用了 ISO 指令第一部分附录 SL 中的高层次架构（HLS）；
② 明确要求基于风险的思想，以支持和改进对过程方法的理解和应用；
③ 更少规定要求；
④ 更少强调文件化；
⑤ 改善对服务业的适用性；
⑥ 要求需要定义 QMS 的界限；
⑦ 对组织的环境更重视；
⑧ 增加领导力的要求；
⑨ 更加注重取得预期成果，以提高客户满意度。

2015 版标准更加适用于所有类型的组织，更加适合于企业建立整合管理体系，更加关注质量管理体系的有效性和效率。在术语、整体结构、具体要求方面对 2008 版进行了完善，增加了一些新要求，对同一条款内的子条款和要求的排列顺序进行了必要的调整。深化和引入了一些新的理论基础和工具，修改后标准的适用性更好，标准在引言和附录上也作了较大修改，整体感觉非常完美。

可以说，ISO 9000 族标准的发展及修订的程度变化，如果把 87 版和 94 版当 1.0 版、2000 版和 2008 版当 2.0 版，则可认为 2015 版为 3.0 版。ISO 9000 族标准是百年工业化进程中质量管理经验的科学总结，是已被世界各国广泛、持续采用和认同的国际标准。

二、ISO 9000 族标准的构成

现已有 90 多个国家和地区将 ISO 9000 族标准等同转化为国家标准，目前在使用的是 2015 年版 ISO 9000 族质量管理体系标准。我国等同采用 ISO 9000 族标准的国家标准是 2016 年版 GB/T 19000 族质量管理体系标准。

ISO 9000 族标准的构成会因版本的不同而不同（见表 1-3），2015 年版 ISO 9000 族质量管理体系标准包括以下四个主要标准：

表 1-3　ISO 9000 族标准的修改与颁布过程

	1987 版 ISO 9000 族标准	
第一版	颁布时间	1987 年颁布
	主要标准	ISO 9000:1987 质量管理和质量保证标准　选择和使用指南 ISO 9001:1987 质量体系　设计/开发、生产、安装和服务的质量保证模式； ISO 9002:1987 质量体系　生产和安装的质量保证模式； ISO 9003:1987 质量体系　最终检验和试验的质量保证模式； ISO 9004:1987 质量管理和质量体系要素　指南
	特点	主要关注企业内部的质量管理和质量保证；标准侧重于制造业

续表

	1994 版 ISO 9000 族标准	
第二版	颁布时间	1994 年颁布
	主要标准	ISO 9000-1:1994 质量管理和质量保证标准　选择和使用指南； ISO 9001:1994 质量体系　设计/开发、生产、安装和服务的质量保证模式； ISO 9002:1994 质量体系　生产和安装的质量保证模式； ISO 9003:1994 质量体系　最终检验和试验的质量保证模式； ISO 9004-1:1994 质量管理和质量体系要素　指南
	特点	将顾客、法规和质量保证的要求纳入标准；标准侧重于制造业
	2000 版 ISO 9000 族标准	
第三版	颁布时间	2000 年颁布
	主要标准	ISO 9000:2000 质量管理体系　基础和术语； ISO 9001:2000 质量管理体系　要求； ISO 9004:2000 质量管理体系　业绩改进指南； ISO 19011:2000 质量和环境管理体系审核指南
	特点	将组织满足顾客要求的能力和程度体现在标准中；基本适用于各行各业
	2008 版 ISO 9000 族标准	
第四版	颁布时间	2008 年颁布
	主要标准	ISO 9000:2005 质量管理体系　基础和术语； ISO 9001:2008 质量管理体系　要求； ISO 9004:2002 质量管理体系　业绩改进指南； ISO 19011:2002 质量和（或）环境管理体系审核指南
	特点	将组织满足顾客要求的能力和程度体现在标准中；适用于各行各业
	2015 版 ISO 9000 族标准	
第五版	颁布时间	2015 年颁布
	主要标准	ISO 9000:2015 质量管理体系　基础和术语； ISO 9001:2015 质量管理体系　要求； ISO 9004:2009 组织持续成功的管理　质量管理方法； ISO 19011:2011 管理体系审核指南
	特点	除了将组织满足顾客要求的能力和程度体现在标准中外，更加适用于所有类型的组织，更加关注质量管理体系的有效性和效率

（1）ISO 9000:2015《质量管理体系　基础和术语》

该标准表述了质量管理体系基础知识，并规定了质量管理体系术语。

（2）ISO 9001:2015《质量管理体系　要求》

该标准规定了质量管理体系要求，用于证实其具有稳定提供满足顾客要求及适用法律法规要求的产品和服务的能力，目的是提高顾客满意度。

（3）ISO 9004:2009《组织持续成功的管理　质量管理方法》

该标准为组织提供了如何在复杂的、严苛的和不断变化的环境下，通过运用质量管理方法，达到持续成功的指南。

（4）ISO 19011:2011《管理体系审核指南》

该标准提供了管理体系审核的指南，包括审核原则、审核方案的管理和管理体系审核的实施，也对参与管理体系审核过程的人员的个人能力提供了评价指南。

其中 ISO 9001:2015《质量管理体系　要求》（简称 ISO 9001 标准）是最主要的、用于第三方认证或合同目的的标准。我们通常说的某公司通过了 ISO 9000 认证，就是指通过 ISO 9001 标准的认证。

目前，我国等同采用了 ISO 9000 族标准，我国标准与上述四个主要标准分别对应的是：GB/T 19000—2016《质量管理体系　基础和术语》；GB/T 19001—2016《质量管理体系　要求》；GB/T 19004—2011《追求组织的持续成功　质量管理方法》；GB/T 19011—2013《管理体系审核指南》。

ISO 9001 认证，可以理解为质量体系的注册，就是由国家批准的、公正的第三方机构（认证机构）依据 ISO 9001 标准，对企业的质量体系实施评定，向公众证明该企业的质量体系符合 ISO 9001 标准的要求，提供合格产品，公众可以相信该企业的服务承诺和企业的产品质量的一致性。

三、企业实施 ISO 9001 标准及认证的意义与现状

由被授权的第三方认证机构，依据 ISO 9001 标准对组织的质量管理能力进行审核、认可并颁发证书，证明组织的质量管理能力符合标准要求的活动，称为质量管理体系认证。

ISO 9000 族标准是一套实用的管理方法模式，这种管理模式总结了工业发达国家先进企业质量管理的成功经验，使各国的质量管理和质量保证活动统一在 ISO 9000 族标准的基础上。推行并通过 ISO 9001 标准的认证是现代化企业（组织）建立科学管理制度的体现。

1. 企业实施 ISO 9001 标准及认证的意义

推行、实施并通过 ISO 9001 标准认证可以达到推动各类组织和企业的质量管理水平、实现组织的业绩目标、提高产品质量、增强顾客的满意度、扩大市场份额等作用，具体来说有：

（1）提高企业管理水平

采用 ISO 9001 标准，可以使质量管理规范化、质量活动程序化。实施 ISO 9000 就要建立文件化的质量体系。质量体系对各项活动的范围和目的、做什么、谁来做、何时做、何地做、如何做、采用什么设备和材料、如何对活动进行控制和记录等都做出了详细的规定，也即明确了各项管理职责和工作程序，各项工作有章可循，促使企业的管理工作由"人治"转向"法制"。

通过内外部审核与管理评审，及时发现问题，加以改进，使企业建立了自我完善与自我改进的机制。

企业取得 ISO 9001 认证，也意味着该企业已在管理、实际工作、供应商和分销商关系及产品、市场、售后服务等所有方面建立起一套完善的质量管理体系。良好的质量管理体系有利于企业提高效率、降低成本、提供优质产品和服务，提高顾客满意度。

（2）增强企业市场竞争能力

推行 ISO 9001 标准可以使企业的质量管理体系与国际接轨，可取得打开国际市场的"金钥匙"，在国内市场也可取得顾客信任的"通行证"。

质量认证制度已被世界上越来越多的国家和地区接受，已成为了国际惯例。一个企业无论在国内还是在国外，如要得到普遍认可，取得 ISO 9001 的认证证书可大大简化顾客信任的过程，并将成为通向世界的有效护照，从而事半功倍。

通过标准的实施与认证，企业一方面向市场证实自身有能力满足顾客的要求，提供合格的产品（或服务），另一方面产品/服务的质量也确实能够得到稳定与提高，这都增强了企业的市场竞争能力。

(3) 为实施全面的科学管理奠定基础

通过一系列 ISO 9000 标准的推行、实施、认证、持续运行等活动，员工的管理素质得到提高，企业规范管理的意识得到增强，并建立起自我发现问题、自我改进/自我完善的机制，为企业实施全面的科学管理（如财务、行政、营销管理等）奠定基础。

(4) 避免重复审核，节省精力和费用

在现代贸易的实践中，第二方审核早就成为惯例，又逐渐发现其存在很大的弊端：供方通常要为许多需方供货，第二方审核无疑会给供方带来沉重的负担；另外，需方也需支付相当的费用，同时还要考虑派出或雇佣人员的经验和水平问题，否则，花了费用也达不到预期的目的。唯有 ISO 9000 认证可以排除这样的弊端。因为作为第一方的生产企业申请了第三方的 ISO 9000 认证并获得了认证证书以后，众多第二方就不必要再对第一方进行审核，这样，不管是对第一方还是对第二方都可以节省很多精力或费用。另外，企业在获得了 ISO 9000 认证之后，再申请 UL、CE 等产品质量认证，还可以免除认证机构对企业的质量保证体系进行重复认证的开支。

2. ISO 9001 标准认证的现状

至今，还没有一个管理标准能和 ISO 9000 质量管理体系标准一样在认可度、热度和适用性方面如此成功。国际认可论坛 IAF 组织对适用 ISO 9000 族标准的行业进行了分类（见表 1-4），基本上各行各业都可以进行 ISO 9001 标准的认证。就我国而言，根据中国认证认可信息网的统计，从认证证书分布（如表 1-5、图 1-6 所示）和质量管理体系认证证书历年发证数量（如图 1-7 所示）来看，ISO 9001 标准认证的发展趋势良好，这说明推行 ISO 9001 标准认证是企业对外实施质量保证和对内完善质量管理、促进企业发展的有力保障。

表 1-4　适用 ISO 9000 族标准的行业分类

序号	适用行业	序号	适用行业
1	农业、渔业	16	混凝土、水泥、石灰、石膏及其他
2	采矿业及采石业	17	基础金属及金属制品
3	食品、饮料和烟草	18	机械及设备
4	纺织品及纺织产品	19	电子、电器及光电设备
5	皮革及皮革制品	20	造船
6	木材及木制品	21	航空、航天
7	纸浆、纸及纸制品	22	其他运输设备
8	出版业	23	其他未分类的制造业
9	印刷业	24	废旧物质的回收
10	焦炭及精炼石油制品	25	发电及供电
11	核燃料	26	气的生产与供给
12	化学品、化学制品及纤维	27	水的生产与供给
13	医药品	28	建设
14	橡胶和塑料制品	29	批发及零售汽车、摩托车、个人及家庭用品的修理
15	非金属矿物制品	30	宾馆及餐馆

续表

序号	适用行业	序号	适用行业
31	运输、仓储及通讯	36	公共行政管理
32	金融、房地产、出租服务	37	教育
33	信息技术	38	卫生保健与社会公益事业
34	科技服务	39	其他社会服务
35	其他服务		……

表 1-5 认证证书按领域发布统计（截至 2014 年 12 月 31 日）

序号	认证证书	认证数量/份	占总数的百分比/%
1	质量管理体系认证证书	247764	29.84
2	环境管理体系认证	77758	9.36
3	职业健康安全管理体系认证	58330	7.02
4	食品安全管理体系认证	7224	0.87
5	信息安全认证	1417	0.17
6	危害分析与关键控制点认证	317	0.04
7	良好生产规范认证	110	0.01
8	软件过程及能力成熟度评估	22	0.00
9	自愿性产品认证	31910	3.84
10	强制性产品认证	393168	47.35
11	有机产品认证	11499	1.38
12	良好农业规范认证	534	0.06
13	森林认证	13	0.00
14	服务认证	270	0.03
15	能源管理体系认证	60	0.01

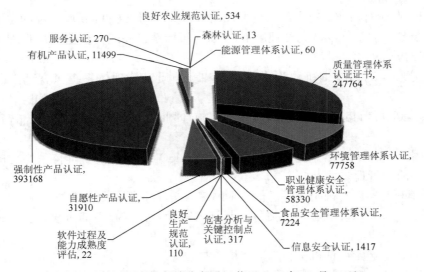

图 1-6 认证证书按领域分布图（截至 2014 年 12 月 31 日）

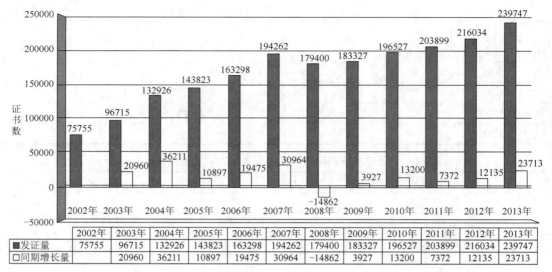

图 1-7　质量管理体系认证证书历年发证数量对比

第三节　质量管理体系的建立、实施及管理

一、质量管理体系建立的步骤及主要工作

质量管理体系的建立主要分以下几个阶段：

1. 准备阶段

① 召开全体员工大会。说明企业建立和实施质量管理体系的重要性，强调规范企业的开发、过程改进，重视产品和服务质量的必要性，以及通过 ISO 9000 质量管理体系认证对企业的好处，要求全体员工积极参与企业质量管理体系的建立和实施。

② 成立质量管理体系推行组织（如推行办公室、委员会等），负责质量管理体系的建立、实施、认证和维持等工作。

③ 组织企业所有与质量有关的人员参加培训班。学习 ISO 9000 族标准的主要内容，特别要求推行委员会的全体成员充分理解 ISO 9000 族标准，并能在企业质量管理体系的建立和实施中加以应用。

④ 如有必要，聘请咨询机构为企业建立和实施质量管理体系提供咨询。咨询内容可包括：

a. 体系策划。制订建立质量管理体系的实施计划，拟订组织机构职责，选定质量管理体系要素。

b. 培训服务。ISO 9000 族标准的理解与实施；ISO 9000 质量管理体系文件的编写与实施；ISO 9000 质量管理体系审核。

c. 文件编写与实施。确定文件清单，帮助编写文件，审核及修订文件。

d. 体系运行及审核。实施体系文件，制订内审计划，实施内部审核，实施纠正，实施管理评审。

e. 认证申请。选定认证机构，认证前检查与准备。

企业可根据自己的情况，聘请咨询机构咨询上述全部或部分内容。

2. 质量管理体系策划

在准备工作完成之后，接下来便可进行质量管理体系的策划。这一阶段的主要工作有：

（1）调查企业组织现状

调查企业组织现状的目的，是查清其与标准规定的质量管理体系所要求的组织结构之间的差距，以便采取措施，调整和完善现有的组织。需要查清的主要内容有：

① 从事与质量有关的管理、执行和验证工作的人员，其职责、权限和相互关系是否明确，实施效果及存在的问题；

② 正在开发或已经开发完成的项目，在开发过程中存在的影响质量的（与组织有关的）因素和主要问题；

③ 部门之间、上下级之间，以及与供应商之间的协调关系是否存在问题；

④ 组织所采用的各类国际、国内标准/规范，或企业内部标准规范是否适宜，其执行情况及存在的问题；

⑤ 各类管理、技术文件、报表及质量记录的适用性、完整性。

对上述情况分析汇总，形成企业组织现状报告。

（2）制订实施工作计划

应把建立和实施企业质量管理体系的工作作为一个项目来管理。因此必须制订实施计划，内容包括分哪几个主要阶段、各项工作的要求和时间进度、每项工作的负责和参加人员、各阶段及总的经费预算等。

（3）质量管理体系的确定

作为建立和实施企业质量管理体系工作的第一步，首先要确定适合于本企业的质量管理体系（ISO 9001:2015 标准），最主要的是推行 ISO 9001:2015 标准的范围和质量方针，以及有关条款要求对组织的适用性问题，是否需要删减以及删减内容的确定。

（4）调整和完善企业组织

企业组织是实施质量管理的基本保证，它应是符合质量管理体系的要求，并结合企业的实际情况。因此，企业应根据组织的现状及实施质量管理体系的需要，调整现有的机构及其职能，并做到：

① 对所有与质量有关的管理、执行和验证人员，特别是需要独立行使权力防止、消除不合格和对不合格品进行控制和处置的人员，都应明确其职责、权限和相互关系。

② 配备从事管理、执行和验证活动所必需的资源，如各岗位上与质量要求相适应的并经过培训合格的人员，必要的控制、管理和测试工具等。

③ 由质量管理体系推行组织负责质量管理体系的建立与实施，并向最高管理者报告体系运行情况，及时处理影响体系运行的有关问题。

（5）制定标准的实施方法

按 ISO 9001:2015 标准所规定的要求，并根据企业的质量方针，确定质量管理体系应包含的过程。在确定好所要实施的全部过程以后，便可逐一分析每一个过程应包含的活动及所需的资源。列出所有活动的清单，供编写质量管理体系文件时使用。同时还应制订获取资源的计划。

3. 编写质量管理体系文件

质量管理体系文件是描述质量管理体系的一整套文件，是质量管理体系的书面体现，是质量管理体系运行的法规，也是质量管理体系审核的依据。需要编写的文件包括：

① ISO 9001 标准要求的；

② 组织为了确保质量管理体系有效运行而自己确定的。

这些文件应按 ISO 9001 标准的要求，并结合企业的实际情况进行编制（参考第六章的内容）。

4. 培养内部审核员

企业应根据具体情况，培训若干名内部审核员。内部审核员最好是在从事企业质量管理工作、有一定生产经验的人员中挑选，并经过严格的培训（最好是委托质量管理体系认证的专业咨询或培训机构进行外训），以达到如下的要求：

① 掌握实施质量管理体系审核所依据的以及相关的 ISO 9000 族标准；

② 掌握实施质量管理体系审核所必需的知识和技能；

③ 遵守审核人员的行为准则：忠于职守、准确公正、尊重事实、不卑不亢。

5. 质量管理体系试运行

在完成了上述各阶段的工作以后，便可进入质量管理体系试运行。该阶段的主要工作是：

① 最高管理者审查并签发质量方针；

② 最高管理者审批实施文件和指令；

③ 组织培训，使每个员工熟悉与本岗位有关的程序文件；

④ 进行岗位质量责任培训与考核；

⑤ 将各部门的各项与质量管理体系要求有关的活动纳入体系运行；

⑥ 运行中，有关质量管理体系文件存在的问题和不足，可按程序的规定修改。

6. 内部质量管理体系审核

内部质量管理体系审核是由企业组织的自我审核。目的是确定所建立的质量管理体系是否符合企业质量手册和程序文件的规定，是否能正常运行以及对于实现企业质量方针的有效性。内部质量管理体系审核由管理层委派的审核组进行，审核组成员应是内部审核员，必要时可以聘请外部审核员。在申请质量管理体系认证之前至少要进行一次内部质量管理体系审核。

7. 管理评审

管理评审是由最高管理者根据质量方针和目标，对质量管理体系的现状和适应性进行的正式评价。管理评审的依据是受益者的期望，如市场和顾客的需求、领导和员工的期望等，以及内部质量管理体系审核的结果。管理评审组由企业的最高管理者主持，成员是管理层人员以及与质量有关的职能部门的负责人，在申请质量管理体系认证之前必须进行管理评审。

8. 质量管理体系认证前的准备

（1）选择认证机构

选择认证机构主要应考虑以下几点：

① 该认证机构是否已被国家认可机构认可；

② 该认证机构的注册专业范围是否覆盖本企业申请注册的专业范围；

③ 该认证机构的权威性和信誉；

④ 不可选择向本单位提供咨询的机构作为认证机构。

（2）对质量管理体系文件的全面清理

质量管理体系文件是质量管理体系的具体体现，是质量管理体系审核的主要依据之一。

因此，接受审核前有必要对企业的质量管理体系文件做一次全面清理，并要求有关文件和记录放在可让审核组随时拿到的地方。

（3）有关接受审核的教育培训

明确质量管理体系审核的目的、意义；审核过程中应注意哪些问题；如何积极主动配合审核组的工作等。

（4）接受审核前的其他准备工作

① 将审核的目的和范围通知有关人员；

② 指定负责陪同审核组成员的工作人员；

③ 为向审核组提供所需资源（包括办公场所和设施）做好准备等。

9. 质量管理体系认证

所谓质量管理体系认证，就是由认证机构对企业进行的外部质量管理体系审核，其认证实施过程见本节"二、"的内容。在通过认证后，获得 ISO 9001 质量管理体系标准认证证书。

10. 质量管理体系的进一步改进与完善

企业通过了认证机构的质量管理体系审核，取得了质量管理体系认证证书，仅说明该企业的质量管理体系已基本符合 ISO 9001 标准的要求。通过审核后，企业须通过内部质量管理体系审核及管理评审，认证机构则通过监督审核，以保持其质量管理体系的持续有效性。

二、质量管理体系认证实施程序

质量管理体系认证的实施过程可分为两个阶段：第一阶段，认证的申请和评审阶段。其主要任务是受理申请，并对申请组织的质量管理体系进行审核和评定，决定是否批准认证、注册和发证。第二阶段，对获准认证的组织的质量管理体系进行监督审核和管理。目的是在认证有效期内持续符合质量管理体系标准的要求。其认证流程如图 1-8 所示，认证程序具体如下：

1. 质量体系认证的申请

① 申请人提交一份正式的由其授权代表签署的申请书，申请书或其附件应包括：

a. 申请方简况，如组织的性质、名称、地址、法律地位以及有关人力和技术资源。

b. 申请认证的覆盖的产品或服务范围。

c. 法人营业执照复印件，必要时提供资质证明、生产许可证复印件。

d. 咨询机构和咨询人员名单。

e. 最近一次国家产品质量监督检查情况。

f. 有关质量体系及活动的一般信息。

g. 申请人同意遵守认证要求，提供评价所需要的信息。

h. 对拟认证体系所适用的标准和其他引用文件的说明。

② 认证中心根据申请人的需要提供有关公开文件。

③ 认证中心在收到申请方的申请材料之日起，经合同评审以后 30 天内作出受理、不受理或改进后受理的决定，

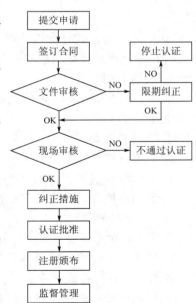

图 1-8　质量管理体系认证流程

并通知委托方（受审核方）。以确保：
　　a. 认证的各项要求规定明确，形成文件并得到理解；
　　b. 认证中心与申请方之间在理解上的差异得到解决；
　　c. 对于申请方申请的认证范围、运作场所及一些特殊要求，如申请方使用的语言等，认证机构有能力实施认证；
　　d. 必要时认证中心要求受审核方补充材料和说明。
　④ 双方签订"质量体系认证合同"。
　　当某一特定的认证计划或认证要求需要做出解释时，由认证中心代表负责按认可机构承认的文件进行解释，并向有关方面发布。
　⑤ 对收到的信息，将用于现场审核评定的准备。认证中心承诺保密并妥善保管。
　2. 现场审核前的准备
　① 在现场审核前，申请方按照 ISO 9000 标准建立的文件化质量体系运行时间应达到 3 个月，至少提前 2 个月向认证中心提交质量手册及所需相关文件。
　② 认证中心准备组建审核组，指定专职审核员或审核组长作为正式审核的一部分进行质量手册审查，审查以后填写《文件审核报告》通知受审核方，并保存记录。
　③ 认证中心应准备在文件审查通过以后，与受审核方协商确定审核日期并考虑必要的管理安排。在初次审核前，受审核方应至少提供一次内部质量审核和管理评审的实施记录。
　④ 认证中心任命一个合格的审核组，确定审核组长、组成审核组代表认证中心实施现场审核。
　　a. 审核组成员由国家注册审核员担任。
　　b. 必要时聘请专业的技术专家协助审核。
　　c. 审核组成员、专家姓名。
　　由认证中心提前通知受审核方，并提醒受审核方对所指派审核员和专家是否有异议。如以上人员与受审核方可能发生利益冲突，受审核方有权要求更换人员，但必须征得认证中心的同意。
　⑤ 认证中心正式任命审核组，编制审核计划。审核计划和日期应得到受审核方的同意，必要时在编制审核计划之前安排初访受审核方，察看现场，了解特殊要求。
　3. 现场审核
　　审核依据受审核方选定的认证标准，在合同确定的产品范围内审核受审核方的质量体系，主要程序为：
　① 召开首次会议。
　　a. 介绍审核组成员及分工。
　　b. 明确审核目的、依据文件和范围。
　　c. 说明审核方式，确认审核计划及需要澄清的问题。
　② 实施现场审核。
　　收集证据对不符合项写出不符合报告单，对不符合项类型评价的原则是：
　　a. 严重不符合项：质量体系与约定的质量体系标准或文件的要求不符；造成系统性区域性严重失效或可造成严重后果；可直接导致产品质量不合格的不符合等。
　　b. 轻微的或一般的不符合项：孤立的人为错误；文件偶尔未被遵守造成的后果不严重；对系统不会产生重要影响的不符合等。

③ 审核组编写审核报告做出审核结论，其审核结论有三种情况：

a. 没有或仅有少量的一般不符合，可建议通过认证。

b. 存在多个严重不符合，短期内不可能改正，则建议不予通过认证。

c. 存在个别严重不符合，短期内可能改正，则建议推迟通过认证。

④ 向受审核方通报审核情况、结论。

⑤ 召开末次会议，宣读审核报告，受审核方对审核结果进行确认。

⑥ 认证中心跟踪受审核方对不符合项采取纠正措施的效果。

4. 认证批准

① 认证中心对审核结论进行审定、批准。自现场审核后一个月内、最迟不超过两个月通知受审核方，并纳入认证后的监督管理。

② 认证中心负责认证合格后注册、登记、颁发由认证中心总经理批准的认证证书，并在指定的出版物上公布质量体系认证注册单位名录。

公布和公告的范围包括认证合格企业名单及相应信息（产品范围、质量保证模式标准、批准日期、证书编号等）。

③ 对不能批准认证的企业，认证中心要给予正式通知，说明未能通过的理由，企业再次提出申请，至少需经6个月后才能受理。

5. 监督审核与管理

在认证证书3年有效期内，认证机构负责对认证证书持有企业的质量管理体系进行监督审核与管理。首次监督审核一般在获证半年后进行，以后每年不超过2次。

三、质量管理体系内审员、外审员简介

审核员是指实施审核的人员，审核员应具有一定的素质、知识和技能等能力。

审核员有外部审核员和内部审核员之分，从事第二方、第三方审核的人员为外部审核员（通常称审核员或外审员），从事第一方审核的人员为内部审核员（通常称内审员），内、外部审核员的区别见表1-6。

表1-6 内部和外部审核员的区别

对比项目	审核员	内部审核员	外部审核员
1	资格认定不同	由组织培训或社会服务机构培训认定即可	必须经专门机构培训通过，并经国家认可机构专门考核、认可、注册
2	代表对象不同	代表组织管理者行使审核职责，本身是所在组织成员	代表顾客行使审核职责
3	承担责任不同	可与受审核方共同研究制定纠正措施；可以帮助组织制定程序，提出纠正和预防措施建议或要求	一般不提供纠正措施建议，应受审核方要求时所提供的纠正措施需小心谨慎
4	权力不同	受到限制，只在授权范围时效内拥有	有明显的权力，但需慎重使用权力
5	独立程度不同	与组织人事关系密切，但要努力保持相对的独立性	有完全的独立性，但要遵守职业道德

审核方的审核分类如下。

第一方审核：由组织（第一方）对其自身的产品、过程和管理体系进行的审核，简称内部审核；

第二方审核：由顾客（第二方）对供方的审核；

第三方审核：由第三方（独立于第一方和第二方的，与二者无隶属和利益关系的审核机构）具有一定资格并经一定程序认可的审核机构派出审核人员对组织的质量管理体系进行审核，简称外部审核。

1. 内部审核员的职责

内审员是建立、实施、保持和持续改进质量管理体系运行效果的骨干力量。其职责是：

① 遵守有关的审核要求，并传达和阐明审核要求；
② 参与制订审核活动计划，编制检查表，并按计划完成审核任务；
③ 将审核发现整理成书面资料，并报告审核结果；
④ 验证由审核结果导致的纠正措施的有效性；
⑤ 整理、保存与审核有关的文件；
⑥ 配合和支持审核组长的工作；
⑦ 协助受审核方制定纠正措施，并实施跟踪审核；
⑧ 参加第二方审核。

2. 审核员的能力和素质

根据 ISO 19011:2011 标准，审核员的能力和素质主要表现在个人行为和应用知识和技能的能力。这些知识和技能有些是所有管理体系领域的审核员通用的，有些则是特定管理体系领域审核员专用的。

（1）个人行为

个人行为即个人素质，包括：

① 公正、可靠、忠诚、诚信和谨慎；
② 善于与人沟通和交往，适应能力强；
③ 善于观察，感知力强；
④ 性格坚定、明断、独立性强。

（2）审核员的知识和技能

审核员应具有下列方面的知识和技能：

① 熟悉和掌握审核原则、程序和方法；
② 熟悉管理体系和引用文件；
③ 熟悉组织概况；
④ 熟悉适用的法律法规要求、合同要求和适用于受审核方的其他要求；
⑤ 审核员还应具有某一特定领域和专业的知识与技能。

（3）审核员能力的获得

审核员知识和技能可通过下列途径获得：

① 正规的教育和（或）培训以及工作的经历；
② 包含审核员通用知识和技能的培训课程；
③ 在相关技术、管理或专业岗位的工作经历；
④ 在相同领域审核员监督下获得的审核经历。

与外审员相比，内审员的要求要低些。内审员应具备相关技术、管理或专业岗位的工作经历、经系统培训、考核合格并拥有资格证书。合格的内审员可监督质量体系的运行，协助外部审核的顺利通过，对质量体系的保持和改进起到促进作用。

3. 审核员的管理

（1）外审员的级别

① 主任审核员。经授权且有资格带领审核员对质量管理体系进行审核的人员。

② 审核员。经授权且有资格对质量管理体系进行审核的人员。

③ 见习审核员。经培训允许在审核员带领下见习质量管理体系审核的人员。

（2）审核员的注册制度

很多国家都设有自己的审核员注册机构。外审员经国家注册才能取得审核资格，而内审员既可注册也可不注册。内审员资格并不受是否注册而影响其开展内审工作。

（3）内审员的管理

① 培训。选择适合的人员接受内部培训或社会服务机构的培训，培训内容应适合内审员的工作需要并注意知识的更新。

② 委派。应根据工作需要委派合适的内审员。

③ 考核。对内审员的专业知识、工作能力和工作表现进行定期考核，建立培训、考核记录。

④ 保持足够的审核员人数，以满足组织开展内审和实施和保持质量管理体系的需要。

四、相关认证认可管理机构

1. 我国认证认可管理机构简介

（1）中国国家认证认可监督管理委员会（CNCA）

中国国家认证认可监督管理委员会（中华人民共和国国家认证认可监督管理局）是国务院决定组建并授权，履行行政管理职能，统一管理、监督和综合协调全国认证认可工作的主管机构。

其主要工作职能如下：

① 研究起草并贯彻执行国家认证认可、安全质量许可、卫生注册和合格评定方面的法律、法规和规章，制定、发布并组织实施认证认可和合格评定的监督管理制度、规定。

② 研究提出并组织实施国家认证认可和合格评定工作的方针政策、制度和工作规则，协调并指导全国认证认可工作。监督管理相关的认可机构和人员注册机构。

③ 研究拟定国家实施强制性认证与安全质量许可制度的产品目录，制定并发布认证标志（标识）、合格评定程序和技术规则，组织实施强制性认证与安全质量许可工作。

④ 负责进出口食品和化妆品生产、加工单位卫生注册登记的评审和注册等工作，办理注册通报和向国外推荐事宜。

⑤ 依法监督和规范认证市场，监督管理自愿性认证、认证咨询与培训等中介服务和技术评价行为；根据有关规定，负责认证、认证咨询、培训机构和从事认证业务的检验机构（包括中外合资、合作机构和外商独资机构）的资质审批和监督；依法监督管理外国（地区）相关机构在境内的活动；受理有关认证认可的投诉和申诉，并组织查处；依法规范和监督市场认证行为，指导和推动认证中介服务组织的改革。

⑥ 管理相关校准、检测、检验实验室技术能力的评审和资格认定工作，组织实施对出入境检验检疫实验室和产品质量监督检验实验室的评审、计量认证、注册和资格认定工作；负责对承担强制性认证和安全质量许可的认证机构和承担相关认证检测业务的实验室、检验

机构的审批；负责对从事相关校准、检测、检定、检查、检验检疫和鉴定等机构（包括中外合资、合作机构和外商独资机构）技术能力的资质审核。

⑦ 管理和协调以政府名义参加的认证认可和合格评定的国际合作活动，代表国家参加国际认可论坛（IAF）、太平洋认可合作组织（PAC）、国际人员认证协会（IPC）、国际实验室认可合作组织（ILAC）、亚太实验室认可合作组织（APLAC）等国际或区域性组织以及国际标准化组织（ISO）和国际电工委员会（IEC）的合格评定活动，签署与合格评定有关的协议、协定和议定书；归口协调和监督以非政府组织名义参加的国际或区域性合格评定组织的活动；负责 ISO 和 IEC 中国国家委员会的合格评定工作；负责认证认可、合格评定等国际活动的外事审批。

⑧ 负责与认证认可有关的国际准则、指南和标准的研究和宣传工作；管理认证认可与相关的合格评定的信息统计，承办世界贸易组织/技术性贸易壁垒协定、实施卫生与植物卫生措施协定中有关认证认可的通报和咨询工作。

⑨ 配合国家有关主管部门，研究拟订认证认可收费办法并对收费办法的执行情况进行监督检查。

（2）中国合格评定国家认可委员会（CNAS）

中国合格评定国家认可委员会（CNAS）是根据《中华人民共和国认证认可条例》的规定，由国家认证认可监督管理委员会批准设立并授权的国家认可机构，统一负责对认证机构、实验室和检查机构等相关机构的认可工作。

中国合格评定国家认可委员会于 2006 年 3 月 31 日正式成立，是在原中国认证机构国家认可委员会（CNAB）和原中国实验室国家认可委员会（CNAL）基础上整合而成的，而中国认证机构国家认可委员会（CNAB）是在原中国质量体系认证机构国家认可委员会（CNACR）、原中国产品认证机构国家认可委员会（CNACP）、原中国国家进出口企业认证机构认可委员会（CNAB）和原中国环境管理体系认证机构认可委员会（CACEB）基础上整合而成的。

① CNAS 的宗旨。

中国合格评定国家认可委员会的宗旨是推进合格评定机构按照相关的标准和规范等要求加强建设，促进合格评定机构以公正的行为、科学的手段、准确的结果有效地为社会提供服务。

② CNAS 的主要任务。

中国合格评定国家认可委员会的主要任务为：

a. 按照我国有关法律法规、国际和国家标准、规范等，建立并运行合格评定机构国家认可体系，制定并发布认可工作的规则、准则、指南等规范性文件；

b. 对境内外提出申请的合格评定机构开展能力评价，作出认可决定，并对获得认可的合格评定机构进行认可监督管理；

c. 负责对认可委员会徽标和认可标识的使用进行指导和监督管理；

d. 组织开展与认可相关的人员培训工作，对评审人员进行资格评定和聘用管理；

e. 为合格评定机构提供相关技术服务，为社会各界提供获得认可的合格评定机构的公开信息；

f. 参加与合格评定及认可相关的国际活动，与有关认可及相关机构和国际合作组织签署双边或多边认可合作协议；

g. 处理与认可有关的申诉和投诉工作；

h. 承担政府有关部门委托的工作；
i. 开展与认可相关的其他活动。
③ 国际互认。

中国合格评定国家认可制度已经融入国际认可互认体系，并在国际认可互认体系有着重要的地位，发挥着重要的作用。原中国认证机构国家认可委员会（CNAB）为国际认可论坛（IAF）、太平洋认可合作组织（PAC）正式成员，并分别签署了 IAF/MLA 和 PAC/MLA；原中国实验室国家认可委员会（CNAL）是国际实验室认可合作组织（ILAC）和亚太实验室认可合作组织（APLAC）正式成员，并签署了 ILAC/MRA（检测和校准实验室）和 APLAC/MRA（检测和校准实验室、检查机构）。

目前我国已与其他 37 个国家和地区的质量管理体系认证和环境管理体系认证的认可机构签署了互认协议，已与其他国家和地区的 57 个实验室认可机构签署了互认协议。中国合格评定国家认可委员会（CNAS）已取代原 CNAB 和原 CNAL 在 IAF、ILAC、APLAC、PAC 的正式成员和互认协议签署方地位。

（3）中国认证认可协会（CCAA）

中国认证认可协会成立于 2005 年 9 月 27 日，是由认证认可行业的认可机构、认证机构、认证培训机构、认证咨询机构、实验室、检测机构和部分获得认证的组织等单位会员和个人会员组成的非营利性、全国性的行业组织。依法接受业务主管单位国家质量监督检验检疫总局、登记管理机关民政部的业务指导和监督管理。

中国认证认可协会以推动中国认证认可行业发展为宗旨，为政府、行业、社会提供与认证认可行业相关的各种服务。

中国认证认可协会的主要工作有：加强社会责任监督，制定行规行约，规范行业行为，维护行业利益；调查研究中外行业发展及市场趋势，参与制定行业发展战略规划，向政府提出政策和立法建议，向社会提供信息与咨询服务；倡导科技进步，促进信息化建设，组织人才教育和培训；参与制定、修订国家行业标准，并组织贯彻实施；组织国际对话，开展行业外交，促进国际合作；开展认证推广工作；编辑、翻译出版认证方面的标准、期刊、书籍、文集和资料等；完成政府主管部门交办的工作。

2. 认证认可机构简介

1998 年 1 月 22 日，国家技术监督局批准成立的中国质量体系认证机构国家认可委员会（CNACR）在国际认可论坛（IAF）大会上首次签署了国际认可论坛多边承认协议（LAF/MLA），标志着中国取得 CNACR 认可的所有认证机构颁发的 ISO 9000 质量体系认证证书都取得了国际同行的互认，实现了与国际接轨的战略目标。

首批获准签署国际认可论坛多边承认的国家认可机构是 17 个国家的 16 个认可机构：中国 CNACR、日本 JAB、澳大利亚-新西兰 JAS-ANZ、加拿大 SCC、美国 ANSI-RAB、荷兰 RvA、德国 TGA、英国 UKAS、瑞典 SWEDAC、西班牙 ENAC、意大利 SINCERT、丹麦 DANAK、瑞士 SAS、法国 COFRAC、芬兰 FINAS 和挪威 NA。17 个国家中，中国是唯一的发展中国家，亚洲仅有中国和日本两个国家。

为按照国际准则加强我国质量体系认证机构的管理，并实现我国 ISO 9000 质量体系认证证书的国际互认，1994 年 4 月 23 日，国家技术监督局根据国务院的授权，作为我国统一管理全国标准化、计量、质量和质量认证工作的政府主管部门，依据《产品质量法》正式批准成立 CNACR，授权 CNACR 建立和实施中国质量体系认证国家认可制度。

几年来，我国的质量体系认证工作得到了迅猛、健康的发展。

截至 2018 年 4 月 30 日，CNACR 及其认可的 117 家质量体系认证机构基本能适应中国质量体系认证与认可工作发展的需要，见表 1-7。

表 1-7 中国质量管理体系认证机构（部分）

序号	认证机构名称	序号	认证机构名称
1	中国质量认证中心	19	四川三峡认证有限公司
2	方圆标志认证集团有限公司	20	北京中大华远认证中心
3	上海质量体系审核中心	21	华夏认证中心有限公司
4	华信技术检验有限公司	22	北京国金衡信认证有限公司
5	中国船级社质量认证公司	23	北京中建协认证中心有限公司
6	中质协质量保证中心	24	深圳市环通认证中心有限公司
7	中鉴认证有限责任公司	25	北京国建联信认证中心有限公司
8	中国新时代认证中心	26	北京天一正认证中心有限公司
9	长城（天津）质量保证中心	27	北京中设认证服务有限公司
10	东北认证有限公司	28	北京中安质环认证中心
11	北京赛西认证有限责任公司	29	江苏九州认证有限公司
12	广州赛宝认证中心服务有限公司	30	泰尔认证中心
13	浙江公信认证有限公司	31	北京三星九千认证中心
14	中联认证中心（北京）有限公司	32	天津华诚认证有限公司
15	杭州万泰认证有限公司	33	通标标准技术服务有限公司
16	新世纪检验认证股份有限公司	34	北京航协认证中心有限责任公司
17	北京兴国环球认证有限公司	35	兴原认证中心有限公司
18	香港品质保证局	36	…

在中国常见的国外质量管理体系认证机构见表 1-8。

表 1-8 国外质量管理体系认证机构（部分）

序号	认证机构名称	机构说明
1	SGS	瑞士通用公证行。中国分支机构：通标标准技术服务有限公司
2	BSI	英国标准协会
3	莱茵 TÜV	德国莱茵技术监护顾问公司
4	DNV	挪威船级社
5	BV	法国国际检验局（BVQI），也称法国船级社，简称 BV
6	AFAQ	法国-贝尔国际验证机构（AFAQ/BestCERT, Ltd.）
7	UL	美国安全检测实验室（UL）。与中国检验认证（集团）有限公司（CCIC）共建：UL 美华认证有限公司

续表

序号	认证机构名称	机构说明
8	LRQA	英国劳氏质量认证有限公司
9	南德 TÜV	TÜV 南德意志集团
10	…	

五、国际认可论坛

1. 国际认可论坛

国际认可论坛（International Accreditation Forum，IAF）成立于 1993 年 1 月，是由世界范围内的合格评定认可机构和其他有意在管理体系、产品、服务、人员和其他相似领域内从事合格评定活动的相关机构共同组成的国际合作组织。

IAF 致力于在世界范围内建立一套唯一的合格评定体系，通过确保已认可的认证证书的可信度来减少商业及其顾客的风险。IAF 认可机构成员对认证机构开展认可，认证机构向获证组织颁发认证证书以证明组织的管理体系、产品或者人员符合某一特定的标准（这类活动被称为合格评定）。IAF 成员主要分为认可机构成员、辅助成员（包括认可的认证机构/检查机构成员、工业界/用户成员）、区域成员、伙伴成员四类。

IAF 的目标是：协调各国认证制度，通过统一规范各成员国的审核员资格要求，培训准则及质量体系认证机构的评定和认证程序，使其在技术运作上保持一致，从而确保有效的国际互认。

（1）国际认可论坛多边承认协议（IAF/MLA）作用

IAF 建立了国际认可论坛多边承认协议（IAF/MLA）。通过 IAF 全面系统的国际同行评审，认可制度符合相关国际准则要求的国家认可机构签署 IAF/MLA，由 IAF/MLA 的全体签约机构组成 IAF/MLA 集团，我国认可机构是 IAF/MLA 集团的正式签约方。国家认可机构只有加入了 IAF/MLA 集团，才能表明其认可结果是等效的，带有该签约方认可标志的认证证书才具有国际等效性和互认性。

（2）我国参与 IAF 的有关活动情况

1994 年 1 月我国首次派代表参加 IAF 的会议。

1995 年 6 月，中国质量体系认证机构国家认可委员会（CNACR）首批签署了 IAF 谅解备忘录。

1998 年 1 月，IAF 在中国广州召开了第 11 届全体会议以及 IAF 执委会、IAF/MLA 管委会及各工作组会议。在这次会议上，包括中国在内的 17 个国家中的 16 个国家认可机构获准首签了 IAF/MLA（质量管理体系认证认可），其中 CNACR 是唯一获准首签 IAF/MLA 的发展中国家认可机构。

1998 年 10 月，中国国家进出口企业认证机构认可委员会（CNAB）在 IAF 第 12 届全体会议上签署了 IAF/MLA（质量管理体系认证认可）。

2004 年 10 月，中国认证机构国家认可委员会（CNAB）在 IAF 第 12 届全体会议上签署了 IAF/MLA（环境管理体系认证认可）。

2007 年 6 月 9 日，国际认可论坛（IAF）在北京召开"国际认可中国日"国际会议。会议以关注社会和最终用户对认证与认可结果的期望为主题，是 IAF 在研究制定国际认可战略新措施过程中召开的一次重要会议，也是中国认证认可界与最终用户等相关方面的代表对认证认可有效性与改进机会进行的一次高层战略对话和研讨。

目前，CNAS 已取代原中国认证机构国家认可委员会（CNAB），继续保持我国认可机构在 IAF 的正式成员地位和 IAF 质量管理体系认证认可、环境管理体系认证认可两个多边互认协议签约方的地位。

中国合格评定国家认可委员会（CNAS）是 IAF 的首批全权成员和首批互认协议签约方。近年来，在国家质检总局和国家认监委的领导下，中国合格评定国家认可委员会积极参与 IAF、太平洋认可合作组织（PAC）等相关国际和区域认可合作组织的活动，发挥了重要作用，维护了我国认可体系的利益，为服务于我国的对外贸易发挥了积极的作用。经过中国合格评定国家认可委员会认可的我国认证证书在其他 30 多个签署多边互认协议的国家和经济体具有效力。

2. 国际认可承认协议简介及 LAF/MAL 成员

国际认可论坛多边承认协议英文简称 MAL。通过签订质量体系认证国际多边承认协议，一方面可以提高签约国（或地区）相应 ISO 9000 质量体系认证证书的权威性和有效性，促进和实现签约国相应 ISO 9000 质量体系认证证书的国际互认，避免或减少签约国企业为了开展国际贸易而申请多重 ISO 9000 认证，减轻企业负担，提高国际贸易的效率；另一方面，由于加入国际认可论坛多边承认协议并保持签约方地位具有严格的条件，签约前需要按国际准则接受国际认可论坛全面的同行评审，签约后还需要继续接受国际认可论坛定期的监督性同行评审，从而能起到督促有关国家（或地区）改进和提高质量体系认证与认可水平，保证认证的质量，促进全世界 ISO 9000 质量体系认证持续、健康、有效和有序发展的积极作用。

质量体系认证的国际互认制度在全球范围内已建立和实施。目前，已有 30 多个国家和地区的认可机构签署了 LAF/MAL 质量体系认证多边承认协议，包括中国、美国、加拿大、日本、澳大利亚、新西兰、荷兰、德国、英国、瑞典、西班牙、意大利、丹麦、瑞士、法国、挪威、芬兰、阿根廷、比利时、巴西、哥伦比亚、捷克、爱尔兰、韩国、马来西亚、菲律宾、新加坡、斯洛伐克、南非、泰国等。

复习思考题与练习题

1. 哪三个管理体系被称为后工业化时代的管理方法？
2. 什么是认证？就制造型的企业而言，通常的认证包括哪些类型的认证？
3. 试列举两个属于质量管理体系标准的管理体系认证。
4. ISO 14000 标准是什么管理体系标准？其主要的核心标准是什么？
5. OHSAS 18000 标准是什么管理体系标准？推行、实施 OHSAS 18000 标准有何好处？
6. IATF 16949 认证、ISO 50001 认证、ISO 22000 认证、ISO/IEC 27001 认证分别是什么认证？
7. 进行产品认证有哪几种认证模式？哪一种是我国现在实施的主要产品认证方法？
8. 进行产品合格认证和产品安全认证的目的分别是什么？
9. 典型的产品安全认证（强制性认证）有哪些？
10. 3C 认证属于什么性质的认证？有哪几种 3C 标志？产品上有 3C 标志有何意义？
11. 进行 UL 认证、CE 认证有何作用？
12. 什么是 ISO、IEC？二者的工作范围有何不同？
13. 什么是 ISO 9000 族质量管理体系标准？
14. 促使 ISO 9000 族标准产生的主要原因是什么？

15. ISO 9000 族标准的全称是什么？
16. ISO 9000 族标准的发展经历了哪几个版本？
17. ISO 9000:2015 族标准主要包括哪几个主要标准？
18. 用于第三方认证或合同目的的质量管理体系标准是哪一个？
19. 我国等同采用 ISO 9000 族标准的国家标准主要有哪些（写出标准名称）？
20. 企业实施并通过 ISO 9001 标准认证有何意义？
21. 为什么说 ISO 9001 标准认证仍是目前最热门的管理体系认证？
22. 质量管理体系的建立主要有哪几个大阶段？
23. 质量体系认证实施过程可分为哪两个阶段？其主要的任务和目的是什么？
24. 什么是第一方、第二方、第三方审核？
25. 内部审核员和外部审核员的资格认定、代表对象有何不同？
26. 我国主要的认证认可管理机构有哪些？
27. 分别列举三个国内、国外的质量管理体系认证机构。
28. 签订国际认可论坛多边承认协议（IAF/MLA）有何意义？

第二章

质量管理体系基础和术语

第一节 概 述

一、引言

GB/T 19000—2016（ISO 9000:2015）标准为质量管理体系（QMS）提供了基本概念、原则和术语，并为质量管理体系的其他标准奠定了基础。该标准旨在帮助使用者理解质量管理的基本概念、原则和术语，以便能够有效和高效地实施质量管理体系，并实现其他质量管理体系标准的价值。该标准基于融合已制定的有关质量的基本概念、原则、过程和资源的框架，提出了明确的质量管理体系，以帮助组织实现其目标。该标准适用于所有组织，无论其规模、复杂程度或经营模式。该标准旨在增强组织在满足其顾客和相关方的需求和期望以及在实现其产品和服务的满意方面的义务和承诺意识。

二、范围与总则

1. 范围

GB/T 19000 标准表述的质量管理的基本概念和原则普遍适用于下列方面：
① 通过实施质量管理体系寻求持续成功的组织；
② 对组织持续提供符合其要求的产品和服务的能力寻求信任的顾客；
③ 对在供应链中其产品和服务要求能得到满足寻求信任的组织；
④ 通过对质量管理中使用的术语的共同理解，促进相互沟通的组织和相关方；
⑤ 依据 GB/T 19001 的要求进行符合性评定的组织；
⑥ 质量管理的培训、评定和咨询的提供者；
⑦ 相关标准的起草者。
该标准给出的术语和定义适用于所有 SAC/TC 151 起草的质量管理和质量管理体系标准。

2. 总则

GB/T 19000 标准表述的质量管理的概念和原则，可帮助组织获得应对最近数十年深刻变化的环境所提出的挑战的能力。当前，组织工作所处的环境表现出变化加快、市场全球化以及知识作为主要资源出现等特征。质量的影响已经超出了顾客满意的范畴，它也可直接影响到组织的声誉。

社会教育水平的提高以及要求更趋苛刻，使得相关方影响力与日俱增。该标准通过规定用于建立质量管理体系的基本概念和原则，提供了一种对组织的更加广泛地进行思考的方式。

所有的概念、原则及其相互关系应被看成一个整体，而不是彼此孤立的。没有哪一个概念或原则比另一个更重要。无论何时在应用中找到适当的平衡是至关重要的。

第二节 基本概念

一、质量

一个关注质量的组织倡导一种通过满足顾客和其他有关相关方的需求和期望来实现其价值的文化，这种文化将反映在其行为、态度、活动和过程中。

组织的产品和服务质量取决于满足顾客的能力以及对有关的相关方预期或非预期的影响。产品和服务的质量不仅包括其预期的功能和性能，而且还涉及顾客对其价值和利益的感知。

二、质量管理体系

质量管理体系包括组织识别其目标以及为获得期望的结果确定其过程和所需资源的活动。质量管理体系管理相互作用的过程和所需的资源，以向有关相关方提供价值并实现结果，能够使最高管理者通过考虑其决策的长期和短期影响而优化资源的利用。质量管理体系给出了在提供产品和服务方面，针对预期和非预期的结果确定所采取措施的方法。

三、组织环境

理解组织环境是一个过程，此过程决定影响组织的宗旨、目标和可持续性的各种因素。它既考虑组织诸如价值观、文化、知识和绩效等内部因素，还考虑诸如法律、技术、竞争、市场、文化、社会和经济环境等外部因素。

组织的宗旨可被表述为包括组织的愿景、使命、方针和目标。

四、相关方

相关方的概念扩展了仅关注顾客的范围，而考虑所有有关相关方是至关重要的。

识别相关方是理解组织环境的过程的组成部分。有关的相关方是指若其需求和期望未能满足，将对组织的持续发展产生重大风险的那些相关方。为降低风险，组织需明确向有关的相关方提供何种必要的结果。组织的成功有赖于获取、赢得和保持有关的相关方的支持。

五、支持

1. 总则

最高管理者对质量管理体系和全员积极参与的支持，能够：

① 提供充分的人力和其他资源；
② 监视过程和结果；
③ 确定和评价风险和机遇；
④ 采取适当的措施。

负责任地获取、分配、维护、提高和处置资源，以支持组织实现其目标。

2. 人员

人员是组织内必不可少的重要资源。组织的绩效取决于体系内人员的工作表现。通过对质量方针和组织的所期望的结果的共同理解，可使组织内人员积极参与并保持协调一致。

3. 能力

当所有员工了解并应用所需的技能、培训、教育和经验，履行其岗位职责时，质量管理体系是最有效的。为人员提供开发这些必要能力的机会是最高管理者的职责。

4. 意识

意识来源于人员了解自身的职责，以及他们的行为如何有助于实现组织的目标。

5. 沟通

经过策划并有效开展的内部（如整个组织内）和外部（如与有关的相关方）沟通，可提高人员的积极参与程度并增进理解：

① 组织的环境；
② 顾客和其他有关的相关方的需求和期望；
③ 质量管理体系。

第三节　质量管理原则

一、以顾客为关注焦点

质量管理的主要关注点是满足顾客要求并且努力超越顾客期望。

1. 标准理解

顾客指能够或实际接受为其提供的或按要求提供的产品或服务的个人或组织。例如消费者、委托人、最终使用者、零售商、内部过程的产品或服务的接收人、受益者和采购方。

在我国关于顾客的许多至理名言已众所周知，如"顾客是上帝""用户至上""顾客永远是对的"等，但真正做到的则是凤毛麟角。探究其原因，大多数对"顾客是上帝"的内涵理解得比较肤浅，对于应怎样做才能赢得顾客，缺乏较为全面、系统的了解。

以顾客为关注焦点源于现代的质量理念，即判断产品质量的唯一标准就是让顾客满意。因为市场竞争所遵循的基本规律是：只有充分识别顾客的需求和期望并通过有效地运作，使其得到满足，甚至是超值的满足，才能最终赢得顾客，从而赢得市场。

顾客关系到组织在市场经济中的发展战略和质量方针问题，关系到组织市场细分的定位问题，关系到顾客当前和未来需要什么样的产品问题。因此，组织应当了解顾客当前和未来的需求，满足顾客要求并争取超越顾客期望。

产品质量的好坏最终要由用户来评价。这种用户至上的观念在今天又有了新的发展。为了让顾客满意，就不能只考虑到最终产品的效果，而应将这一理念渗透到产品形成的全过程以及与顾客沟通的全过程中去。

"以顾客为关注焦点"不仅可以使组织对市场机遇做出快速而灵活的反应，扩大市场占有率并增加收益，而且可以获得顾客的青睐，追加订单并招来回头客。组织应将争取顾客，使顾客满意作为首要的工作来考虑，依此可以采取形式多样的活动。如全面地了解并掌握顾客的各项要求，在整个组织内沟通顾客的要求，确保组织的目标与顾客的要求相结合，处理好与顾客之间的关系，兼顾顾客与其他相关方之间的利益。测量顾客的满意程度并根据结果采取相应的活动或进一步的措施。

在这方面，我国的创维集团开展了"顾客您是总裁"活动，取得了显著的成效，仅用半年时间就将顾客投诉减少了80%。有一个不从顾客需求和期望出发、闭门造车而导致失败的例子，很值得我们深思。我国某著名汽车厂，在原来畅销的5t载重卡车的基础上开发了6t载重卡车，由于大多数零部件都可以通用，因而开发这种新产品较容易实现。然而，殊不知过路、过桥费标准以5t为界，6～10t收费一样，购置这种卡车的顾客大多是个体运输户，他们考虑如何降低成本，同样用一个司机和相同的过路、过桥费，宁可购置8～10t的卡车。因而这种新型的6t载重卡车在市场上受到了冷落。

应该指出，由于社会的发展、科技的进步，人们的生活水平质量不断提高，顾客的需求也会相应地发生变化。顾客今天满意并不意味着明天、后天一样满意。因此，动态地跟踪顾客需求的变化和发展趋势，是至关重要的。只有通过持续改进和不断创新，以更新、更好的产品提供给顾客，才能赢得顾客的持续满意。

此外，如何倾听顾客投诉、抱怨是一项非常有学问的功课，绝对不能忽视。统计表明，争取一个新顾客的花费，相当于留住一个老顾客的5倍。一个不满意的顾客，会将他的抱怨向周围10个以上的亲友、同事、同学等倾诉。所以，千万不能低估顾客不满意的消极影响带来的这种扩大效应。

现代社会，市场竞争日趋激烈。必须指出，竞争可导致顾客对提供同一种产品的几个公司都可能满意，在消费时就可以有多种选择。顾客满意仅仅是消费的前提，并不一定会继续这种消费。应当看到世界的顶级公司都在奉行"所完成的工作要超过顾客的期望"，从而给顾客带来欣喜，使顾客不止于满意，进而忠诚。拥有众多的忠诚顾客，是应对市场变幻的重要资源，能为公司在激烈的市场竞争中带来持久繁荣。因此，达到顾客满意在21世纪只不过是进入市场的基本门槛。

组织只有赢得和保持顾客和其他有关的相关方的信任才能获得持续成功。与顾客互动的每个方面都提供了为顾客创造更多价值的机会。理解顾客和其他相关方当前和未来的需求有助于组织的持续成功。

2. 获益点

"以顾客为关注焦点"原则可能的获益是：提升顾客价值；增强顾客满意；增进顾客忠诚；增加重复性业务；提高组织声誉；扩展顾客群；增加收入和市场份额。

3. 可开展的活动

"以顾客为关注焦点"原则可开展的活动包括：识别从组织获得价值的直接和间接的顾客；理解顾客当前和未来的需求和期望；将组织的目标与顾客的需求和期望联系起来；在整个组织内沟通顾客的需求和期望；为满足顾客的需求和期望，对产品和服务进行策划、设计、开发、生产、交付和支持；测量和监视顾客满意并采取适当的措施；针对有可能影响到顾客满意的有关相关方的需求和适当的期望方面，确定并采取措施；主动管理与顾客的关系，以实现持续成功。

二、领导作用

各级领导建立统一的宗旨和方向，并且创造全员积极参与实现组织的质量目标的条件。

1. 标准理解

这里所说的领导作用，主要是针对最高管理者。所谓最高管理者是指在最高层指挥和控制组织的一个人或一组人。

在组织管理活动中，领导起着关键的作用。质量管理体系是由领导推动的，质量方针和目标是由领导组织策划的，组织机构和职能分配是由领导确定的，资源配置和管理是由领导决策安排的，顾客和相关方的要求是由领导确定的，组织环境和技术进步也是由领导决策的。所以，领导者应当确定本组织的质量方针和目标，并创造一个实施质量方针和目标的环境，使全体员工深入认识和理解本组织的质量方针和质量目标，并积极行动起来为实现这一方针和目标而努力。

在我国质量管理界有一句格言叫质量管理责任"二、八"开。即发生质量问题，责任的80%由领导者来承担。只要领导者参与并发挥作用，80%的问题都可以通过改进管理来解决。常言道：火车跑得快，全靠车头带。领导就犹如一个组织的火车头。长期以来，我国各级政府历来强调企业一把手亲自抓质量，如提出"厂长是产品质量的第一责任人"，"多次产品质量监督抽查不合格，厂长就地免职"，要求厂长"亲自领导质量管理和检验部门"，"亲自过问重大质量问题及顾客投诉"，"亲自主持质量例会"等，这些明确规定和要求不可谓不多。甚至在《产品质量法》中，也明确规定："产品质量监督检查不合格，经复查仍不合格的企业，责令停业整顿，直至吊销营业执照。"尽管有这样的严格的法律和行政规章规定，但质量问题仍然层出不穷。因为这种法律和行政的压力，经常导致一把手的被动质量行为。对此，光有法律的约束和行政的监督是不够的，只有市场优胜劣汰的机制完全形成，适者生存，才可能真正促使一把手抓质量，并成为自觉的行动。我国加入WTO后大大加速了这一过程。应当看到，要想在市场竞争中争取主动，高层领导亲自抓若干项质量工作已远远不够，而必须按照ISO 9001:2015的要求，亲自领导、策划及推行质量管理体系，将本组织的宗旨、方向和内部环境统一起来。

最高管理者对质量管理体系的支持和全员参与，能够：提供充分的人力和其他资源；监视过程和结果；确定和评价风险和机遇；实施适当的措施。对资源负责任的获取、调配、维护、改善和处置认真负责，可支持组织实现其目标。统一的宗旨和方向的建立以及全员的积极参与，能够使组织将战略、方针、过程和资源保持一致，以实现其目标。

案例阅读：盛田昭夫的领导魅力

索尼公司董事长盛田昭夫，是一个卓越的领导者。他善于将本组织的宗旨、方向和内部环境统一起来，并营造使员工能够充分参与实现组织目标的环境。

盛田昭夫经常直接和员工接触，到各个下属单位了解具体情况，争取和较多的员工直接沟通。他要求所有的经理都必须离开办公室，到员工中间去，认识、了解每一位员工，倾听他们的意见，调整部门的工作，使员工生活在一个轻松、透明的工作环境中。盛田昭夫经常抽空到下属工厂或分店转一转，找机会多接触一些员工。有一次，盛田昭夫在东京办事，看时间有余，就来到一家挂着索尼旅行服务社招牌的小店，对员工自我介绍："我来这里打个招呼，相信你们在电视或报纸上见过我，今天让你们看一看我的庐山真面目。"一句话逗得大家哈哈大笑，空气一下由紧张变得轻松，盛田昭夫乘机四处看一看，并和员工随意攀谈家常，有说有笑，既融洽又温馨，盛田昭夫和员工一样，沉浸在一片欢乐之中，并为自己是索尼公司的一员而备感自豪。

有一次，盛田昭夫和太太良子到美国索尼分公司参加成立25周年的庆祝活动，夫妇俩专门和全体员工一起用餐。然后，又到纽约和当地的索尼公司员工野餐。最后，又马不停蹄赶到亚拉巴马州的杜森录音带厂，以及加州的圣地亚哥厂，和员工一起进餐、跳舞，狂欢了半天。盛田昭夫感到很开心，很尽兴，员工们也为能和总裁共度庆祝而感到荣幸和自豪。盛田昭夫说，他喜欢这些员工，就像喜欢自己家人一样。盛田昭夫的领导能力使得索尼公司中无论是领导人、经理，还是技术开发人员、销售广告人员、制造生产人员，都能自觉地挖掘最大潜力，尽最大努力和同事拧成一股绳，将索尼公司一步步拉向更高的位置。依赖于人的合力，索尼公司屡战屡胜，一步一个脚印，在高科技产品的开发和市场拓展上，把同行对手一次又一次地甩在了后面。

2. 获益点

"领导作用"原则可能的获益是：提高实现组织质量目标的有效性和效率；组织的过程更加协调；改善组织各层级和职能间的沟通；开发和提高组织及其人员的能力，以获得期望的结果。

3. 可开展的活动

"领导作用"原则可开展的活动包括：在整个组织内，就其使命、愿景、战略、方针和过程进行沟通；在组织的所有层级创建并保持共同的价值观、公平以及道德的行为模式；培育诚信和正直的文化；鼓励在整个组织范围内履行对质量的承诺；确保各级领导者成为组织中的楷模；为员工提供履行职责所需的资源、培训和权限；激发、鼓励和表彰员工的贡献。

三、全员积极参与

整个组织内各级胜任、经授权并积极参与的人员，是提高组织创造和提供价值能力的必要条件。

1. 标准理解

人员是组织内必不可少的重要资源。组织的绩效取决于体系内工作人员如何表现。通过对质量方针和组织的预期结果的共同理解，可使组织内人员积极参与并保持协调一致。当所有员工了解并应用自身发挥作用和履行职责所需的技能、培训、教育和经验时，质量管理体系是最有效的。为人员提供开发这些必要能力的机会是最高管理者的职责。当人员了解自身的职责以及他们的行为如何为实现目标做出贡献才会获得意识。有计划和有效的内部（如整个组织内）和外部（如与有关的相关方）沟通，可提高人员的积极参与程度并增进理解：组织的环境；顾客和其他有关的相关方的需求和期望；质量管理体系。

为了有效和高效地管理组织，各级人员得到尊重并积极参与其中是极其重要的。通过表彰、授权和提高能力，促进在实现组织的质量目标过程中的全员积极参与。

系统性、集体性和群众性是现代化大生产的特点，而质量管理是一个系统工程，关系到过程中每一个岗位和每一个人。各级人员都是组织之本，只有他们的充分参与，才能使他们的才干为组织带来收益。组织的运作也需要不同层次的人员，因此，全员充分参与是组织良好运作的必需条件。

从行为科学角度来看，全员参与质量管理的学习和实践活动，对员工来说，能够满足员工的自我成就感。对组织来说，可以提高组织的整体素质，体现以人为本的思想。提高员工为组织质量经营做出贡献的积极性和创造性。全员参与并结合本岗位的质量问题开展活动，是质量保证的重要手段。同时，做好本岗位的工作，也是实现组织的质量方针和目标的基础。全员参与质量管理的学习和实践活动，可以提高组织的整体素质，体现以人为本的思想，提高员工为组织做出贡献的积极性和创造性。为了贯彻实施全员参与这一质量管理原则，组织应首先使员工了解他们的工作对组织生存发展的重要作用，了解自身贡献的重要性及其在组织中的角色，知道组织对自身活动的约束，规定承担解决问题的责任和义务，接受所赋予的权利和职责并解决各种问题，使员工受到激励，自觉和积极地参与持续改进。其次，为了让员工充分参与，应加强对他们的培训。提高他们的知识、能力和技能，在他们做出成绩时，及时给予评价和表彰，使他们体会到成功的喜悦，并从参与中分享知识和经验。

案例阅读：中国小姐在沃尔玛

一个大学刚毕业的中国小姐有幸进入深圳沃尔玛公司工作。在短暂的经历中，她感受最深的是公司非常注重培训。她曾经参加过公司为员工举办的各种培训，从英语口语培训到电脑操作培训，从公司历史文化培训到岗位业务培训，并进行过严格的考核。无论什么样的培训都少不了这样一道问题："沃尔玛最大的财富是什么？"答曰："员工。"是的，在沃尔玛公司里，有一套特殊的对待员工的政策。员工不是被称为"employee（雇员）"，而是"partner、associate"（合作者、同事）。公司有"门户开放、思想开放"的政策。员工若是不同意自己主管的意见或看法，可让员工直接与主管上级对话，以求得到满意的答复，而不必担心受到报复。

在每个沃尔玛员工的左胸前，都佩戴着工作牌，总裁也不例外，上面除了照片、中英文名字外，最引人注目的便是"我们的员工与众不同"几个字。无论是在美国、加拿大还是别的国家，沃尔玛人都戴着印有这几个字的工作牌，都为成为这个国际大家庭中的一员感到与众不同，这促使大家不断努力工作，不辜负公司对员工的培养和信任。

2. 获益点

"全员参与"原则可能的获益是：组织内人员对质量目标有更深入的理解，以及更强的加以实现的动力；在改进活动中，提高人员的参与度；促进个人发展、主动性和创造力；提高人员的满意度；增强整个组织内的相互信任和协作；促进整个组织对共同价值观和文化的关注。

3. 可开展的活动

"全员积极参与"原则可开展的活动包括：与员工沟通，以增强他们对个人贡献的重要性的认识；推动整个组织内部的协作；提倡公开讨论，分享知识和经验；让员工确定影响执行力的制约因素，并毫无顾忌地主动参与；赞赏和奖赏员工的贡献、学识和进步；针对个人目标进行绩效的自我评价；进行调查以评估人员的满意度，沟通结果并采取适当的措施。

四、过程方法

将活动作为相互关联、功能连贯的过程组成的体系来理解和管理时，可更加有效和高效地得到一致的、可预知的结果。

1. 标准理解

质量管理体系是由相互关联的过程所组成。理解体系是如何产生结果的，能够使组织尽可能地完善其体系并优化其绩效。

过程即利用输入实现预期结果的相互关联或相互作用的一组活动。

任何将所接受的输入转化为输出的活动都可以视为过程，过程方法是将相关的资源和活动作为过程进行管理，以便得到期望的结果。或者说，过程方法将质量管理看成过程和过程网络，是过程概念和PDCA循环结合的产物。

过程概念反映了从输入到输出具有完整的质量概念，组织为了能有效地运行，必须识别并管理许多相互关联的过程。通常，一个过程的输出会直接成为下一个过程的输入。组织应用过程方法的实质，是系统地识别并管理所采用的过程以及过程的相互作用。

在ISO 9001和ISO 9004标准中，过程方法得到充分体现。未来实施过程方法，组织应使用已经建立的方法并确定关键的活动以取得预期的结果，明确规定对过程进行管理的职责、权限和义务。了解并测定关键活动的能力，识别组织职能内部和职能外部之间关键活动的接口。重点管理能改进组织的关键活动的各种因素，评估可能存在的风险以及内部过程对顾客、供应方和其他相关方产生的后果和影响。

组织通过贯彻实施这一原则，可以对过程的途径和次序有所分析和了解，有助于把注意力集中在关键过程和优先次序上，有利于有效地使用资源，使组织降低成本和缩短周期。同时通过过程方法来进行质量管理，可以借助于PDCA循环来改进产品、活动和体系，获得预期的效果。

2. 获益点

"过程方法"原则可能的获益是：提高关注关键过程和改进机会的能力；通过协调一致的过程体系，得到一致的、可预知的结果；通过过程的有效管理、资源的高效利用及跨职能壁垒的减少，获得最佳绩效；使组织能够向相关方提供关于其稳定性、有效性和效率方面的信任。

3. 可开展的活动

"过程方法"原则可开展的活动包括：确定体系的目标和实现这些目标所需的过程；为管理过程确定职责、权限和义务；了解组织的能力，预先确定资源约束条件；确定过程相互依赖的关系，分析个别过程的变更对整个体系的影响；将过程及其相互关系作为体系进行管理，以便有效和高效地实现组织的质量目标；确保获得必要的信息，以运行和改进过程并监视、分析和评价整个体系的绩效；管理可能影响过程输出和质量管理体系整体结果的风险。

五、改进

成功的组织持续关注改进。

1. 标准理解

在质量管理体系中，改进是指提高绩效的活动，改进包括了解现状、建立目标、采取措施和分析结果、把更改纳入文件等活动。

持续改进总体业绩是组织的一个永恒目标，在质量管理体系中，之所以强调坚持质量改进，是因为质量是满足顾客和相关方对产品、过程或体系要求的能力，而顾客和相关方对质量的要求在不断变化和提高。为了取得竞争的优势，必须不断地改进和提高产品服务质量，坚持质量改进是使质量管理从追求符合发展到追求最佳化，持续改进使组织的质量管理思想从单纯的管理发展到创新，坚持质量改进反映了当代质量管理的理论和实践发展动向。组织贯彻实施持续改进这一质量管理原则，有助于组织发现和利用改进机会，通过组织持续改进，提高质量管理体系的有效性和效率，从而提高了组织在市场竞争中的应变能力。

改进对于组织保持当前的绩效水平，对其内、外部条件的变化做出反应，并创造新的机会，都是非常必要的。

（1）持续改进的目标

持续改进的目标是使所有的顾客和相关方获得更多的实惠，因而更满意，使组织自身获得更多的效益。如提高产品质量，降低成本，改进服务质量，开发性价比更高的产品，使顾客更感受到物有所值；减少排污，在改善环境质量、促进人类健康和文明发展方面做出更多的贡献；通过改进管理，提高效率，创造更多的价值和效益，使相关方得到更多的回报等。

（2）持续改进的对象

持续改进的对象是质量管理体系，包括产品和过程。为此，对持续改进机会的识别应考虑到全局性问题，如质量方针、质量目标、质量体系过程的优化重组和组织结构等。还应考虑围绕产品的设计和开发，以及产品实现过程的控制有效性的问题。此外，还需要考虑对产品实现过程和管理过程的局部改进。

（3）持续改进的方式

持续改进的基础是过程的改进，其方法分为两类：

① 渐进式改进。渐进式改进是指在现有过程中，由现有职能部门进行的渐进的改进活动，即为提高实现目标，满足要求能力而反复进行的活动。这些活动应按 PDCA 循环的方法进行。步骤如下：

明确改进需要：根据运行中的信息，识别改进机会，在风险评估的基础上，选择优先改进的领域，并记录需要改进的原因。

目前状况分析：评价现有过程的有效性和效率，并分析有关数据，以便发现哪类问题最常发生，确定改进的特定问题和改进目标。

原因分析：识别并验证产生问题的根本原因。

确定可能解决问题的措施：寻求解决问题的替代办法。对产生问题的根本原因，选择并实施最佳的解决问题的措施。

评价效果：确认问题及其产生根源已经消除或其影响已经减少，实现了改进的目标。

将经验证的有效措施规范化，一般宜修改原有控制文件，并付诸实施。

评价实施改进措施后的过程，对改进措施的有效性和效率做出评估，并考虑将其推广。

需要时，对遗留问题重复上述步骤，继续开展改进活动。

② 突破性改进。突破性改进是指对现有过程进行重大改进或实施新的过程。这种改进通常是由日常运作之外的跨职能的小组来实施。突破性改进通常包括对现有过程进行重大的再设计，它应按项目管理方法来进行管理，并包括以下内容。

确定改进目标和项目的总要求。

分析现有过程并认清创新性变更的机会。

策划并确定过程改进。

实施改进。

对改进进行验证和确认。

评价已完成的改进，包括吸取教训。

更改完成之后，所制定的新的质量计划应当为过程的持续管理奠定基础。

（4）持续改进的手段、工具和技术

① 管理手段。在质量管理体系中，管理评审、内、外部质量审核（包括体系、过程和产品的审核），以及纠正、预防措施等，是促使质量管理体系不断改进和完善的基本方法。

② 借鉴组织内、外的成功经验。重视对组织内改进成果的推广，以在更大范围内取得绩效。同时，应虚心学习前人及同行的经验，来帮助组织实施改进。

③ 持续改进的工具和技术。应学习和掌握持续改进的工具和技术，以利于持续改进活动的开展，并取得更好的绩效。这方面常用的工具和技术有控制图、试验设计、PPM 分析、价值分析、基准确定等。

2. 获益点

"改进"原则可能的获益是：提高过程绩效、组织能力和顾客满意；增强对调查和确定根本原因及后续的预防和纠正措施的关注；提高对内外部的风险和机遇的预测和反应的能力；增加对渐进性和突破性改进的考虑；更好地利用学习实现改进；增强创新的驱动力。

3. 可开展的活动

"改进"原则可开展的活动包括：促进在组织的所有层级建立改进目标；对各层级人员进行教育和培训，使其懂得如何应用基本工具和方法实现改进目标；确保员工有能力成功地促进和完成改进项目；开发和展开过程，以在整个组织内实施改进项目；跟踪、评审和审核改进项目的计划、实施、完成和结果；将改进考虑因素融入新的或变更的产品、服务和过程开发之中；赞赏和表彰改进。

六、循证决策

基于数据和信息的分析和评价的决定，更有可能产生期望的结果。

1. 标准理解

决策即针对预定目标，在一定约束条件下，从诸方案中选出最佳的一个付诸实施，达不到目标的决策就是失策。

决策是一个复杂的过程，并且总是包含某些不确定性。它经常涉及多种类型和来源的输入及其理解，而这些理解可能是主观的。重要的是理解因果关系和潜在的非预期后果。对事实、证据和数据的分析可导致决策更加客观和可信。

有效的决策是建立在数据和信息分析的基础上的。成功的结果取决于活动实施之前的精心策划和正确决策，正确决策依赖于良好的决策方法。决策需要依据，数据和信息是过程控制和组织管理的重要工具。依据准确的数据和信息进行逻辑推理分析或依据信息做出直觉判断，是一种良好的决策方法。组织者以事实为依据进行决策，不仅可以提高组织通过和同行的信息对比分析来评价决策的能力，而且也能够增强组织对各种意见和建议进行综合分析、判断和吸纳的能力。

循证决策的方法中，组织所采取的措施包括对相关的目标值进行测量，提取数据和信息进行分析，确保数据和信息足够精确、可靠，基于有效的方法，分析数据和信息，根据逻辑分析的结果以及经验、直觉，做出判断并采取措施。如医生诊断病情，不能只凭各种化验结果和检查报告做出诊断，仅当这些报告与他所观察到的病人的临床症状相一致时，才能做出正确的诊断。有时，医生常根据临床经验怀疑化验结果或检查报告的正确性。因此，在强调数据分析的同时，还应靠经验来加以确认。

2. 获益点

"循证决策"原则可能的获益是：改进决策过程；改进对过程绩效和实现目标的能力的评估；改进运行的有效性和效率；提高评审、挑战以及改变意见和决定的能力；提高证实以往决定有效性的能力。

3. 可开展的活动

"循证决策"原则可开展的活动包括：确定、测量和监视证实组织绩效的关键指标；使相关人员获得所需的所有数据；确保数据和信息足够准确、可靠和安全；使用适宜的方法分析和评价数据和信息；确保人员有能力分析和评价所需的数据；权衡经验和直觉，基于证据进行决策并采取措施。

七、关系管理

为了持续成功，组织需要管理与有关相关方（如供方）的关系。

1. 标准理解

相关方是指可影响决策或活动、受决策或活动所影响，或自认为受决策或活动影响的个人或组织。例如顾客、所有者、组织内的人员、供方、银行、监管者、工会、合作伙伴以及可包括竞争对手或相对立的社会群体。

供方即提供产品或服务的组织。例如产品或服务的制造商、批发商、零售商或商贩。

供方是组织产品供应链上的第一个环节，也是组织产品质量形成过程必不可少的组成部分。供方的质量不但直接影响组织产品的最终质量，而且，在组织质量效益中，也包含有供方的贡献。这种组织与供方相互依存和互利的关系，可增强双方创造价值的能力。

相关方的概念超越了仅关注顾客的范围，考虑所有有关的相关方是重要的。识别相关方是理解组织环境的过程的组成部分。有关的相关方是指若其需求和期望未能满足，将对组织持续性产生重大风险的各方。为降低风险，组织需明确向有关的相关方提供何种必要的结果。

组织的成功有赖于获取、赢得和保持有关的相关方的支持。有关相关方影响组织的绩效。当组织管理其与所有相关方的关系，以尽可能有效地发挥其在组织绩效方面的作用时，持续成功更有可能实现。对供方及合作伙伴网络的关系管理是尤为重要的。

贯彻实施这一原则，可使组织的质量管理体系向供方延伸，从供应链的第一个环开始进行管理控制。提高供需双方创造价值的能力，并使组织在激烈的市场竞争中与供方协调一致地采取对策，迅速、准确、灵活地做出反应。同时，稳定的与供方互利的关系，也有利于降低成本和优化资源配置，并增强防范经营风险的能力。

2. 获益点

"关系管理"原则可能的获益是：通过对每一个与相关方有关的机会和制约因素的响应，提高组织及其相关方的绩效；对目标和价值观，与相关方有共同的理解；通过共享资源和人员能力，以及管理与质量有关的风险，增强为相关方创造价值的能力；具有管理良好、可稳定提供产品和服务的供应链。

3. 可开展的活动

"关系管理"原则可开展的活动包括：确定有关的相关方（如供方、合作伙伴、顾客、投资者、雇员或整个社会）及其与组织的关系；确定并排序需要管理的相关方的关系；建立平衡短期利益和长期考虑的关系；与有关相关方共同收集和共享信息、专业知识和资源；适当时，测量绩效并向相关方报告，以增强改进的主动性；与供方、合作伙伴及其他相关方合作开展开发和改进活动；鼓励和表彰供方与合作伙伴的改进和成绩。

第四节 运用基本概念和原则建立质量管理体系

一、质量管理体系模式

1. 总则

组织具有与人相同的许多特性，是一个具有生存和学习能力的社会有机体。两者都具有适应能力，并由相互作用的系统、过程和活动组成。为了适应变化的环境，均需要具备应变能力。组织经常创新以实现突破性改进。组织的质量管理体系模式可以表明，不是所有的体系、过程和活动都可以被预先确定。因此，在复杂的组织环境中，其质量管理体系需要具有灵活性和适应性。

2. 体系

组织试图理解内部和外部环境，以识别有关相关方的需求和期望。这些信息被用于质量管理体系的建立，从而实现组织的可持续发展。一个过程的输出可成为其他过程的输入，并联结成整个网络。虽然不同组织的质量管理体系，通常看起来由相似的过程所组成，但每个组织及其质量管理体系都是独立的。

3. 过程

组织拥有可被确定、测量和改进的过程。这些过程相互作用以产生与组织的目标相一致的结果，并跨越职能界限。某些过程可能是关键的，而另外一些则不是。过程具有相互关联的活动和输入，以实现输出。

4. 活动

组织的人员在过程中协调配合，开展他们的日常活动。依靠对组织目标的理解，某些活动可被预先规定。而另外一些活动则是由于对外界刺激的反应，来确定其性质并予以执行。

二、质量管理体系的建立

质量管理体系是通过周期性改进，随着时间的推移而逐步发展的动态系统。无论其是否经过正式策划，每个组织都有质量管理活动。GB/T 19000 为如何建立正规的体系，以管理这些活动提供了指南。确定组织中现存的活动和这些活动对组织环境的适宜性是必要的。GB/T 19000 和 GB/T 19001 及 GB/T 19004 一起，可用于帮助组织建立一个完善的质量管理体系。

正规的质量管理体系为策划、实施、监视和改进质量管理活动的绩效提供了框架。质量管理体系无须复杂化，而是要准确地反映组织的需求。在建立质量管理体系的过程中，GB/T 19000 中给出的基本概念和原则可提供有价值的指南。

质量管理体系策划不是一劳永逸的，而是一个持续的过程。质量管理体系的计划随着组织的学习和环境的变化而逐渐完善。计划要考虑组织的所有质量活动，并确保覆盖 GB/T 19000 的全部指南和 GB/T 19001 的要求。该计划应经批准后实施。

定期监视和评价质量管理体系计划的执行情况及其绩效状况，对组织来说是非常重要的。经过深思熟虑的指标，更有利于监视和评价活动的开展。

审核是一种评价质量管理体系有效性的方法，以识别风险和确定是否满足要求。为了有效地进行审核，需要收集有形和无形的证据。在对所收集的证据进行分析的基础上，采取纠正和改进措施。所获取的知识可能会带来创新，使质量管理体系绩效达到更高的水平。

三、质量管理体系标准、其他管理体系和卓越模式

全国质量管理和质量保证标准化技术委员会（SAC/TC 151）起草的质量管理体系标准、其他管理体系标准以及组织卓越模式中表述的质量管理体系方法是基于普遍的原则，这些方法均能够帮助组织识别风险和机遇并包含改进指南。在当前的环境中，许多因素，例如创新、道德、诚信和声誉均可作为质量管理体系的参数。有关质量管理标准（如 GB/T 19001），环境管理标准（如 GB/T 24001）和能源管理标准（如 GB/T 23331），以及其他管理标准和组织卓越模式已经涉及了这些问题。

SAC/TC 151 起草的质量管理体系标准为质量管理体系提供了一套综合要求和指南。GB/T 19001 为质量管理体系规定了要求，GB/T 19004 在质量管理体系更宽范围的目标下，为持续成功和改进绩效提供了指南。质量管理体系的指南包括 GB/T 19010、GB/T 19012、GB/T 19013、GB/Z 27907、ISO 10008、GB/T 19022 和 GB/T 19011。质量管理体系技术支持指南包括 GB/T 19015、GB/T 19016、GB/T 19017、GB/T 19024、GB/T 19025、ISO 10018

和 GB/T 19029。支持质量管理体系的技术文件包括 GB/T 19023 和 GB/Z 19027。某些特定行业的标准也提供质量管理体系的要求，如 GB/T 18305。

组织的管理体系中具有不同作用的部分，包括其质量管理体系，可以整合成为一个单一的管理体系。当质量管理体系与其他管理体系整合后，与组织的质量、成长、资金、利润率、环境、职业健康和安全、能源、公共安全以及组织其他方面有关的目标、过程和资源，可以更加有效和高效地实现和应用。组织可以依据多个标准的要求，如 GB/T 19001、GB/T 24001、GB/T 22080 和 GB/T 23331 对其管理体系进行一体化审核。

第五节　术语和定义

为使 GB/T 19001 标准能够广泛交流和使用，SAC/TC 151 专门设计和编制了 GB/T 19000《质量管理体系　基础和术语》，以便为质量管理体系统一术语概念，明确质量管理原则和质量管理体系的基本原理。

GB/T 19000 标准中的术语主要用于以下场合：
① 通过建立质量管理体系发展业绩，寻求优势和追求卓越的组织；
② 希望寻求能够满足其产品要求的、合格的、可信任的供方组织；
③ 产品的使用者；
④ 对质量管理方面的术语需要达成共识的人们，包括供方、顾客和行政执法机构；
⑤ 评价组织质量管理体系的人员和机构，包括审核员、评审员、认证机构和行政执法机构；
⑥ 对组织的质量管理体系提出建议和帮助的人员和机构，包括培训与咨询人员和机构；
⑦ 制定相应标准的人员和机构。

1. 术语的表述方法

考虑到术语应用的普遍性，在进行技术术语表达时采用了非技术语言，并且在表达上尽可能通俗易懂，并形成逻辑性强和相互协调的术语概念关系。

GB/T 19000 标准共提供了 13 个方面 138 个质量管理体系术语。
① 有关人员的术语 6 个：最高管理者、质量管理体系咨询师、参与、积极参与、技术状态管理机构、调解人；
② 有关组织的术语 9 个：组织、组织环境、相关方、顾客、供方、外部供方、调解过程提供方、协会、计量职能；
③ 有关活动的术语 13 个：改进、持续改进、管理、质量管理、质量策划、质量保证、质量控制、质量改进、技术状态管理、更改控制、活动、项目管理、技术状态项；
④ 有关过程的术语 8 个：过程、项目、质量管理体系实现、能力获得、程序、外包、合同、设计和开发；
⑤ 有关体系的术语 12 个：体系（系统）、基础设施、管理体系、质量管理体系、工作环境、计量确认、测量管理体系、方针、质量方针、愿景、使命、战略；
⑥ 有关要求的术语 15 个：客体、质量、等级、要求、质量要求、法律要求、法规要求、产品技术状态信息、不合格（不符合）、缺陷、合格（符合）、能力、可追溯性、可信性、创新；
⑦ 有关结果的术语 11 个：目标、质量目标、成功、持续成功、输出、产品、服务、绩

效、风险、效率、有效性；

⑧ 有关数据、信息和文件的术语 15 个：数据、信息、客观证据、信息系统、文件、成文信息、规范、质量手册、质量计划、记录、项目管理计划、验证、确认、技术状态纪实、特定情况；

⑨ 有关顾客的术语 6 个：反馈、顾客满意、投诉、顾客服务、顾客满意行为规范、争议；

⑩ 有关特性的术语 7 个：特性、质量特性、人为因素、能力、计量特性、技术状态、技术状态基线；

⑪ 有关确定的术语 9 个：确定、评审、监视、测量、测量过程、测量设备、检验、试验、进展评价；

⑫ 有关措施的术语 10 个：预防措施、纠正措施、纠正、降级、让步、偏离许可、放行、返工、返修、报废；

⑬ 有关审核的术语 17 个：审核、多体系审核、联合审核、审核方案、审核范围、审核计划、审核准则、审核证据、审核发现、审核结论、审核委托方、受审核方、向导、审核组、审核员、技术专家、观察员。

2. 理解和使用术语的方法

（1）注意区别术语的基本特性和相关信息

GB/T 19000 标准中的术语是以术语的基本特性来定义的。在理解和使用术语时，首先应注意术语的基本特性。例如"质量"这个术语，其定义为"客体的一组固有特性满足要求的程度"。术语"质量"可使用形容词，如"差""好"或"优秀"来修饰。

基本特性是用来定义术语概念的，而相关信息是帮助理解术语概念的。理解术语概念的基本特性就理解了术语的基本概念。

（2）注意通过理解术语的关键词来理解术语

"质量"术语中的关键词有固有特性和要求。

固有意味着存在于客体内。

要求是指明示的、通常隐含的或必须履行的需求或期望。规定要求是经明示的要求，如在成文信息中阐明。特定要求可使用限定词表示，如产品要求、质量管理要求、顾客要求、质量要求。要求可由不同的相关方或组织自己提出。

通过对关键词的理解，对"质量"的理解就比较全面和深刻了。

（3）通过术语概念之间的关系来理解术语

术语之间存在属种关系、从属关系和关联关系。

"体系"是指相互关联或相互作用的一组要素。管理体系是指组织建立方针和目标以及实现这些目标的过程的相互关联或相互作用的一组要素。从属种关系来看，继承体系和管理体系概念的有质量管理体系、环境管理体系和财务管理体系。其中，质量管理体系是管理体系中关于质量的部分。通过这种关系可以理解其他管理体系。

"质量管理"是指关于质量的管理。从从属关系来看，属于质量管理一部分的有"质量策划""质量控制""质量保证"和"质量改进"。

"质量策划"是质量管理的一部分，致力于制定质量目标并规定必要的运行过程和相关资源以实现质量目标。在此基础上再理解"质量计划"是"质量策划"的一部分。

"质量控制"是质量管理的一部分，致力于满足质量要求。

"质量保证"是质量管理的一部分，致力于提供质量要求会得到满足的信任。

"质量改进"是质量管理的一部分，致力于增强满足质量要求的能力。

同时，在理解质量改进是渐进的，并且组织积极寻求改进机会时，这时的质量改进使用"持续质量改进"术语。

（4）通过区别相似或相近术语来理解术语

"有效性"和"效率"的概念是不同的，但也有相似之处。"有效性"是指完成策划的活动并取得策划的结果的程度，"效率"是指得到的结果与所使用的资源之间的关系。从中可以看出"有效性"是活动结果的比较，而"效率"是活动结果和使用资源的比较，效率有经济概念。

"不合格"（不符合）是未满足要求，而"缺陷"是与预期或规定用途有关的不合格。由于"缺陷"和"不合格"两个概念具有法律内涵，即不合格并不意味着产品存在缺陷，而存在缺陷会影响正常使用，甚至会产生法律责任。因此，在使用术语"缺陷"时应慎重。

"纠正措施"是为消除不合格的原因并防止再发生所采取的措施，而"纠正"是为消除已发现的不合格所采取的措施。"纠正"可以和"纠正措施"一起采取，也可以分别采取。

纠正包括返工、返修、降级。

"返工"是指为使不合格产品或服务符合要求而对其采取的措施，"返修"是指为使不合格产品或服务满足预期用途而对其采取的措施，"降级"是指为使不合格产品或服务符合不同于原有的要求而对其等级的变更。

GB/T 19000 标准是通过表述那些识别术语概念所必需的基本特性来定义术语概念的。一个词条表达了一个术语概念。如果某个术语概念的一些相关信息是重要的，但又不是其基本特性，则定义表述后加上一个或几个注解加以解释以帮助理解术语的概念。

下列术语定义中，括号内的数字为 GB/T 19000—2016 中对应的条款号。对于在具体场合限于特定含义的概念，在定义前的括号中标出了适用领域。

一、有关人员的术语

1. 最高管理者（top management）

在最高层指挥和控制组织（3.2.1）的一个人或一组人。

注：1. 最高管理者在组织内有授权和提供资源的权力。
  2. 如果管理体系（3.5.3）的范围仅涵盖组织的一部分，在这种情况下，最高管理者是指管理并控制组织的这部分的一个人或一组人。
  3. 这是 ISO/IEC 导则 第 1 部分的 ISO 补充规定的附件 SL 中给出的 ISO 管理体系标准中的通用术语及核心定义之一。

2. 质量管理体系咨询师（quality management system consultant）

对组织（3.2.1）的质量管理体系实现（3.4.3）给予帮助、提供建议或信息（3.8.2）的人员。

注：1. 质量管理体系咨询师也可以在部分质量管理体系（3.5.4）的实现方面提供帮助。
  2. GB/T 19029—2009 为识别质量管理体系咨询师是否具备组织所需的能力提供了指南。

3. 参与（involvement）

参加活动、事项或介入某个情境。

4. 积极参与（engagement）

参与（3.1.3）活动并为之做出贡献，以实现共同的目标（3.7.1）。

5. 技术状态管理机构（configuration authority；configuration control board；dispositioning authority）

被赋予技术状态（3.10.6）决策职责和权限的一个人或一组人。

注：在管理机构中，应当有组织（3.2.1）内、外有关的相关方（3.2.3）的代表。

6. 调解人（dispute resolver）

（顾客满意）调解过程提供方（3.2.7）指定的帮助相关各方解决争议（3.9.6）的人。

示例：工作人员、志愿者、合同（3.4.7）人员。

注：在GB/T 19013中，该术语为"争议解决者"。

二、有关组织的术语

1. 组织（organization）

为实现目标（3.7.1），由职责、权限和相互关系构成自身功能的一个人或一组人。

注：1. 组织的概念包括，但不限于代理商、公司、集团、商行、企事业单位、政府机构、合营公司、协会（3.2.8）、慈善机构或研究机构，或上述组织的部分或组合，无论是否为法人组织、公有的或私有的。

 2. 这是ISO/IEC导则 第1部分的ISO补充规定的附件SL中给出的ISO管理体系标准中的通用术语及核心定义之一，最初的定义已经通过修改注1. 被改写。

2. 组织环境（context of the organization）

对组织（3.2.1）建立和实现目标（3.7.1）的方法有影响的内部和外部因素的组合。

注：1. 组织的目标可能涉及其产品（3.7.6）和服务（3.7.7）、投资和对其相关方（3.2.3）的行为。

 2. 组织环境的概念，除了适用于营利性组织，还同样能适用于非营利或公共服务组织。

 3. 在英语中，这一概念常被其他术语，如"business environment" "organizational environment"或"ecosystem of an organization"所表述。

 4. 了解基础设施（3.5.2）对确定组织环境会有帮助。

3. 相关方（interested party；stakeholder）

可影响决策或活动、受决策或活动所影响，或自认为受到决策或活动影响的个人或组织（3.2.1）。

示例：顾客（3.2.4）、所有者、组织内的人员、供方（3.2.5）、银行、监管者、工会、合作伙伴以及可包括竞争对手或相对立的社会群体。

注：这是ISO/IEC导则 第1部分的ISO补充规定的附件SL中给出的ISO管理体系标准中的通用术语及核心定义之一，最初的定义已经通过增加示例被改写。

就质量管理而言，组织的相关方包括：

① 顾客和最终用户；

② 组织的员工；
③ 所有者或投资者，包括受益者，在组织中有着特定利益的个人和团体（包括公众），如与组织有借贷关系的银行等；
④ 供方和合作者，合作者可以是供方、承包方或分销商；
⑤ 社会，即受组织影响的团体和公众。

4. 顾客（customer）

能够或实际接受为其提供的，或按其要求提供的产品（3.7.6）或服务（3.7.7）的个人或组织（3.2.1）。

示例：消费者、委托人、最终使用者、零售商、内部过程（3.4.1）的产品或服务的接收人、受益者和采购方。

注：顾客可以是组织内部的或外部的。

5. 供方（provider；supplier）

提供产品（3.7.6）或服务（3.7.7）的组织（3.2.1）。

示例：产品或服务的制造商、批发商、零售商或商贩。

注：1. 供方可以是组织内部的或外部的。
    2. 在合同情况下，供方有时称为"承包方"。

6. 外部供方（external provider；external supplier）

组织（3.2.1）以外的供方（3.2.5）。

示例：产品（3.7.6）或服务（3.7.7）的制造商、批发商、零售商或商贩。

7. 调解过程提供方（DRP-provider；dispute resolution process provider）

提供和实施外部争议（3.9.6）解决过程（3.4.1）的个人或组织（3.2.1）。

注：1. 通常，调解过程提供方是一个法律实体，独立于组织和投诉者，因此具有独立性和公正性。在某些情况下，组织内部会设立一个独立的部门，以处理未解决投诉（3.9.3）。
    2. 调解过程提供方与各方约定调解过程，并对执行情况负责。调解过程提供方安排调解人（3.1.6）。调解过程提供方也利用支持人员、行政人员和其他管理人员提供资金、文秘、日程安排、培训、会议室、监管和类似职能。
    3. 调解过程提供方可以是多种类型，包括非营利、营利和公共事业实体。协会（3.2.8）也可作为调解过程提供方。
    4. 在 GB/T 19013—2009 中，使用术语"提供方"代替"调解过程提供方"。

8. 协会（association）

（顾客满意）由成员组织或个人组成的组织（3.2.1）。

9. 计量职能（metrological function）

负责确定并实施测量管理体系（3.5.7）的行政和技术职能。

三、有关活动的术语

1. 改进（improvement）

提高绩效（3.7.8）的活动。

注：活动可以是循环的或一次性的。

2. 持续改进（continual improvement）
提高绩效（3.7.8）的循环活动。

注：1. 为改进（3.3.1）制定目标（3.7.1）和寻求机会的过程（3.4.1）是一个通过利用审核发现（3.13.9）和审核结论（3.13.10）、数据（3.8.1）分析、管理（3.3.3）评审（3.11.2）或其他方法的持续过程，通常会产生纠正措施（3.12.2）或预防措施（3.12.1）。
2. 这是 ISO/IEC 导则 第 1 部分的 ISO 补充规定的附件 SL 中给出的 ISO 管理体系标准中的通用术语及核心定义之一，最初的定义已经通过增加注 1. 被改写。

3. 管理（management）
指挥和控制组织（3.2.1）的协调活动。

注：1. 管理可包括制定方针（3.5.8）和目标（3.7.1）以及实现这些目标的过程（3.4.1）。
2. 在英语中，术语"management"有时指人，即具有领导和控制组织的职责和权限的一个人或一组人。当"management"以这样的意义使用时，均应附有某些修饰词以避免与上述"management"的定义所确定的概念相混淆。例如：不赞成使用"management shall…"，而应使用"top management（3.2.7）shall…"。另外，当需要表达有关人的概念时，应该采用不同的术语，如：managerial or managers。

图 2-1 为有关管理的概念图。

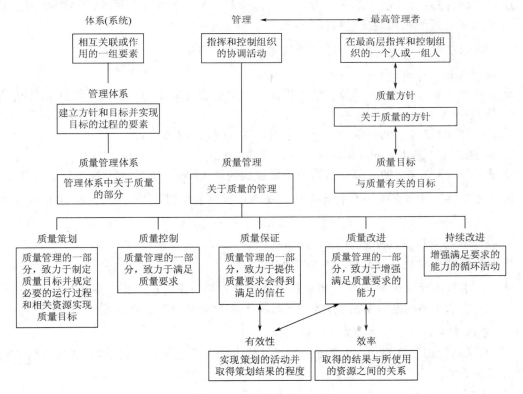

图 2-1 有关管理的概念图

4. 质量管理（quality management）

关于质量（3.6.2）的管理（3.3.3）。

注：质量管理可包括制定质量方针（3.5.9）和质量目标（3.7.2），以及通过质量策划（3.3.5）、质量保证（3.3.6）、质量控制（3.3.7）、和质量改进（3.3.8）实现这些质量目标的过程（3.4.1）。

① 从术语的基本特性来看，质量管理是一种指导和控制组织的相互协调的活动，其对象是与质量相关的活动。质量管理与管理是属种关系。

② 从术语的相关信息来看，与质量有关的活动包括建立质量方针和质量目标、质量策划、质量控制、质量保证和质量改进。全面质量管理（TQM）是一种质量管理形式，特点是全员参与。质量策划、质量控制、质量保证和质量改进是质量管理的一部分，与质量管理形成从属关系。

③ 从术语的关键词来看，质量策划致力于设定质量目标，并规定必要的作业过程和相关资源，以实现其质量目标；质量控制致力于达到质量要求；质量保证致力于达到质量要求，提供信任；质量改进致力于提高有效性和效率。也就是说，质量管理包括策划建立质量方针、质量目标和实现这些方针、目标的过程及其所需要的资源；实施过程和达到要求并提供信任；不断改进以提高组织质量管理体系的有效性和效率，这才是完整的质量管理。在全员参与时，便形成全面质量管理（TQM）。

5. 质量策划（quality planning）

质量管理（3.3.4）的一部分，致力于制定质量目标（3.7.2）并规定必要的运行过程（3.4.1）和相关资源以实现质量目标。

注：编制质量计划（3.8.9）可以是质量策划的一部分。

6. 质量保证（quality assurance）

质量管理（3.3.4）的一部分，致力于提供质量要求（3.6.5）会得到满足的信任。

7. 质量控制（quality control）

质量管理（3.3.4）的一部分，致力于满足质量要求（3.6.5）。

8. 质量改进（quality improvement）

质量管理（3.3.4）的一部分，致力于增强满足质量要求（3.6.5）的能力。

注：质量要求可以是有关任何方面的，如有效性（3.7.11）、效率（3.7.10）或可追溯性（3.6.13）。

9. 技术状态管理（configuration management）

指挥和控制技术状态（3.10.6）的协调活动。

注：技术状态管理通常集中在建立和保持某个产品（3.7.6）或服务（3.7.7）及其产品技术状态信息（3.6.8）控制的技术和组织活动的整个产品寿命周期内。

10. 更改控制（change control）

（技术状态管理）在输出（3.7.5）的产品技术状态信息（3.6.8）被正式批准后，对该输出的控制活动。

11. 活动（activity）

（项目管理）在项目（3.4.2）中识别出的最小的工作项。

12. 项目管理（project management）

对项目（3.4.2）各方面的策划、组织、监视（3.11.3）、控制和报告，并激励所有参与者实现项目目标。

13. 技术状态项（configuration object）

满足最终使用功能的某个技术状态（3.10.6）内的客体（3.6.1）。

四、有关过程的术语

1. 过程（process）

利用输入产生预期结果的相互关联或相互作用的一组活动。

注：1. 过程的"预期结果"称为输出（3.7.5），还是称为产品（3.7.6）或服务（3.7.7），随相关语境而定。
2. 一个过程的输入通常是其他过程的输出，而一个过程的输出又通常是其他过程的输入。
3. 两个或两个以上相互关联和相互作用的连续过程也可作为一个过程。
4. 组织（3.2.1）通常对过程进行策划，并使其在受控条件下运行，以增加价值。
5. 不易或不能经济地确认其输出是否合格（3.6.11）的过程，通常称之为"特殊过程"。
6. 这是 ISO/IEC 导则 第 1 部分的 ISO 补充规定的附件 SL 中给出的 ISO 管理体系标准中的通用术语及核心定义之一，最初的定义已经被修订，以避免过程和输出之间循环解释，并增加了注 1. ～注 5.。

图 2-2 为有关过程的概念图。

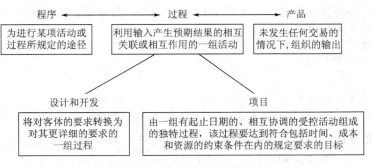

图 2-2 有关过程的概念图

① 从术语的基本特性来看，过程是一个系统。条件是资源，组成是活动。活动的结果是将输入转化为输出。

② 从术语的相关信息来看，输入和输出是相对的，一个过程的输出通常是其他过程的输入，过程会形成网络。

③ 从术语的关键词来看，系统是相互关联或相互作用的一组要素。也就是说，组成过程的一组要素，包括输入、输出和活动。

④ 产品的实现过程产生增值，支持过程（如管理过程）不会直接产生增值，但可通过直接过程间接产生增值。

⑤ 过程的输出应可测量。因此，质量目标的实现情况可通过对每个过程的输出结果进行测量来确定。

2. 项目（project）

由一组有起止日期的、相互协调的受控活动组成的独特过程（3.4.1），该过程要达到符合包括时间、成本和资源的约束条件在内的规定要求（3.6.4）的目标（3.7.1）。

注：1. 单个项目可作为一个较大项目结构中的组成部分，且通常规定开始和结束日期。
2. 在一些项目中，随着项目的进展，目标和范围被更新，产品（3.7.6）或服务（3.7.7）特性（3.10.1）被逐步确定。
3. 项目的输出（3.7.5）可以是一个或几个产品或服务单元。
4. 项目组织（3.2.1）通常是临时的，是根据项目的生命期而建立的。
5. 项目活动之间相互作用的复杂性与项目规模没有必然的联系。

3. 质量管理体系实现（quality management system realization）

建立、形成文件、实施、保持和持续改进质量管理体系（3.5.4）的过程（3.4.1）。

4. 能力获得（competence acquisition）

获得能力（3.10.4）的过程（3.4.1）。

5. 程序（procedure）

为进行某项活动或过程（3.4.1）所规定的途径。

注：程序可以形成文件，也可以不形成文件。

6. 外包（outsource）

安排外部组织（3.2.1）承担组织的部分职能或过程（3.4.1）。

注：1. 虽然外包的职能或过程是在组织的管理体系（3.5.3）范围之内，但是外部组织是处在范围之外。
2. 这是 ISO/IEC 导则 第 1 部分的 ISO 补充规定的附件 SL 中给出的 ISO 管理体系标准中的通用术语及核心定义之一。

7. 合同（contract）

有约束力的协议。

8. 设计和开发（design and development）

将对客体（3.6.1）的要求（3.6.4）转换为对其更详细的要求的一组过程（3.4.1）。

注：1. 形成的设计和开发输入的要求，通常是研究的结果，与形成的设计和开发输出（3.7.5）的要求相比较，可以用更宽泛和更通用的含意予以表达。通常，这些要求通常以特性（3.10.1）来规定。在一个项目（3.4.2）中，可以有多个设计和开发阶段。
2. 在英语中，单词"design"和"development"与术语"design and development"有时是同义的，有时用于规定整个设计和开发的不同阶段。在法语中，单词"conception"和"développement"与术语"conception et développement"有时是同义的，有时用于规定整个设计和开发的不同阶段。
3. 可以用修饰词表述设计和开发的性质［如产品（3.7.6）设计和开发、服务（3.7.7）设计和开发或过程设计和开发］。

五、有关体系的术语

1. 体系（系统）（system）

相互关联或相互作用的一组要素。

2. 基础设施（infrastructure）

（组织）组织（3.2.1）运行所必需的设施、设备和服务（3.7.7）的系统（3.5.1）。

3. 管理体系（management system）

组织（3.2.1）建立方针（3.5.8）和目标（3.7.1）以及实现这些目标的过程（3.4.1）的相互关联或相互作用的一组要素。

注：1. 一个管理体系可以针对单一的领域或几个领域，如质量管理（3.3.4）、财务管理或环境管理。
    2. 管理体系要素确定了组织的结构、岗位和职责、策划、运行、方针、惯例、规则、理念、目标以及实现这些目标的过程。
    3. 管理体系的范围可能包括整个组织，组织中可被明确识别的职能或可被明确识别的部门，以及跨组织的单一职能或多个职能。
    4. 这是ISO/IEC导则 第1部分ISO补充规定的附件SL中给出的ISO管理体系标准中的通用术语及核心定义之一，最初的定义已经通过修改注1.～注3.被改写。

4. 质量管理体系（quality management system）

管理体系（3.5.3）中关于质量（3.6.2）的部分。

① 体系、管理体系和质量管理体系构成了三个层次上的属种关系。管理体系可按照管理的对象不同分为不同的管理体系，如质量管理体系、财务管理体系、环境管理体系等。质量管理体系把质量的技术、管理、人员和资源等因素都综合在一起，为达到质量目标而相互配合，相互促进，协调运转。

② 建立和实施质量管理体系是系统方法在质量管理中的运用。质量管理体系中相互关联和相互作用的一组要素是管理职责、资源管理、产品实现以及测量、分析和改进等过程。通过识别、理解并管理这些相互关联和相互作用的过程所组成的体系，来实现设定的方针和目标，帮助组织提高管理的有效性和效率。

③ GB/T 19000按过程方法理论给出了系统的质量管理体系。

④ 质量管理体系要求是同产品的要求区分开来的。

5. 工作环境（work environment）

开展工作时所处的一组条件。

注：条件包括物理的、社会的、心理的和环境的因素（如温度、光照、表彰方案、职业压力、人因工效和大气成分）。

6. 计量确认（metrological confirmation）

为确保测量设备（3.11.6）符合预期使用要求（3.6.4）所需要的一组操作。

注：1. 计量确认通常包括：校准或检定［验证（3.8.12）］、各种必要的调整或维修［返修（3.12.9）］及随后的再校准、与设备预期使用的计量要求相比较，以及所要求的封印和标签。
    2. 只有测量设备已被证实适合于预期使用并形成文件，计量确认才算完成。
    3. 预期使用要求包括量程、分辨率和最大允许误差。
    4. 计量要求通常与产品（3.7.6）要求不同，并且不在产品要求中规定。

7. 测量管理体系（measurement management system）

实现计量确认（3.5.6）和测量过程（3.11.5）控制所必需的相互关联或相互作用的一组要素。

8. 方针（policy）

（组织）由最高管理者（3.1.1）正式发布的组织（3.2.1）的宗旨和方向。

注：这是 ISO/IEC 导则 第 1 部分的 ISO 补充规定的附件 SL 中给出的 ISO 管理体系标准中的通用术语及核心定义之一。

9. 质量方针（quality policy）

关于质量（3.6.2）的方针（3.5.8）。

注：1. 通常，质量方针与组织（3.2.1）的总方针相一致，可以与组织的愿景（3.5.10）和使命（3.5.11）相一致，并为制定质量目标（3.7.2）提供框架。
　　2. GB/T 19000 中提出的质量管理原则可以作为制定质量方针的基础。

① 质量方针应体现组织的最高管理者对质量的追求和承诺，是组织开展质量工作的指导思想和行为准则，并应与组织总方针相协调，所以应由最高管理者建立和发布。

② 方针的内容以质量管理原则为基础。

③ 方针通过目标得以实施，因此应能为建立目标提供框架，如体现关注顾客、持续改进等。质量管理原则的方针就为质量目标提供了定位依据。

10. 愿景（vision）

（组织）由最高管理者（3.1.1）发布的对组织（3.2.1）的未来展望。

11. 使命（mission）

（组织）由最高管理者（3.1.1）发布的组织（3.2.1）存在的目的。

12. 战略（strategy）

实现长期或总目标（3.7.1）的计划。

六、有关要求的术语

1. 客体（object；entity；item）

可感知或可想象到的任何事物。

示例：产品（3.7.6）、服务（3.7.7）、过程（3.4.1）、人员、组织（3.2.1）、体系（3.5.1）、资源。

注：客体可能是物质的（如一台发动机、一张纸、一颗钻石）、非物质的（如转换率、一个项目计划）或想象的（如组织未来的状态）。

2. 质量（quality）

客体（3.6.1）的一组固有特性（3.10.1）满足要求（3.6.4）的程度。

注：1. 术语"质量"可使用形容词来修饰，如差、好或优秀。
　　2. "固有"（其对应的是"赋予"）是指存在于客体（3.6.1）内。

① 质量不仅是产品的质量，也包括了体系的质量和过程的质量。

② 要求可以是明示的、习惯上隐含的或必须履行的需求和期望。

③ 要求具有时间性，不同时期对产品有不同的要求，因此要求是动态的。

④ 要求具有相对性，不同的相关方对固有特性的要求不同。例如，对汽车这一产品而

言，顾客的要求是速度、驾驶舒适、耗油量低等特性，而社会对其要求是废气排放量低，减少对环境的污染，以及节能、降低资源的消耗等。

⑤ 对体系而言，实现质量方针、目标的能力，管理的协调性等是固有特性。

⑥ 对过程而言，过程的能力、稳定性、可靠性、先进性和工艺水平等属于固有特性。

图 2-3 为有关质量的概念图。

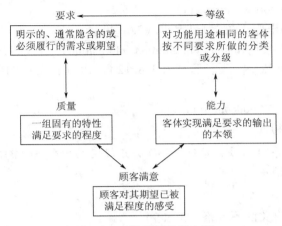

图 2-3　有关质量的概念图

3. 等级（grade）

对功能用途相同的客体（3.6.1）按不同要求（3.6.4）所做的分类或分级。

示例：飞机的舱级和宾馆的等级分类。

注：在确定质量要求（3.6.5）时，等级通常是规定的。

4. 要求（requirement）

明示的、通常隐含的或必须履行的需求或期望。

注：1. "通常隐含"是指组织（3.2.1）和相关方（3.2.3）的惯例或一般做法，所考虑的需求或期望是不言而喻的。

2. 规定要求是经明示的要求，如在成文信息（3.8.6）中阐明。

3. 特定要求可使用限定词表示，如产品（3.7.6）要求、质量管理（3.3.4）要求、顾客（3.2.4）要求、质量要求（3.6.5）。

4. 要求可由不同的相关方或组织自己提出。

5. 为实现较高的顾客满意（3.9.2），可能有必要满足那些顾客既没有明示，也不是通常隐含或必须履行的期望。

6. 这是 ISO/IEC 导则　第 1 部分的 ISO 补充规定的附件 SL 中给出的 ISO 管理体系标准中的通用术语及核心定义之一，最初的定义已经通过增加注 3.～注 5. 被改写。

① "明示的"通常指已经以标准、规范、图样、合同、订单、技术要求或其他文件作出的规定。

② "通常隐含的"指人们公认的、不言而喻的、不必明确的以及顾客或其他收益方对体系、过程或产品的合理期望。

③ "必须履行的"主要指法律、法规或强制性标准等社会要求，组织有义务满足。

④ 上述需要和期望常随时间而变化。

5. 质量要求（quality requirement）

关于质量（3.6.2）的要求（3.6.4）。

6. 法律要求（statutory requirement）

立法机构规定的强制性要求（3.6.4）。

7. 法规要求（regulatory requirement）

立法机构授权的部门规定的强制性要求（3.6.4）。

8. 产品技术状态信息（product configuration information）

对产品（3.7.6）设计、实现、验证（3.8.12）、运行和支持的要求（3.6.4）或其他信息。

9. 不合格（不符合）（nonconformity）

未满足要求（3.6.4）。

注：这是 ISO/IEC 导则 第1部分的 ISO 补充规定的附件 SL 中给出的 ISO 管理体系标准中的通用术语及核心定义之一。

10. 缺陷（defect）

与预期或规定用途有关的不合格（3.6.9）。

注：1. 区分缺陷与不合格的概念是重要的，这是因为其中有法律内涵，特别是与产品（3.7.6）和服务（3.7.7）责任问题有关。
2. 顾客（3.2.4）希望的预期用途可能受供方（3.2.5）所提供的信息（3.8.2）的性质影响，如操作或维护说明。

① 三个定义的关键词是"要求"。要求是明示的、习惯上隐含的或必须履行的需求或期望。明示的要求通常是规定的要求，一般情况下由文件予以表述。习惯上隐含的要求是指公认的并可接受的，通常不用文件明示的需求。必须履行的需求或期望可由顾客规定或由法律法规加以规定。

② 合格、不合格和缺陷的定义可以适用于四类产品类别，也适用于过程、体系的运行活动。

③ 不合格和缺陷是属种关系。不合格是未满足明示的、习惯上隐含的或必须履行的需求或期望。缺陷是未满足与预期或规定用途有关的要求。合格的产品并不一定没有缺陷，不合格并不一定存在缺陷，而存在缺陷不但是不合格，而且可能影响正常使用，轻缺陷不会显著影响产品的预期性能，只轻微地影响产品的预期使用，而重缺陷将会显著影响产品的性能，甚至造成失效。

供方应对不合格品承担产品责任，对有缺陷的产品要采取纠正或者预防措施，以达到顾客的预期要求。

例如，某种医药产品已经通过国家鉴定，达到国家标准，符合国家法规，顾客的使用效果也很好，对于普通顾客来说它是合格的，但在实际使用中，某些特殊顾客使用该药品后没有达到预期效果，反而因此耽误了治疗时间，没有满足这些特定顾客的要求，可以说该药品是不合格的，从严格意义上来讲，该产品有缺陷。因此，制造者就应该把该药品未能满足顾客各种预期用途的要求完全识别出来，加以说明。

④ 缺陷有法律内涵，特别是与产品责任问题有关。因此，术语"缺陷"应慎用，不能

轻易地将不合格说成是有缺陷。对有缺陷的产品如果放行,有可能涉及产品的法律问题。供方提供的信息(包括手册在内)可能对预期使用具有影响,因此供方应对提供的信息负责,特别是涉及人身健康与安全的产品信息,更应当准确。

没有满足要求为不合格,包括未满足隐含的要求,如未满足使用要求,仍为不合格。没有满足用途的有关要求是缺陷。

11. 合格(符合)(conformity)

满足要求(3.6.4)。

注:1. 在英语中,"conformance"一词与本词是同义的,但不赞成使用。在法语中,"compliance"也是同义的,但不赞成使用。

2. 这是ISO/IEC导则 第1部分的ISO补充规定的附件SL中给出的ISO管理体系标准中的通用术语及核心定义之一,最初的定义已经通过增加注1. 被改写。

图2-4为有关合格(符合)的概念图。

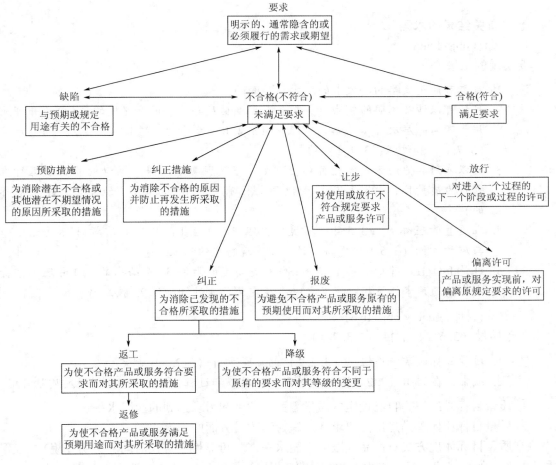

图2-4 有关合格(符合)的概念图

12. 能力(capability)

客体(3.6.1)实现满足要求(3.6.4)的输出(3.7.5)的本领。

注：GB/T 3358.2 中确定了统计学领域中过程（3.4.1）能力术语。

13. 可追溯性（traceability）

追溯客体（3.6.1）的历史、应用情况或所处位置的能力。

注：1. 当考虑产品（3.7.6）或服务（3.7.7）时，可追溯性可涉及：原材料和零部件的来源；加工的历史；产品或服务交付后的分布和所处位置。
   2. 在计量学领域中，采用 ISO/IEC 指南 99 中的定义。

14. 可信性（dependability）

在需要时完成规定功能的能力。

15. 创新（innovation）

实现或重新分配价值的、新的或变化的客体（3.6.1）。

注：1. 以创新为结果的活动通常需要管理。
   2. 创新通常具有非常重要。

七、有关结果的术语

1. 目标（objective）

要实现的结果。

注：1. 目标可能是战略的、战术的或操作层面的。
   2. 目标可以涉及不同的领域（如财务、职业健康与安全的和环境的目标），并可应用于不同的层次［如战略的、组织（3.2.1）整体的、项目（3.4.2）的、产品（3.7.6）和过程（3.4.1）的］。
   3. 可以采用其他的方式表述目标，例如：采用预期的结果、活动的目的或运行准则作为质量目标（3.7.2），或使用其他有类似含意的词（如目的、终点或标的）。
   4. 在质量管理体系（3.5.4）环境中，组织（3.2.1）制定的质量目标（3.7.2）与质量方针（3.5.9）保持一致，以实现特定的结果。
   5. 这是 ISO/IEC 导则 第 1 部分 ISO 补充规定的附件 SL 中给出的 ISO 管理体系标准中的通用术语及核心定义之一。原定义已通过修改注 2. 被改写。

2. 质量目标（quality objective）

关于质量（3.6.2）的目标（3.7.1）。

注：1. 质量目标通常依据组织（3.2.1）的质量方针（3.2.4）制定。
   2. 通常，在组织（3.2.1）的相关职能、层级和过程（3.4.1）分别规定质量目标。

① 质量目标是组织为自己设定的质量方面应达到和力求达到的业绩水平。
② 质量目标应体现满足产品要求和组织持续改进方面的内容。
③ 质量目标体现方式有产品或服务性能水平（如可靠性、等候时间、文明礼貌）、过程质量水平（如合格率、过程能力、内部周转时间）、业绩目标（如顾客投诉趋势、达到某一体系标准或组织先进模式要求）等。
④ 质量目标制定一般应遵循 SMART 原则，即具体明确（specific）、可衡量（measurable）、可达成（achievable）、现实（realistic）、有时间进度要求（timeframe）。

⑤ 为保证组织总质量目标的实现，应在组织相应职能和层次规定质量目标。
⑥ 质量目标在操作中应是定量的。

3. 成功（success）

（组织）目标（3.7.1）的实现。

注：组织（3.2.1）的成功强调需要在其经济或财务利益与相关方（3.2.3）需求之间取得平衡，相关方可包括顾客（3.2.4）、用户、投资者/受益者（所有者）、组织内的人员、供方（3.2.5）、合作伙伴、利益团体和社区。

4. 持续成功（sustained success）

（组织）在一段时期内自始至终的成功（3.7.3）。

注：1. 持续成功强调组织（3.2.1）的经济利益与社会和生态环境的需求之间的平衡。
2. 持续成功涉及组织的相关方（3.2.3），如顾客（3.2.4）、所有者、组织内的人员、供方（3.2.5）、银行、协会、合作伙伴或社会。

5. 输出（output）

过程（3.4.1）的结果。

注：组织（3.2.1）的输出是产品（3.7.6）还是服务（3.7.7），取决于其主体特性（3.10.1），如画廊销售的一幅画是产品，而接受委托绘画则是服务。在零售店购买的汉堡是产品，而在饭店里接受订餐并提供汉堡则是服务的一部分。

6. 产品（product）

在组织和顾客（3.2.4）之间未发生任何交易的情况下，组织（3.2.1）能够产生的输出（3.7.5）。

注：1. 在供方（3.2.5）和顾客之间未发生任何必要交易的情况下，可以实现产品的生产。但是，当产品交付给顾客时，通常包含服务（3.7.7）因素。
2. 通常，产品的主要要素是有形的。
3. 硬件是有形的，其量具有计数的特性（3.10.1）（如轮胎）。流程性材料是有形的，其量具有连续的特性（如燃料和软饮料）。硬件和流程性材料经常被称为货物。软件由信息（3.8.2）组成，无论采用何种介质传递（如计算机程序、移动电话应用程序、操作手册、字典、音乐作品版权、驾驶执照）。

① 产品是过程的结果。产品形成的条件是资源，产品形成的过程包括从输入转化为输出的过程和过程网络。产品取决于过程，包括资源、输入和输出。同时，过程又是使用资源将输入转化为输出活动的系统。因此，控制产品必须控制过程的输入、输出、资源和过程的网络。

② 产品的分类是基于质量管理的特点进行的，故 GB/T 19000 所给出的质量管理体系是针对有形和无形的四种类别产品质量管理的系统方法。

图 2-5 为有关产品分类的概念图。

7. 服务（service）

至少有一项活动必须在组织（3.2.1）和顾客（3.2.4）之间进行的组织的输出（3.7.5）。

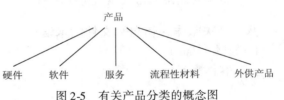

图 2-5 有关产品分类的概念图

注：1. 通常，服务的主要元素是无形的。
2. 通常，服务包含与顾客在接触面的活动，除了确定顾客的要求（3.6.4）以提供服务外，可能还包括与顾客建立持续的关系，如银行、会计师事务所或公共组织（如学校或医院）等。
3. 服务的提供可能涉及，例如：在顾客提供的有形产品（3.7.6）（如需要维修的汽车）上所完成的活动；在顾客提供的无形产品（如为准备纳税申报单所需的损益表）上所完成的活动；无形产品的交付［如知识传授方面的信息（3.8.2）提供］；为顾客创造氛围（如在宾馆和饭店）。
4. 通常，服务由顾客体验。

8. 绩效（performance）

可测量的结果。

注：1. 绩效可能涉及定量的或定性的结果。
2. 绩效可能涉及活动（3.3.11）、过程（3.4.1）、产品（3.7.6）、服务（3.7.7）、体系（3.5.1）或组织（3.2.1）的管理（3.3.3）。
3. 这是ISO/IEC导则 第1部分的ISO补充规定的附件SL中给出的ISO管理体系标准中的通用术语及核心定义之一，最初的定义已经通过修改注2.被改写。

9. 风险（risk）

不确定性的影响。

注：1. 影响是指偏离预期，可以是正面的或负面的。
2. 不确定性是一种对某个事件，或是事件的局部的结果或可能性缺乏理解或知识方面的信息（3.8.2）的情形。
3. 通常，风险是通过有关可能事件（GB/T 23694—2013中的定义，4.5.1.3）和后果（GB/T 23694—2013中的定义，4.6.1.3）或两者的组合来描述其特性的。
4. 通常，风险是以某个事件的后果（包括情形的变化）及其发生的可能性（GB/T 23694—2013中的定义，4.6.1.1）的组合来表述的。
5. "风险"一词有时仅在有负面结果的可能性时使用。
6. 这是ISO/IEC导则 第1部分的ISO补充规定的附件SL中给出的ISO管理体系标准中的通用术语及核心定义之一，最初的定义已经通过增加注5.被改写。

10. 效率（efficiency）

得到的结果与所使用的资源之间的关系。

11. 有效性（effectiveness）

实现策划的活动并取得策划的结果的程度。

注：这是ISO/IEC导则 第1部分的ISO补充规定的附件SL中给出的ISO管理体系标准中的通用术语及核心定义之一。

八、有关数据、信息和文件的术语

1. 数据（data）

关于客体（3.6.1）的事实。

2. 信息（information）

有意义的数据（3.8.1）。

3. 客观证据（objective evidence）

支持事物存在或其真实性的数据（3.8.1）。

注：1. 客观证据可通过观察、测量（3.11.4）、试验（3.11.8）或其他手段获得。

  2. 通常，用于审核（3.13.1）目的的客观证据，是由与审核准则（3.13.7）相关的记录（3.8.10）、事实陈述或其他信息（3.8.2）所组成并可验证。

4. 信息系统（information system）

（质量管理体系）组织（3.2.1）内部使用的沟通渠道的网络。

5. 文件（document）

信息（3.8.2）及其载体。

示例：记录（3.8.10）、规范（3.8.7）、程序文件、图样、报告、标准。

注：1. 载体可以是纸张，磁性的、电子的、光学的计算机盘片，照片或标准样品，或它们的组合。

  2. 一组文件，如若干个规范和记录，英文中通常被称为"documentation"。

  3. 某些要求（3.6.4）（如易读的要求）与所有类型的文件有关，而另外一些对规范（如修订受控的要求）和记录（如可检索的要求）的要求可能有所不同。

6. 成文信息（documented information）

组织（3.2.1）需要控制并保持的信息（3.8.2）及其载体。

注：1. 成文信息可以任何格式和载体存在，并可来自任何来源。

  2. 成文信息可涉及：管理体系（3.5.3），包括相关过程（3.4.1）；为组织运行产生的信息（一组文件）；实现结果的证据［记录（3.8.10）］。

  3. 这是 ISO/IEC 导则 第1部分的 ISO 补充规定的附件 SL 中给出的 ISO 管理体系标准中的通用术语及核心定义之一。

7. 规范（specification）

阐明要求（3.6.4）的文件（3.8.5）。

示例：质量手册（3.8.8）、质量计划（3.8.9）、技术图纸、程序文件、作业指导书。

注：1. 规范可能与活动有关［如程序文件、过程（3.4.1）规范和试验（3.11.8）规范］或与产品（3.7.6）有关（如产品规范、性能规范和图样）。

  2. 规范可以陈述要求，也可以附带设计和开发（3.4.8）实现的结果。因此，在某些情况下，规范也可以作为记录（3.8.10）使用。

8. 质量手册（quality manual）

组织（3.2.1）的质量管理体系（3.5.4）的规范（3.8.7）。

注：为了适应某个组织（3.2.1）的规模和复杂程度，质量手册在其详略程度和编排格式方面可以不同。

9. 质量计划（quality plan）

对特定的客体（3.6.1），规定由谁及何时应用程序（3.4.5）和相关资源的规范（3.8.7）。

注：1. 这些程序通常包括所涉及的那些质量管理（3.3.4）过程（3.4.1）以及产品（3.7.6）和服务（3.7.7）实现过程。
2. 通常，质量计划引用质量手册（3.8.8）的部分内容或程序文件（3.8.5）。
3. 质量计划通常是质量策划（3.3.5）的结果之一。

10. 记录（record）

阐明所取得的结果或提供所完成活动的证据的文件（3.8.5）。

注：1. 记录可用于正式的可追溯性（3.6.13）活动，并为验证（3.8.12）、预防措施（3.12.1）和纠正措施（3.12.2）提供证据。
2. 通常，记录不需要控制版本。

11. 项目管理计划（project management plan）

规定满足项目（3.4.2）目标（3.7.1）所必需的事项的文件（3.8.5）。

注：1. 项目管理计划应当包括或引用项目质量计划（3.8.9）。
2. 适当时，项目管理计划还包括或引用其他计划，如与组织结构、资源、进度、预算、风险（3.7.9）管理（3.3.3）、环境管理、健康安全管理以及安全管理有关的计划。

12. 验证（verification）

通过提供客观证据（3.8.3）对规定要求（3.6.4）已得到满足的认定。

注：1. 验证所需的客观证据可以是检验（3.11.7）结果或其他形式的确定（3.11.1）结果，如变换方法进行计算或文件（3.8.5）评审。
2. 为验证所进行的活动有时被称为鉴定过程（3.4.1）。
3. "已验证"一词用于表明相应的状态。

13. 确认（validation）

通过提供客观证据（3.8.3）对特定的预期用途或应用要求（3.6.4）已得到满足的认定。

注：1. 确认所需的客观证据可以是试验（3.11.8）结果或其他形式的确定（3.11.1）结果，如变换方法进行计算或文件（3.8.5）评审。
2. "已确认"一词用于表明相应的状态。
3. 确认所使用的条件可以是实际的或是模拟的。

14. 技术状态纪实（configuration status accounting）

对产品技术状态信息（3.6.8）、建议的更改状况和已批准更改的实施状况所做的正式记录和报告。

15. 特定情况（specific case）

（质量计划）质量计划（3.8.9）的对象。

注：使用该术语是为了避免在 GB/T 19015—2008 中"过程（3.4.1）、产品（3.7.6）、项目（3.4.2）或合同（3.4.7）"重复出现。

九、有关顾客的术语

1. 反馈（feedback）

（顾客满意）对产品（3.7.6）、服务（3.7.7）或投诉处理过程（3.4.1）的意见、评价和诉求。

2. 顾客满意（customer satisfaction）

顾客（3.2.4）对其期望已被满足程度的感受。

注：1. 在产品（3.7.6）或服务（3.7.7）交付之前，组织（3.2.1）有可能不了解顾客的期望，甚至顾客也在考虑之中。为了实现较高的顾客满意，可能有必要满足那些顾客既没有明示，也不是通常隐含或必须履行的期望。

2. 投诉（3.9.3）是一种满意程度低的最常见的表达方式，但没有投诉并不一定表明顾客很满意。

3. 即使规定的顾客要求（3.6.4）符合顾客的愿望并得到满足，也不一定确保顾客很满意。

① 某一交易指顾客与组织之间发生的采购业务活动及成果，可能是一个过程。因此组织应了解顾客在各个阶段的声音。

② 顾客满意的对象是某一交易，组织提供产品的内在特性和其他特性（如价格）都可能是影响顾客满意程度的因素。

③ 顾客的感受，通常可表达为实际质量与顾客期望质量的对比关系。

④ 顾客投诉表达了顾客不满意，但没有投诉不一定意味着顾客满意，统计表明大多数顾客不满意并不提出投诉，而是停止采购行为。

3. 投诉（complaint）

（顾客满意）就产品（3.7.6）、服务（3.7.7）或投诉处理过程（3.4.1），表达对组织（3.2.1）的不满，无论是否明确地期望得到答复或解决问题。

4. 顾客服务（customer service）

在产品（3.7.6）或服务（3.7.7）的整个寿命周期内，组织（3.2.1）与顾客（3.2.4）之间的互动。

5. 顾客满意行为规范（customer satisfaction code of conduct）

组织（3.2.1）为提高顾客满意（3.9.2），就其行为对顾客（3.2.4）做出的承诺及相关规定。

注：1. 相关规定可包括目标（3.7.1）、条件、限制、联系信息（3.8.2）和投诉（3.9.3）处理程序（3.4.5）。

2. 在 GB/T 19010—2009 中，术语"规范"用于代替"顾客满意行为规范"。

6. 争议（dispute）

（顾客满意）提交给调解过程提供方（3.2.7）的对某一投诉（3.9.3）的不同意见。

注：一些组织（3.2.1）允许顾客（3.2.4）首先向调解过程提供方表示其不满，这种不满意的表示如果反馈给组织就变为投诉；如果在调解过程提供方未进行干预的情况下组织未能解决，这种不满意的表示就变为争议。许多组织都希望顾客在采取外部争议解决之前，首先向组织表达其不满意。

十、有关特性的术语

1. 特性（characteristic）

可区分的特征。

注：1. 特性可以是固有的或赋予的。
   2. 特性可以是定性的或定量的。
   3. 有各种类别的特性，如：物理的（如机械的、电的、化学的或生物学的特性）；感官的（如嗅觉、触觉、味觉、视觉、听觉）；行为的（如礼貌、诚实、正直）；时间的（如准时性、可靠性、可用性、连续性）；人因工效的（如生理的特性或有关人身安全的特性）；功能的（如飞机的最高速度）。

2. 质量特性（quality characteristic）
与要求（3.6.4）有关的，客体（3.6.1）的固有特性（3.10.1）。

注：1. 固有意味着本身就存在的，尤其是那种永久的特性（3.10.1）。
   2. 赋予客体（3.6.1）的特性（3.10.1）（如客体的价格）不是它们的质量特性。

3. 人为因素（human factor）
对所考虑的客体（3.6.1）有影响的人的特性（3.10.1）。

注：1. 特性可以是物理的、认知的或社会的。
   2. 人为因素可对管理体系（3.5.3）产生重大影响。

4. 能力（competence）
应用知识和技能实现预期结果的本领。

注：1. 经证实的能力有时是指资格。
   2. 这是ISO/IEC导则 第1部分的ISO补充规定的附件SL中给出的ISO管理体系标准中的通用术语及核心定义之一，最初的定义已经通过增加注1. 被改写。

5. 计量特性（metrological characteristic）
能影响测量（3.11.4）结果的特性（3.10.1）。

注：1. 测量设备（3.11.6）通常有若干个计量特性。
   2. 计量特性可作为校准的对象。

6. 技术状态（configuration）
在产品技术状态信息（3.6.8）中规定的产品（3.7.6）或服务（3.7.7）的相互关联的功能特性和物理特性（3.10.1）。

7. 技术状态基线（configuration baseline）
由在某一时间点确立的，作为产品（3.7.6）或服务（3.7.7）整个寿命周期内活动参考基准的产品或服务的特性（3.10.1）构成的、经批准的产品技术状态信息（3.6.8）。

十一、有关确定的术语

1. 确定（determination）
查明一个或多个特性（3.10.1）及特性值的活动。

2. 评审（review）
对客体（3.6.1）实现所规定目标（3.7.1）的适宜性、充分性或有效性（3.7.11）的确定（3.11.1）。

示例：管理评审、设计和开发（3.4.8）评审、顾客（3.2.4）要求（3.6.4）评审、纠正措施（3.12.2）评审和同行评审。

注：评审也可包括确定效率（3.7.10）。

3. 监视（monitoring）

确定（3.11.1）体系（3.5.1）、过程（3.4.1）、产品（3.7.6）、服务（3.7.7）或活动的状态。

注：1. 确定状态可能需要检查、监督或密切观察。
2. 通常，监视是在不同的阶段或不同的时间，对客体（3.6.1）状态的确定。
3. 这是ISO/IEC导则 第1部分的ISO补充规定的附件SL中给出的ISO管理体系标准中的通用术语及核心定义之一，最初的定义和注1. 已经被改写，并增加了注2。

4. 测量（measurement）

确定数值的过程（3.4.1）。

注：1. 根据GB/T 3358.2，确定的数值通常是量值。
2. 这是ISO/IEC导则 第1部分的ISO补充规定的附件SL中给出的ISO管理体系标准中的通用术语及核心定义之一，最初的定义已经通过增加注1. 被改写。

5. 测量过程（measurement process）

确定量值的一组操作。

6. 测量设备（measuring equipment）

为实现测量过程（3.11.5）所必需的测量仪器、软件、测量标准、标准物质或辅助设备或它们的组合。

7. 检验（inspection）

对符合（3.6.11）规定要求（3.6.4）的确定（3.11.1）。

注：1. 显示合格的检验结果可用于验证（3.8.12）的目的。
2. 检验的结果可表明合格、不合格（3.6.9）或合格的程度。

8. 试验（test）

按照要求（3.6.4）对特定的预期用途或应用的确定（3.11.1）。

注：显示合格（3.6.11）试验结果可用于确认（3.8.13）的目的。

9. 进展评价（progress evaluation）

(项目管理) 针对实现项目（3.4.2）目标（3.7.1）所做的进展情况的评定。

注：1. 评定应当在整个项目过程（3.4.1）中，在项目生命周期的适当点，依据项目过程和产品（3.7.6）或服务的准则进行。
2. 进展评价的结果可能导致对项目管理计划（3.8.11）的修订。

十二、有关措施的术语

1. 预防措施（preventive action）

为消除潜在不合格（3.6.9）或其他潜在不期望情况的原因所采取的措施。

注：1. 一个潜在不合格可以有若干个原因。
2. 采取预防措施是为了防止发生，而采取纠正措施（3.12.2）是为了防止再发生。

2. 纠正措施（corrective action）

为消除不合格（3.6.9）的原因并防止再发生所采取的措施。

注：1. 一个不合格可以有若干个原因。
  2. 采取纠正措施是为了防止再发生，而采取预防措施（3.12.1）是为了防止发生。
  3. 这是 ISO/IEC 导则 第 1 部分的 ISO 补充规定的附件 SL 中给出的 ISO 管理体系标准中的通用术语及核心定义之一，最初的定义已经通过增加注 1. 和注 2. 被改写。

3. 纠正（correction）

为消除已发现的不合格（3.6.9）所采取的措施。

注：1. 纠正可与纠正措施（3.12.2）一起实施，或在其之前或之后实施。
  2. 返工（3.12.8）或降级（3.12.4）可作为纠正的示例。

案例：一个人进门时误撞到玻璃门上，造成玻璃撞碎或脑袋出血，这时：
① 将人送进医院或更换玻璃，这是纠正；
② 为防止其他人再误撞玻璃，而在玻璃上贴上醒目标记，这是纠正措施；
③ 隔壁邻居或其他商店见此情景，也在自家玻璃门上贴上醒目标记，这是预防措施。

纠正、纠正措施和预防措施是有区别的。纠正是为了消除已经发生的不合格所采取的措施；纠正措施是为了防止再次发生此类的不合格事件；预防措施是还没有发生，为了防止发生类似的事件发生而采取的措施。

对审核中发现的"不合格"，以"就事论事"的态度，采取措施消除不合格，这是纠正；以"举一反三"的态度，分析造成不合格的原因，针对原因，采取防止同类事件再次发生的措施，这是纠正措施；举一反三，分析其他方面有可能会发生类似的事件而采取措施，防止发生，这是预防措施。

4. 降级（regrade）

为使不合格（3.6.9）产品（3.7.6）或服务（3.7.7）符合不同于原有的要求（3.6.4）而对其等级（3.6.3）的变更。

5. 让步（concession）

对使用或放行（3.12.7）不符合规定要求（3.6.4）的产品（3.7.6）或服务（3.7.7）的许可。

注：通常，让步仅限于在规定的时间或数量内及特定的用途，对含有不合格（3.6.9）特性（3.10.1）的产品和服务的交付。

6. 偏离许可（deviation permit）

产品（3.7.6）或服务（3.7.7）实现前，对偏离原规定要求（3.6.4）的许可。

注：偏离许可通常是在限定的产品和服务数量或期限内并针对特定的用途。

7. 放行（release）

对进入一个过程（3.4.1）的下一阶段或下一过程的许可。

注：在英语中，就软件和文件（3.8.5）而论，单词"release"通常是指软件或文件本身的版本。

8. 返工（rework）

为使不合格（3.6.9）产品（3.7.6）或服务（3.7.7）符合要求（3.6.4）而对其采取的措施。

注：返工可影响或改变不合格的产品或服务的某些部分。

9. 返修（repair）

为使不合格（3.6.9）产品（3.7.6）或服务（3.7.7）满足预期用途而对其采取的措施。

注：1. 不合格的产品或服务的成功返修未必能使产品符合要求（3.6.4）。返修可能需要连同让步（3.12.5）。

2. 返修包括对以前是合格的产品或服务，为重新使用所采取的修复措施，如作为维修的一部分。

3. 返修可影响或改变不合格的产品或服务的某些部分。

10. 报废（scrap）

为避免不合格（3.6.9）产品（3.7.6）或服务（3.7.7）原有的预期使用而对其采取的措施。

示例：回收、销毁。

注：对不合格服务的情况，通过终止服务来避免其使用。

有关审核的术语，详见第四章。

复习思考题与练习题

1. 质量管理原则的内容有哪些？
2. "以顾客为关注焦点"原则可能的获益是什么？可开展的活动有哪些？
3. "领导作用"原则可能的获益是什么？可开展的活动有哪些？
4. "全员参与"原则可能的获益是什么？可开展的活动有哪些？
5. "过程方法"原则可能的获益是什么？可开展的活动有哪些？
6. "改进"原则可能的获益是什么？可开展的活动有哪些？
7. "循证决策"原则可能的获益是什么？可开展的活动有哪些？
8. "关系管理"原则可能的获益是什么？可开展的活动有哪些？
9. 术语概念之间的关系有哪些？请举例说明。
10. 什么是质量、过程和产品？
11. 什么是质量管理和质量管理体系？
12. 产品的类别有哪些？
13. 什么是合格、不合格和缺陷？
14. 什么是纠正、纠正措施和预防措施？请举例说明三者之间的区别。

第一章 质量管理体系要求的理解

第一节 概 述

ISO 9001:2015 版《质量管理体系 要求》已于 2015 年 9 月 23 日正式发布实施,替代 ISO 9001:2008 版标准;同时,IAF 也发布了转换实施指南,明确新旧标准的转换期限为 3 年,我国规定在 2018 年 9 月 15 日以后,所有的 GB/T 19001—2008 版认证证书都将作废。对 ISO 9001:2015 英文版进行翻译并等同采用的我国国家标准 GB/T 19001—2016《质量管理体系 要求》也于 2016 年 12 月 30 日发布,并于 2017 年 7 月 1 日实施。目前,各认证机构及各组织都在进行新标准的培训学习、质量管理体系的更新转换及监督审核、复审。

和 2008 版标准相比,ISO 9001:2015/GB/T 19001—2016 版改动比较大,是从 1987 年第一版发布以来的四次技术修订中影响最大的一次修订。新标准章节结构顺序发生了变更,分为 10 章,另加一个引言和两个附录,分别是:引言、1. 范围、2. 规范性引用文件、3. 术语和定义、4. 组织环境、5. 领导作用、6. 策划、7. 支持、8. 运行、9. 绩效评价、10. 改进、附录 A(资料性附录) 新结构、术语和概念说明、附录 B(资料性附录) ISO/TC 176 制定的其他质量管理和质量管理体系标准。重点内容是第 4~10 章部分。

2015 版标准在技术上的主要变化如下:
① 采用 ISO/IEC 导则 第 1 部分 ISO 补充规定的附件 SL 中给出的高层结构;
② 采用基于风险的思维;
③ 规定性的要求更少;
④ 对成文信息的要求更加灵活;
⑤ 提高了服务行业的适用性;
⑥ 更加强调组织环境;
⑦ 增强对领导作用的要求;
⑧ 更加注重实现预期的过程结果以增强顾客满意。

2015 版标准的某些术语和概念也发生了变化,具体变化如下:
① 用"产品和服务"替代了"产品",强调产品和服务的差异,使标准的适用性更广泛。
② 增加了理解相关方的需求和期望的要求,标准 4.2 条款规定的要求包括了组织确定

与质量管理体系有关的相关方，并确定来自这些相关方的要求。

③ 增加了基于风险的思维条款，删去了"预防措施"条款，要求组织理解其组织环境，并以确定风险和机遇作为策划的基础，这意味着将基于风险的思维应用于策划和实施质量管理体系过程。

④ 关于标准的适用性，不再使用"删减"一词，但组织可能需要评审要求的适用性，确定是不适用的，判断标准是该要求不导致影响产品和服务的符合性、不影响增强顾客满意的目标。

⑤ 标准取消了质量手册、文件化程序等大量强制性文件的要求，合并了文件和记录，统一叫"成文信息"。

在 2008 版中使用的特定术语如"文件""形成文件的程序""质量手册"或"质量计划"等，在该版标准中表述的要求为"保持成文信息"；在 2008 版中使用"记录"这一术语表示提供符合要求的证据所需要的文件，在该版标准中表述的要求为"保留成文信息"。

⑥ 增加了组织的知识条款，明确提出了"知识"也是组织实施、保持和改进质量管理体系所需的一种资源。

⑦ 用"外部提供过程、产品和服务"取代"采购"和"外包过程"。

2015 版与 2008 版标准之间的主要术语差异如表 3-1 所示。

表 3-1　ISO 9001:2008 与 ISO 9001:2015 之间的主要术语差异

ISO 9001:2008	ISO 9001:2015
产品	产品和服务
删减	未使用（见 A.5 对适用性的说明）
管理者代表	未使用（分派类似的职责和权限，但不要求委任一名管理者代表）
文件、质量手册、形成文件的程序、记录	成文信息
工作环境	过程运行环境
监视和测量设备	监视和测量资源
采购产品	外部提供的产品和服务
供方	外部供方

第二节　引言部分概述

一、总则

1. 总则条款

> 0.1　总则
> 采用质量管理体系是组织的一项战略决策，能够帮助其提高整体绩效，为推动可持续发展奠定良好基础。
> 组织根据本标准实施质量管理体系的潜在益处是：
> a) 稳定提供满足顾客要求以及适用的法律法规要求的产品和服务的能力；
> b) 促成增强顾客满意的机会；

> c）应对与组织环境和目标相关的风险和机遇；
> d）证实符合规定的质量管理体系要求的能力。
>
> 本标准可用于内部和外部各方。
>
> 实施本标准并非需要：
>
> ——统一不同质量管理体系的架构；
> ——形成与本标准条款结构相一致的文件；
> ——在组织内使用本标准的特定术语。
>
> 本标准规定的质量管理体系要求是对产品和服务要求的补充。

2. 条款说明

条款主要说明以下几个问题：

① 采用质量管理体系是组织的一项战略性决策。

② 组织实施质量管理体系能获得的益处或潜在益处是：

　a. 能稳定且可持续的生产和提供合格的产品和服务，这些产品和服务符合顾客要求且满足法律法规要求；

　b. 采用本标准能提高增强顾客满意的概率；

　c. 能够应对与组织环境和目标相关的风险和机遇；

　d. 向顾客和相关方显示和证实本组织符合规定的质量管理体系要求的能力。

③ 本标准是第一方、第二方和第三方审核的依据，用于评定组织满足顾客要求、满足法律法规要求和满足组织自身要求的能力。

④ 对实施质量管理体系的组织架构和所需要的文件形式不做统一要求，这给组织编写质量管理体系文件带来了难度。

⑤ 组织使用的术语不要求与标准特定术语一致。

⑥ 本标准所规定的质量管理体系要求是对产品要求的补充，不能替代。

3. 总则条款（续一）

> 本标准采用过程方法，该方法结合了"策划-实施-检查-处置"（PDCA）循环和基于风险的思维。
>
> 过程方法使组织能够策划过程及其相互作用。
>
> PDCA 循环使组织能够确保其过程得到充分的资源和管理，确定改进机会并采取行动。
>
> 基于风险的思维使组织能够确定可能导致其过程和质量管理体系偏离策划结果的各种因素，采取预防控制，最大限度地降低不利影响，并最大限度地利用出现的机遇（见 A.4）。
>
> 在日益复杂的动态环境中持续满足要求，并针对未来需求和期望采取适当行动，这无疑是组织面临的一项挑战。为了实现这一目标，组织可能会发现，除了纠正和持续改进，还有必要采取各种形式的改进，如突破性变革、创新和重组。

4. 条款理解和说明

本标准采用了 PDCA 循环模式和基于风险的思维方式相结合的过程方法。该过程方法的特点是：

① 能够策划组织的质量管理过程以及各个过程之间的相互作用。

② PDCA 循环（策划、实施、检查、处置）可以使得组织在其产品的生产流程或服务的全过程中按照质量管理体系的要素进行充分的管理，例如，了解内外部环境、识别相关方的需求与期望、提供资源、发现改进机会并实施改进活动。

③ 基于风险的前瞻性的思维方式使得组织在策划质量管理体系以及其后的实施过程中会提前考虑到各种不确定的因素，采取预防控制措施，以最大限度地降低不利影响，并最大限度地利用可能出现的机遇。

④ 外部市场和组织内部的环境在不断变化，组织如何做到在这复杂的变化环境中持续满足要求，且对未来的需求和期望采取适当行动，这是一项挑战。为实现这一目标，组织除了纠正、持续改进以外，还要采取突破性的变革、创新、重组等各种改进方式。

5. 总则条款（续二）

在本标准中使用如下助动词：
　　——"应"表示要求；
　　——"宜"表示建议；
　　——"可"表示允许；
　　——"能"表示可能或能够。
"注"的内容是理解和说明有关要求的指南。

解释与说明略。

二、质量管理原则

1. 质量管理原则条款

0.2　质量管理原则

本标准是在 GB/T 19000 所述的质量管理原则基础上制定的。每项原则的介绍均包含概述、该原则对组织的重要性的依据、应用该原则的主要益处示例以及应用该原则提高组织绩效的典型措施示例。

质量管理原则是：
　　——以顾客为关注焦点；
　　——领导作用；
　　——全员积极参与；
　　——过程方法；
　　——改进；
　　——循证决策；
　　——关系管理。

---

2. 条款理解

GB/T 19000—2016《质量管理体系　基础和术语》标准使用翻译法等同采用 ISO 9000：2015《质量管理体系　基础和术语》标准。

条款详细解释见本书第二章　质量管理体系基础和术语。

三、过程方法

1. 总则条款

> 0.3　过程方法
>
> 0.3.1　总则
>
> 　　本标准倡导在建立、实施质量管理体系以及提高其有效性时采用过程方法，通过满足顾客要求增强顾客满意。采用过程方法所需考虑的具体要求见4.4。
>
> 　　将相互关联的过程作为一个体系加以理解和管理，有助于组织有效和高效地实现其预期结果。这种方法使组织能够对其体系的过程之间相互关联和相互依赖的关系进行有效控制，以提高组织整体绩效。
>
> 　　过程方法包括按照组织的质量方针和战略方向，对各过程及其相互作用进行系统的规定和管理，从而实现预期结果。可通过采用PDCA循环（见0.3.2）以及始终基于风险的思维（见0.3.3）对过程和整个体系进行管理，旨在有效利用机遇并防止发生不良后果。
>
> 　　在质量管理体系中应用过程方法能够：
>
> 　　a）理解并持续满足要求；
>
> 　　b）从增值的角度考虑过程；
>
> 　　c）获得有效的过程绩效；
>
> 　　d）在评价数据和信息的基础上改进过程。
>
> 　　单一过程的各要素及其相互作用如图1所示。每一过程均有特定的监视和测量检查点以用于控制，这些检查点根据相关的风险有所不同。
>
>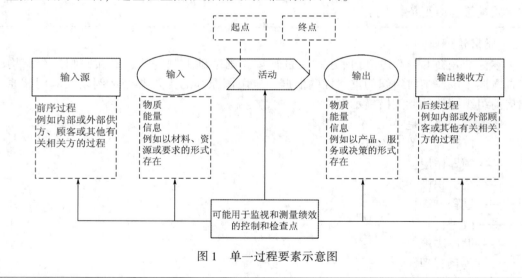
>
> 图1　单一过程要素示意图

2. 总则条款的理解

①本标准提倡组织建立、实施质量管理体系同时提高其有效性时采用过程方法。具体要求见标准4.4质量管理体系及其过程条款。

②为了对组织的质量管理体系能够有效和高效地控制，必须清楚地识别相互关联的过程，并把它作为一个整体进行管理，这样才能有效控制过程之间的相互联系和相互依赖的关

系,提高组织整体绩效,以实现其预期结果。

③ 过程方法通常通过两种方式,即采用 PDCA 循环方式和始终考虑风险的思维方式,按照组织的质量方针和战略方向,对组织各个过程和整个体系进行系统的管理,以便有效地利用机遇,同时防止发生不良的结果。

④ 在质量管理体系中应用过程方法时,要做到以下几方面:
  a. 理解并能持续地满足要求;
  b. 要从增值的角度考虑每个过程;
  c. 能获得有效的过程的业绩;
  d. 在收集、分析、评价数据和信息的基础上改进过程。

图 1 为单一过程的各要素及其相互作用示意图。以设计过程为例,在设计过程的每一阶段,如设计和开发策划、设计和开发输入、设计和开发控制、设计和开发输出、设计和开发更改等阶段,均有特定的监视和测量检查点;设计和开发输出阶段,所设计出的图纸、技术规范与标准、材料选用明细表等成文信息中所选用的材料型号、技术特性、产品使用性能、安全等级、环保要求等,能否满足顾客对产品的要求,满足国家相关标准,均需要监视和测量,这些关键点一定要控制,以防发生不良后果。

3. PDCA 循环条款

0.3.2　PDCA 循环

PDCA 循环能够应用于所有过程以及整个质量管理体系。图 2 表明了本标准第 4 章至第 10 章是如何组成 PDCA 循环的。

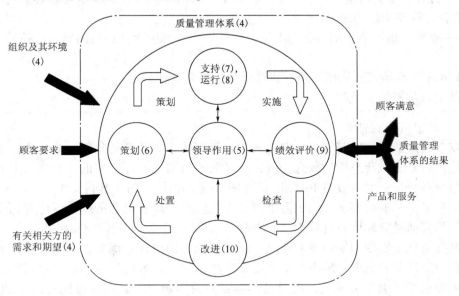

注:括号中的数字表示本标准中的相应章。

图 2　本标准的结构在 PDCA 循环中的展示

PDCA 循环可以简要描述如下:
——策划(Plan):根据顾客的要求和组织的方针,建立体系的目标及其过程,确定实现结果所需的资源,并识别和应对风险和机遇;

> ——实施（Do）：执行所做的策划；
> ——检查（Check）：根据方针、目标、要求和所策划的活动，对过程以及形成的产品和服务进行监视和测量（适用时），并报告结果；
> ——处置（Act）：必要时，采取措施提高绩效。

4. PDCA 循环条款的理解

① 该示意图展示了从标准第 4~10 章所构成的 PDCA 循环过程。

② 模式图简介：

a. 5 个圆形图"领导作用""策划""支持，运行""绩效评价""改进"分别代表标准中的第 5，6，7、8，9，10 章；顾客要求作为输入，4.1 组织及其环境、4.2 相关方的需求和期望条款作为重要的策划考量和输入；而作为实施质量管理体系的一个重要的结果就是产品和服务的输出以及顾客满意程度，这也是对组织绩效的一个重要评价。

b. 四个箭头则表示了 PDCA 循环，表示了从策划开始，到组织各类资源的支持、产品生产和服务提供过程的运行，再到绩效评价和改进过程，形成了一个封闭环，表明质量管理体系是不断螺旋式循环上升的，在这全过程中，领导作用至关重要、贯穿始终。

③ PDCA 循环模式的理解。PDCA 循环模式可简述如下：

P——策划：根据顾客的要求和组织的质量方针与目标，配备相应的资源，建立体系过程，同时识别可能遇到的风险，建立风险预案；

D——实施：按照策划的结果实施目标过程；

C——检查：根据质量方针、质量目标和策划的活动，对产品和服务过程进行监视和测量，并报告监视和测量的结果；

A——处置：根据检查结果找出不足，采取措施，解决所存在的问题，以持续改进其过程绩效。

④ PDCA 循环模式可适用于质量管理体系的所有过程。

5. 基于风险的思维条款

> **0.3.3 基于风险的思维**
>
> 基于风险的思维（见 A.4）是实现质量管理体系有效性的基础。本标准以前的版本已经隐含基于风险思维的概念，例如：采取预防措施消除潜在的不合格，对发生的不合格进行分析，并采取与不合格的影响相适应的措施，防止其再发生。
>
> 为满足本标准的要求，组织需策划和实施应对风险和机遇的措施。应对风险和机遇，为提高质量管理体系有效性、获得改进结果以及防止不利影响奠定基础。
>
> 某些有利于实现预期结果的情况可能导致机遇的出现，例如：有利于组织吸引顾客、开发新产品和服务、减少浪费或提高生产率的一系列情形。利用机遇所采取的措施也可能包括考虑相关风险。风险是不确定性的影响，不确定性可能有正面的影响，也可能有负面的影响。风险的正面影响可能提供机遇，但并非所有的正面影响均可提供机遇。

6. 基于风险的思维条款理解

在 2000 版、2008 版本中均有纠正措施、预防措施条款，强调组织应采取预防措施以消除潜在的不合格原因，防止发生不合格的情况；或采取措施，对发生的不合格原因进行分析，并采取与不合格的影响相适应的措施，防止再次发生不合格事件；其实就是基于风险思维的思维。

风险，即对预期目标的不确定性的影响，此影响可能是超出预期目标的正偏离影响，即有可能产生机遇，例如更多地吸引顾客，或激励组织开发新产品，或新的服务提供，或是借此带来的机会，采取措施提高生产率；也可能是低于目标的负偏离影响，即可能产生危机。

9001 标准的一个重要要求是，组织应预先策划应对风险和机遇的措施，以便当遇到突发的风险或机遇来临时，能及时有效地采取应对措施，以防止产生不利影响，或获得改进效果，能进一步提高质量管理体系的有效性。

四、与其他管理体系标准的关系

1. 标准条款

> 0.4 与其他管理体系标准的关系
>
> 本标准采用 ISO 制定的管理体系标准框架，以提高与其他管理体系标准的协调一致性（见 A.1）。
>
> 本标准使组织能够使用过程方法，并结合 PDCA 循环和基于风险的思维，将其质量管理体系与其他管理体系标准要求进行协调或一体化。
>
> 本标准与 GB/T 19000 和 GB/T 19004 存在如下关系：
>
> ——GB/T 19000《质量管理体系 基础和术语》为正确理解和实施本标准提供必要基础；
>
> ——GB/T 19004《追求组织的持续成功 质量管理方法》为选择超出本标准要求的组织提供指南。
>
> 附录 B 给出了 SAC/TC 151 制定的其他质量管理和质量管理体系标准（等同采用 ISO/TC 176 质量管理和质量保证技术委员会制定的国际标准）的详细信息。
>
> 本标准不包括针对环境管理、职业健康和安全管理或财务管理等其他管理体系的特定要求。
>
> 在本标准的基础上，已经制定了若干行业特定要求的质量管理体系标准。其中的某些标准规定了质量管理体系的附加要求，而另一些标准则仅限于提供在特定行业应用本标准的指南。
>
> 本标准的章条内容与之前版本（GB/T 19001—2008/ISO 9001:2008）章条内容之间的对应关系见 ISO/TC 176/SC 2（国际标准化组织/质量管理和质量保证技术委员会/质量体系分委员会）的公开网站：www.iso.org/tc176/sc02/public。

2. 条款理解和说明

（1）管理体系标准的结构

本标准采用 ISO 制定的管理体系标准框架，即遵循 ISO/IEC 导则 第 1 部分附件 SL 的要求。这个附件 SL 在结构、格式、通用术语和定义方面进行了统一，其实是一个管理体系标准的标准模板，被称为"高层结构"，是一个标准的"标准"。

按照国际标准化组织的要求，将来所有的 ISO 管理体系标准如能源、道路交通安全、IT 安全、食品安全、社会安全、环境、质量在今后修改时都要按照附件 SL 的要求重写。这样可以确保各种管理体系标准的整合和简单，也使得标准更易读、易懂。

（2）与 GB/T 19000 和 GB/T 19004 标准之间的关系

① GB/T 19000《质量管理体系 基础和术语》（即 ISO 9000《质量管理体系 基础和术语》）是 GB/T 19000（即 ISO 9000）族标准的重要的理论基础，为正确理解和实施 GB/T 19001 标准（即 ISO 9001《质量管理体系 要求》）提供必要的帮助；

② GB/T 19004（即 ISO 9004）《追求组织的持续成功 质量管理方法》标准更关注持续改进组织的总体业绩和效率。期望超越 GB/T 19001 标准要求、追求卓越、持续改进质量管理体系有效性的组织，可采用 GB/T 19004 标准；也可只采用部分条款内容，也可以不采用。无论怎样并不构成强制性约束，且 GB/T 19004 不能作为外部认证和执行合同的依据。

（3）与其他管理体系标准之间的关系

SAC/TC 151 为中国质量管理和质量保证标准化技术委员会，专业对口为 ISO/TC 176 国际标准化组织质量管理和质量保证技术委员会。本标准的附录 B 给出了 SAC/TC 151 制定的其他质量管理和质量管理体系中国国家标准的详细信息，这些标准其实是翻译并等同采用 ISO/TC 176 质量管理和质量保证技术委员会制定的国际标准。

本标准不包括针对环境管理、职业健康和安全管理或财务管理等其他管理体系的诸如环境、健康、安全、财务等方面的特定要求。

在某些行业，例如汽车制造行业，在 ISO 9001 标准的基础上，制定了汽车工业质量管理体系标准 ISO/TS 16949（最新 2016 版为 IATF 16949），规定了一些汽车工业运用的附加要求；也有另外一些行业制定的标准则属于在该行业应用的一个指南，没有附加要求。

第三节 范围、引用文件和定义

一、范围

1. 范围条款

> 1 范围
>
> 本标准为下列组织规定了质量管理体系要求：
> a) 需要证实其具有稳定提供满足顾客要求及适用法律法规要求的产品和服务的能力；
> b) 通过体系的有效应用，包括体系改进的过程，以及保证符合顾客要求和适用的法律法规要求，旨在增强顾客满意。
>
> 本标准规定的所有要求是通用的，旨在适用于各种类型、不同规模和提供不同产品和服务的组织。
>
> 注1：在本标准中，术语"产品"或"服务"仅适用于预期提供给顾客或顾客所要求的产品和服务。
> 注2：法律法规要求可称作法定要求。

2. 条款说明

① 本标准是为有下列需求的组织制定的：

a. 需要向顾客提供质量保证的组织，证明我这个组织有能力，同时能稳定地提供产品和服务，满足顾客要求，同时符合相关法律法规要求；

b. 我这个组织能有效地运行质量管理体系，持续改进体系过程，不断增强顾客满意；

c. 适用于各种类型、不同规模和提供不同产品的组织，如企业、公司、研究院所、事业单位、国家机关、社会团体等。

这几条其实就是组织实施 9001 标准并进行认证的目的。

② 术语"产品"或"服务"仅适用于预期提供给顾客或顾客所要求的产品或服务，即组织销售的产品或给顾客提供的服务；通常产品的主要要素是有形的，而服务的主要要素是无形的。

③ 法律法规要求可称作法定要求。

二、规范性引用文件

1. 规范性引用文件条款

> 2　规范性引用文件
> 　　下列文件对于本文件的应用是必不可少的。凡是注日期的引用文件，仅注日期的版本适用于本文件。凡是不注日期的引用文件，其最新版本（包括所有的修改单）适用于本文件。
> 　　GB/T 19000—2016 质量管理体系　基础和术语（ISO 9000:2015，IDT）

2. 条款说明

① GB/T 19000—2016 质量管理体系　基础和术语（ISO 9000:2015，IDT）为规范性引用文件，该标准解释了质量管理原则，定义了本标准中所使用的术语。

② 凡注明日期的引用文件，仅注日期的版本适用于本文件，对随后所有的更改和修订均不适用于本标准；凡是不注明日期的引用文件，其最新的版本均适用于本标准。

三、术语和定义

1. 条款

> 3　术语和定义
> 　　GB/T 19000—2016 界定的术语和定义适用于本文件。

2. 条款说明

GB/T 19000—2016 界定的术语和定义适用于本标准。

第四节　组 织 环 境

一、理解组织及其环境

1. 标准条款

> 4　组织环境
> 4.1　理解组织及其环境
> 　　组织应确定与其宗旨和战略方向相关并影响其实现质量管理体系预期结果的能力的各种外部和内部因素。
> 　　组织应对这些外部和内部因素的相关信息进行监视和评审。

> 注1：这些因素可能包括需要考虑的正面和负面要素或条件。
> 注2：考虑来自于国际、国内、地区或当地的各种法律法规、技术、竞争、市场、文化、社会和经济环境的因素，有助于理解外部环境。
> 注3：考虑与组织的价值观、文化、知识和绩效等有关的因素，有助于理解内部环境。

2. 条款的理解和说明

组织的环境分为外部环境和内部环境。

外部环境包括宏观环境和微观环境，宏观环境又包括政治环境、经济环境、技术环境、社会文化环境、自然环境以及相关方的影响，微观环境又包括市场需求、竞争环境、资源环境等。

内部环境是指组织的具体工作环境，包括物理环境、心理环境、文化环境（价值、文化知识）、绩效相关的问题等。

与组织环境相关的部分内外部环境因素如表3-2所示（但不仅限于此表举例）。

表3-2 组织部分内部和外部环境因素

内部因素	外部因素
①组织治理相关因素，如决策方式、程序及组织架构； ②资源因素，包括基础设施、过程运行环境、组织的知识； ③人力因素，如人员、能力、意识； ④经营因素，如生产销售过程、售后服务、质量管理体系绩效、顾客评价； ⑤文化因素、组织文化、工作环境； ⑥财务因素、企业员工工资等	①政治因素，如政策稳定性、公共投入、本地基础设施、国际贸易条款变化； ②宏观经济因素，如货币汇率变化、宏观经济走向、通货膨胀率； ③社会因素，如本地区失业率、社会安全感、地区教育水平、劳动时间； ④技术因素，如新材料、新工艺、新设备、专利技术； ⑤竞争因素，如市场占有率、市场发展趋势、顾客群体变化； ⑥法律法规因素，如法律法规要求、环境法规及行为准则等

一个组织不是孤立的存在于社会，其内部和外部环境对实现其组织宗旨、实现其质量管理体系的预期结果影响很大。不同行业、不同规模、不同性质的组织，其内部环境显然不同，例如，组织架构、组织拥有的资源、员工的能力、意识、薪资待遇、组织文化等不同，这些对组织实现其宗旨及经营战略目标影响很大。而外部环境对不同的组织影响也各不相同，例如财务贷款能力、流动资金占用多少、行业或地区的特殊政策、货币汇率变化、国家的政策导向等，对不同规模、不同行业的组织影响很大。

例如，在电镀生产行业，一方面，大量的五金件、金属构件（如汽车轮毂等）外表面需要镀铬、镀镍、镀铜，以增强防腐蚀性能和外观装饰效果；另一方面，国家一直在进行环境治理，提高水污染排放标准，加大督查力度，限产、停产和关闭一批电镀企业。一方面是经济建设离不开电镀行业，另一方面是对电镀行业的整治力度空前加大。这些外部因素直接影响电镀企业的宗旨和战略方向。

所以，组织应对这些内部和外部因素进行监视、分析和评审，预先进行策划，以便当遇到突发的风险或机遇来临时，能及时有效地采取应对措施，确保实现组织质量管理体系的预期结果。

二、理解相关方的需求和期望

1. 标准条款

> **4.2 理解相关方的需求和期望**
> 　　由于相关方对组织稳定提供符合顾客要求及适用法律法规要求的产品和服务的能力具有影响或潜在影响，因此，组织应确定：
> 　　a）与质量管理体系有关的相关方；
> 　　b）与质量管理体系有关的相关方的要求。
> 　　组织应监视和评审这些相关方的信息及其相关要求。

2. 条款理解和说明

　　组织不仅要关注与质量管理体系有关的相关方，还要关注相关方的要求，因为这些相关方对组织持续稳定地提供符合顾客要求及适用法律法规要求的产品和服务的能力具有影响或潜在影响，又因相关方及要求可能会变化，所以组织还应监视和评审这些相关方及其要求。

　　部分与质量管理体系有关的相关方及相关方的可能要求如表3-3所示。

表3-3　部分与质量管理体系有关的相关方及相关方的可能要求

相关方	相关方的可能要求
①顾客； ②最终用户或受益人； ③股东、业主； ④银行； ⑤外部供应商、分包商、零售商； ⑥员工； ⑦法律法规立法和监督机构	①顾客对产品或服务的要求，如符合性、价格、安全性； ②与顾客或外部供应商、分包商达成的合同中的要求； ③行业规范及行业标准； ④执照、许可证及其他授权形式； ⑤条约、公约及备忘录； ⑥和公共机构及顾客达成的协议； ⑦组织契约合同的承担义务

三、确定质量管理体系的范围

1. 标准条款

> **4.3 确定质量管理体系的范围**
> 　　组织应确定质量管理体系的边界和适用性，以确定其范围。
> 　　在确定范围时，组织应考虑：
> 　　a）4.1中提及的各种外部和内部因素；
> 　　b）4.2中提及的相关方的要求；
> 　　c）组织的产品和服务。
> 　　如果本标准的全部要求适用于组织确定的质量管理体系范围，组织应实施本标准的全部要求。
> 　　组织的质量管理体系范围应作为成文信息，可获得并得到保持。该范围应描述所覆盖的产品和服务类型，如果组织确定本标准的某些要求不适用于其质量管理体系范围，应说明理由。
> 　　只有当所确定的不适用的要求不影响组织确保其产品和服务合格的能力或责任，对增强顾客满意也不会产生影响时，方可声称符合本标准要求。

2. 条款的理解和说明

组织应充分考虑其内部和外部的环境因素（见 4.1 条款）、相关方的要求（见 4.2 条款）以及组织的产品和服务，在此基础上确定质量管理体系的边界、适用性和范围，避免边界不清或过于宽泛、范围模糊，使其适用性受到影响。

组织的质量管理体系范围应形成文件，范围描述应具体，例如，所覆盖的产品、服务类型、主要过程和地域等，例如是否覆盖在另一开发区的工厂，是否包括在其他城市的销售服务公司，是否包括全部产品还是某一新研发的产品不包括在质量管理体系范围内等。

如果组织认为本标准的某些条款要求不适用于其质量管理体系范围，应说明理由。只有当这些不适用的要求不影响组织确保产品和服务满足要求，也不会对增强顾客满意产生影响、降低组织的能力和责任时，方可声称符合本标准的要求。例如，组织在生产制造过程中，没有使用顾客或外部供方的财产（8.5.3 条款），则应说明不适用理由，则可以在组织质量管理体系中略去 8.5.3 条款的要求。

四、质量管理体系及其过程

1. 标准条款

> **4.4 质量管理体系及其过程**
> 4.4.1 组织应按照本标准的要求，建立、实施、保持和持续改进质量管理体系，包括所需过程及其相互作用。
> 组织应确定质量管理体系所需的过程及其在整个组织中的应用，且应：
> a) 确定这些过程所需的输入和期望的输出；
> b) 确定这些过程的顺序和相互作用；
> c) 确定和应用所需的准则和方法（包括监视、测量和相关绩效指标），以确保这些过程的有效运行和控制；
> d) 确定这些过程所需的资源并确保其可获得；
> e) 分配这些过程的职责和权限；
> f) 按照 6.1 的要求应对风险和机遇；
> g) 评价这些过程，实施所需的变更，以确保实现这些过程的预期结果；
> h) 改进过程和质量管理体系。
> 4.4.2 在必要的范围和程度上，组织应：
> a) 保持成文信息以支持过程运行；
> b) 保留成文信息以确信其过程按策划进行。

2. 条款的理解和说明

本条款是对组织建立、实施、保持和持续改进质量管理体系的总体要求，适用于质量管理体系的所有过程。同时在必要的范围和程度上，保持和保留成文信息，以支持和确认过程按照策划运行。

组织在确定质量管理体系所需的过程及其在整个组织中的应用时，需要做到以下几点。

（1）确定这些过程所需的输入和期望的输出

质量管理体系所需的过程就是：领导作用、策划、支持、运行、绩效评价和改进。在标准第 5~10 章中提出了具体的要求。组织为了满足顾客要求必须对此全部过程进行识别和管理。

这些过程有的对产品质量影响很大,有的影响较小一些,有的是简单过程,有的是复杂过程,有的是一般过程,有的是关键过程,因此控制的方式方法也有区别。但对于任何过程来说,都要搞清楚这些过程的输入、输出是什么,所开展的活动是什么,过程的顾客是谁,这些顾客的要求是什么,所需要的资源有哪些,需不需要文件以及需要哪些文件,等等。任何质量管理体系所需的过程都不应被遗漏。

(2) 确定这些过程的顺序和相互作用

质量管理体系其过程的顺序和步骤大致如下:

① 确定顾客和相关方的需求和期望;
② 建立组织的质量方针和质量目标;
③ 确定组织实现质量目标所需的过程和职责;
④ 确定实现质量目标所必需的资源;
⑤ 规定监视和测量每个过程的有效性和效率的方法;
⑥ 提供实现质量目标所必需的资源;
⑦ 实施每一过程;
⑧ 应用监视和测量方法确定每个过程的有效性和效率;
⑨ 确定防止不合格并消除发生原因的措施;
⑩ 建立和应用持续改进质量管理体系的过程,包括内部审核、管理评审等。

过程的相互作用可以用 PDCA 循环模式来理解。

P 是制订方针、确定实施计划的过程,它决定生产或服务提供的方向,是管理者的重要职责;D 是按计划实施的过程,它决定生产或服务提供的结果;C 是对产品、管理体系和过程进行检查的过程,它检查和评价生产或服务提供的结果,决定改进的机会,这也是管理者必须全力以赴的环节;A 是对不合格进行改进和持续改进的过程,它的结果决定着新一轮的策划,并进入新的一轮 PDCA 循环活动,如此循环,递进上升,组织的质量管理水平将不断改进和提升,以更好地满足顾客和相关方的需求和期望。需要注意的是在 PDCA 循环中还有小循环,例如,在 PDCA 中的 D,即产品和服务实现过程中还有 PDCA 循环。

(3) 确定和应用所需的准则和方法,以确保这些过程的有效运行和控制

本标准明确要求的准则和方法如下:

① 8.1b) 所要求的过程准则、产品和服务的接收准则;
② 8.4.1 所要求的对外部供方的评价、选择、绩效监视以及再评价的准则;
③ 8.5.1c) 验证是否符合过程或输出的控制准则以及产品和服务的接收准则;
④ 8.5.2 所要求的标识产品的适当的方法;
⑤ 9.1.2 所要求的获取、监视和评审顾客满意程度的方法;
⑥ 9.2.2 所要求的审核准则和审核方法。

(4) 确保这些过程所需的资源并确保其可获得

所需的资源,主要是指第 7 章中所述的人力资源、基础设施、过程运行环境以及监视和测量资源。当然,组织的知识和组织文化其实也是组织的一种资源。

(5) 分配这些过程的职责和权限

按照组织的架构,在实施质量管理体系的各过程中,各个职能部门都应明确相应的职责和权限范围,同样,组织内的人员也应有相应的职责和权限,使得同级之间、上下级之间能

相互有效地进行沟通。

（6）按照 6.1 条款的要求应对风险和机遇

组织应预先策划应对风险和机遇的措施，以便当遇到突发的风险或机遇来临时，能及时有效地采取应对措施，防止产生不利影响，或获得改进效果，确保质量管理体系能够实现其预期结果。

（7）评价这些过程，实施所需变更，确保实现这些过程的预期结果

这个要求就是要求组织应按照第 9 章的要求，监视、测量、分析和评价这些过程，通过监视和测量获得过程数据，对这些数据进行分析，将分析结果与过程预期结果进行评价，以确认过程的有效性。

（8）改进过程和质量管理体系

当检测和分析结果发现有不符合、偏离了原来所策划的要求，或发现有潜在的不符合或失效因素，或发现有改进的机会时，组织应采取纠正措施，改进这些过程和质量管理体系。

以上八条要求，是过程方法的体现，其中（1）~（3）为策划，（4）~（6）为实施，（7）为检查，（8）为处置，形成了 PDCA 循环。

第五节　领　导　作　用

一、领导作用和承诺

1. 总则条款

5　领导作用

5.1　领导作用和承诺

5.1.1　总则

最高管理者应通过以下方面，证实其对质量管理体系的领导作用和承诺：

a）对质量管理体系的有效性负责；

b）确保制定质量管理体系的质量方针和质量目标，并与组织环境相适应，与战略方向相一致；

c）确保质量管理体系要求融入组织的业务过程；

d）促进使用过程方法和基于风险的思维；

e）确保质量管理体系所需的资源是可获得的；

f）沟通有效的质量管理和符合质量管理体系要求的重要性；

g）确保质量管理体系实现其预期结果；

h）促使人员积极参与，指导和支持他们为质量管理体系的有效性做出贡献；

i）推动改进；

j）支持其他相关管理者在其职责范围内发挥领导作用。

注：本标准使用的"业务"一词可广义地理解为涉及组织存在目的的核心活动，无论是公有、私有、营利或非营利组织。

---

2. 总则条款的理解和说明

最高管理者应明确，建立、实施质量管理体系并持续改进其有效性是最高管理者的职责

和承诺。这里所说的最高管理者是指在最高层指挥和控制组织的一个人或一组人。具体表现为以下几方面：

① 最高管理者对质量管理体系的有效性负责。

② 最高管理者应按照标准条款的要求，基于组织环境和战略方向的考量，制定质量方针和质量目标。

③ 确保质量管理体系的要求与组织的生产经营过程整合在一起。

④ 最高管理者应采取措施，帮助员工培训学习和使用过程方法方面的知识、技能和工具，学习和掌握风险管理方面的原理、知识，促进组织采用过程方法和基于风险的思维方式。

⑤ 最高管理者应确保资源的获得，主要是提供人力资源、基础设施、过程运行环境、监视和测量资源，以支持质量管理体系的实施。任何管理体系的运行都离不开资源的提供，最高管理者若没有资源的支持，必然是英雄无用武之地。而投资越大，回报越丰，这也是一般的规律。所以，确保质量管理体系所需的资源的获得，是最高管理者的重要职责。

⑥ 最高管理者应按标准9.3条款的要求进行管理评审。通过管理评审，对组织的质量管理体系的适宜性、充分性和有效性进行评价，发现改进的机会，持续地改进。管理评审本身的有效性就直接反映出最高管理者对领导承诺的实现状况。

此外，最高管理者还应调动组织员工的积极性，促使组织全员积极参与到质量管理体系运行中，支持其他相关管理者在其职责范围内发挥领导作用，确保在组织内就质量管理和质量管理体系要求的重要性充分沟通，推动改进，以实现质量管理体系的预期结果。

3. 以顾客为关注焦点条款

> 5.1.2　以顾客为关注焦点
>
> 最高管理者应通过确保以下方面，证实其以顾客为关注焦点的领导作用和承诺：
>
> a) 确定、理解并持续地满足顾客要求以及适用的法律法规要求；
>
> b) 确定和应对风险和机遇，这些风险和机遇可能影响产品和服务合格以及增强顾客满意的能力；
>
> c) 始终致力于增强顾客满意。

4. 以顾客为关注焦点条款的理解

最高管理者首先自己应理解以顾客为关注焦点、以增强顾客满意为目的、满足顾客要求的重要性，因为只有不断地理解顾客当前和未来的需求，不断改进，满足顾客要求并争取超越顾客的期望，组织的产品销售量才能不断增加，经济效益才会越来越好，员工的收入也会不断增加。为此，最高管理者应严格执行标准8.2.2产品和服务要求的确定条款的要求，以确保顾客的要求得到确定，同时符合相应的法律法规要求；在8.3.3设计开发输入和8.3.5设计开发输出等活动中，将顾客的要求转化为设计图纸、材料清单、外购件明细表、加工工艺规范、产品标准等；在8.5生产和服务提供中，进而转化为顾客满意的产品和服务；严格执行9.1.2顾客满意条款的要求，以确保顾客的要求予以满足。

其次，最高管理者还应确定和应对风险和机遇，这些风险和机遇可能影响产品和服务合格，进而影响增强顾客满意的能力。

进行质量意识和顾客满意意识教育的方式很多。一般来说，举办质量管理方面的培训班、发放质量方面的读物、最高管理者作报告或讲话、举办专家讲座或专题演讲、编制组织内部简报或刊物、张贴宣传标语等,都是很好的方式;此外,通过剖析质量不良的恶果来培养员工的质量意识,也不失为一种行之有效的方法。

二、方针

1. 标准条款

> 5.2 方针
> 5.2.1 制定质量方针
> 　　最高管理者应制定、实施和保持质量方针,质量方针应:
> 　　a) 适应组织的宗旨和环境并支持其战略方向;
> 　　b) 为建立质量目标提供框架;
> 　　c) 包括满足适用要求的承诺;
> 　　d) 包括持续改进质量管理体系的承诺。
> 5.2.2 沟通质量方针
> 　　质量方针应:
> 　　a) 可获取并保持成文信息;
> 　　b) 在组织内得到沟通、理解和应用;
> 　　c) 适宜时,可为有关相关方所获取。

2. 质量方针的理解

质量方针是由组织的最高管理者正式发布的该组织总的质量宗旨和方向。最高管理者在制定质量方针的时候要做到以下几方面。

① 质量方针的内容应与组织的宗旨相适应,组织的宗旨除了质量以外还会涉及组织环境、发展战略方向等方面,质量方针必须考虑这些方面,不同组织由于产品类型、生产规模不同,质量方针也会不相同,但都应达到通过提供满足顾客要求的产品和服务,达到顾客满意的目的。

② 质量方针应形成成文信息并予以保持,且在组织内以正式的形式发布,其内容应包括对满足要求和持续改进质量管理体系的承诺,这种承诺包括对满足产品、过程和质量管理体系的特性的承诺。

③ 最高管理者还应使质量方针在组织内得到沟通和理解,让全体员工都理解组织的质量方针,并在实际工作中贯彻实施。

质量方针与质量目标之间的框架关系表现为:质量目标应在内容上与质量方针相吻合,而质量方针的实现必须通过具体的质量目标来体现,所以,质量方针不要变成空洞的口号形式,而是要有实际内容;质量方针提出了组织的质量方向,质量目标则是在这质量方向上具体落实的要求。这样的质量方针才能提供制定和评审质量目标的框架。

三、组织的岗位、职责和权限

1. 标准条款

> 5.3 组织的岗位、职责和权限
> 　　最高管理者应确保组织相关岗位的职责、权限得到分配、沟通和理解。
> 　　最高管理者应分配职责和权限,以:

> a) 确保质量管理体系符合本标准的要求;
> b) 确保各过程获得其预期输出;
> c) 报告质量管理体系的绩效及其改进机会（见10.1），特别是向最高管理者报告;
> d) 确保在整个组织中推动以顾客为关注焦点;
> e) 确保在策划和实施质量管理体系变更时保持其完整性。

2. 条款理解

最高管理者应分配组织结构中各相关岗位的职责和权限，确保各相关负责人应有的职责、权限，使彼此之间得到很好的沟通和理解。从而使他们能够为实现质量目标作出贡献。

在分配职责和权限时，要做到：首先在整个组织内推动以顾客为关注焦点的意识，其次是所有的岗位、职责和权限的分配都要以符合质量管理体系要求为基本出发点，再就是通过明确各岗位的职责和权限，使得质量管理体系的各个过程、组织的各生产经营和服务活动都能获得预期的输出结果，同时各岗位的负责人都能向上一级报告质量管理体系的绩效和相应的改进机会，比如改进产品和服务、采取突破性变革、创新和重组等，特别是可以向最高管理者报告。

在质量管理体系需要变更时，无论是策划过程还是实施过程都要保持完整性。

第六节 策 划

一、应对风险和机遇的措施

1. 标准条款

> 6 策划
> 6.1 应对风险和机遇的措施
> 6.1.1 在策划质量管理体系时，组织应考虑到4.1所提及的因素和4.2所提及的要求，并确定需要应对的风险和机遇，以：
> a) 确保质量管理体系能够实现其预期结果;
> b) 增强有利影响;
> c) 预防或减少不利影响;
> d) 实现改进。
> 6.1.2 组织应策划:
> a) 应对这些风险和机遇的措施。
> b) 如何:
> 1) 在质量管理体系过程中整合并实施这些措施（见4.4）;
> 2) 评价这些措施的有效性。
> 应对措施应与风险和机遇对产品和服务符合性的潜在影响相适应。
> 注1：应对风险可选择规避风险，为寻求机遇承担风险，消除风险源，改变风险的可能性或后果，分担风险，或通过信息充分的决策而保留风险。

注2：机遇可能导致采用新实践、推出新产品、开辟新市场、赢得新顾客、建立合作伙伴关系、利用新技术和其他可行之处，以应对组织或其顾客的需求。

2. 标准条款的理解

在策划质量管理体系时，组织应考虑到4.1所提及的组织的内外部环境因素和4.2所提及的相关方的需求和期望，对这些因素对质量管理体系的影响进行评审。组织的内外部环境因素，尤其是外部环境因素有可能产生风险或机遇，这些都要提前做好应对措施，以最大限度地预防或降低不利影响，并尽可能利用可能出现的机遇，获得正面的积极的结果。这样才可能确保质量管理体系能够实现其预期结果并持续改进。

应对措施应与风险和机遇对产品和服务符合性的潜在影响相适应，不可不足，也不应过度应对。

二、质量目标及其实现的策划

1. 标准条款

> 6.2 质量目标及其实现的策划
>
> 6.2.1 组织应针对相关职能、层次和质量管理体系所需的过程建立质量目标。
>
> 质量目标应：
>
> a) 与质量方针保持一致；
> b) 可测量；
> c) 考虑适用的要求；
> d) 与产品和服务合格以及增强顾客满意相关；
> e) 予以监视；
> f) 予以沟通；
> g) 适时更新。
>
> 组织应保持有关质量目标的成文信息。
>
> 6.2.2 策划如何实现质量目标时，组织应确定：
>
> a) 要做什么；
> b) 需要什么资源；
> c) 由谁负责；
> d) 何时完成；
> e) 如何评价结果。

2. 标准条款的理解

组织应制定总的质量目标、组织架构中各职能部门的质量目标和每种产品（或项目、业务）和服务的质量目标。

质量目标应包括满足产品多方面的要求，如产品的功能特性、材质、工艺、安装、服务、包装、交付等方面。

质量目标应与质量方针保持一致，可以层层分解下去，是量化的、可监视和测量的，例如产品合格率为96%、顾客满意度为95%等量化指标。

组织在策划如何实现质量目标时，必须明确，围绕着质量目标组织要做哪些工作、需要哪些资源、每一层级的质量目标由谁负责、何时完成、对完成的结果如何评价。

案例 3-1：金轮电力电容器制造公司的质量方针和质量目标
（1）质量方针
金轮公司以不断开发生产电力行业首选精品电力电容器为永恒的宗旨。
其质量方针的内涵为：
① 承诺：金轮公司开发生产电力行业首选的精品电力电容器。
② 精品：当代先进水平的电力电容器产品。
③ 开发生产：不断设计开发和生产各种新型号的产品。
④ 宗旨：持续改进，不断改进金轮公司的质量管理体系，以达到顾客满意。
（2）质量目标
提供合格率为96%的合格产品，年损坏率小于3‰，成品一次交检合格率94%，三年内每年提高0.5%，顾客满意率达到95%。
质量目标的内涵为：
① 在金轮公司质量方针的框架内制定质量目标。
② 提供合格率为96%的合格产品是指提交给顾客的国内先进水平的电力电容器产品，是金轮公司产品所要求的内容。
③ 满足国家有关法律法规的要求。
④ 按《质量目标分解和考核管理规定》在金轮公司各部门、各层次再进行分解。例如，各职能部门可分解的质量目标有：生产制造部的设备完好率、顾客财产完好率、品质管控部的在用测量设备受检合格率、人力资源部的培训合格率、采购供应部的原材料采购批次合格率、计划调度处的生产计划完成率等。

三、变更的策划
1. 变更的策划条款

> 6.3 变更的策划
> 当组织确定需要对质量管理体系进行变更时，变更应按所策划的方式实施（见4.4）。
> 组织应考虑：
> a）变更目的及其潜在后果；
> b）质量管理体系的完整性；
> c）资源的可获得性；
> d）职责和权限的分配或再分配。

2. 变更的策划条款理解
由于产品类型、生产规模、生产工艺、组织结构、组织地域等会发生变化，组织需要对质量管理体系进行变更时，应按照所策划的方式进行，即按照标准4.4质量管理体系及其过程条款的要求进行。
在变更时应保持组织质量管理体系的完整性，同时应考虑此次变更的目的及其可能产生的后果、变更后所需的资源能否获得、变更后各职能部门的职责和权限的分配是否清晰等情况。

案例 3-2：某公司为了适应市场开发的需要，半年前成立了公关部，但公关部的职责范围有点不清，部分职责与市场营销部、公司办公室的工作交叉重叠。为此三方在工作上发生不少矛盾，问题迟迟未解决，三个部门的工作均受影响。

分析：这件事情说明在质量管理体系发生变更时，几个职能部门的职责和权限分配不清，因而造成了工作上的矛盾，质量管理体系的完整性存在问题，对满足质量目标以及标准4.4条款的要求有影响，应在进行质量管理体系策划时予以解决。不符合6.3变更的策划条款要求。

第七节 支　持

一、资源

1. 标准条款

> 7　支持
> 7.1　资源
> 7.1.1　总则
> 　　组织应确定并提供所需的资源，以建立、实施、保持和持续改进质量管理体系。
> 　　组织应考虑：
> 　　a）现有内部资源的能力和局限；
> 　　b）需要从外部供方获得的资源。
> 7.1.2　人员
> 　　组织应确定并配备所需的人员，以有效实施质量管理体系，并运行和控制其过程。

2. 标准条款的理解

在 ISO 9001:2008 版标准中，人力资源包括能力、意识和培训，而在本版标准中，资源包括人员、基础设施、过程运行环境、监视和测量资源、组织的知识五大类，将能力、意识和培训从以前的人力资源中拿出来，与资源条款并列，这是 2015 版标准与 2008 版标准的一个区别。

质量管理体系的实施、运行和改进，需要投入人力、物力等资源。组织在确定资源时，应考虑到组织现有内部资源是否足够，是否需要从外部获得资源。例如，为增强新产品的开发能力，可能需要从外部引进人才或购买专利技术；为保证产品质量、需要改进现有制造工艺，可能需要采购高精密数控加工中心设备；再比如，为了测量精密零件，组织购买了先进的三坐标测量仪和电动轮廓仪，就要配备专门的检验和仪器维护人员，等等。

3. 基础设施条款

> 7.1.3　基础设施
> 　　组织应确定、提供并维护所需的基础设施，以运行过程，并获得合格产品和服务。
> 　　注：基础设施可包括：
> 　　a）建筑物和相关设施；
> 　　b）设备，包括硬件和软件；
> 　　c）运输资源；
> 　　d）信息和通信技术。

4. 基础设施条款的理解

基础设施是指组织运行所必需的一组设施、设备和服务的体系。

组织应根据质量目标、产品的性能特点、生产成本、安全环保等方面以及服务提供特点的需要来确定和提供基础设施,包括:

① 建筑物、工作场所和相关设施,如车间、仓库、办公室等;

② 过程设备,如机械设备、二类工模夹具、测量设备、复印机、计算机及相关硬件和软件等;

③ 支持性服务,如运输车辆、通信服务、清洁服务等。

组织应制定并实施基础设施的维护保养方法,以确保基础设施持续地满足产品和服务的需要。

有些企业宁愿购买高档轿车,豪华装修办公室,也不愿多花一点钱用于维护基本的生产设施,导致基础设施不符合要求,对产品质量产生不利影响。例如:设备、二类工装等缺乏维护保养,导致生产产品合格率不高;厂房、仓库、车辆等设施破旧、渗水、漏雨等,导致产品的制造、储存和运输等过程中出现不合格,产生碰撞和损坏等现象,这是不可取的。

5. 过程运行环境条款

> 7.1.4 过程运行环境
>
> 组织应确定、提供并维护所需的环境,以运行过程,并获得合格产品和服务。
>
> 注:适宜的过程运行环境可能是人为因素与物理因素的结合,例如:
>
> a) 社会因素(如非歧视、安定、非对抗);
>
> b) 心理因素(如减压、预防过度疲劳、稳定情绪);
>
> c) 物理因素(如温度、热量、湿度、照明、空气流通、卫生、噪声)。
>
> 由于所提供的产品和服务不同,这些因素可能存在显著差异。

6. 过程运行环境条款的理解

工作环境是指工作时人所处的一组条件。工作环境分为人为因素(如安全、健康、环保、人体工效等)和物理因素(如噪声、振动、温度和湿度、环境卫生、空气洁净度、照明、设备布置等),这些因素可能会给员工带来影响,也会给产品的生产质量带来影响。适宜的过程运行环境应该是人为因素与物理因素的有效结合。

所以,组织应充分考虑这些因素的影响,提供必需的资源,给员工配备劳动保护和安全防护用具,改善和创造一个良好的工作环境,以提高员工的积极性,以提高产品要求和服务的符合性。

7. 监视和测量资源的总则条款

> 7.1.5 监视和测量资源
>
> 7.1.5.1 总则
>
> 当利用监视或测量来验证产品和服务符合要求时,组织应确定并提供所需的资源,以确保结果有效和可靠。
>
> 组织应确保所提供的资源:
>
> a) 适合所开展的监视和测量活动的特定类型;
>
> b) 得到维护,以确保持续适合其用途。
>
> 组织应保留适当的成文信息,作为监视和测量资源适合其用途的证据。

8. 监视和测量资源总则条款的说明

一个实体型产品的生产组织，必定要利用监视或测量设备来验证产品和服务是否符合要求，组织应确定并提供所需的测量资源，以确保结果有效和可靠。

具体地说，要确定在生产和服务的哪些阶段、哪些工序需要监视和测量，需要测量哪些参数，相应地需要哪些合适的监视和测量设备，以验证产品和服务是否符合要求，同时提供证据（比如文件或记录）。

监视和测量设备包括量具、测量仪器、探测装置、试验设备、试验软件、试验样品等；例如游标卡尺、X光探伤仪、三坐标测量仪、电动轮廓仪、电动强度拉伸试验机、专用量规、表面粗糙度色标，组织应根据所生产的产品和服务的特定类型确定并维护相应的监视和测量设备，以确保持续的适合其用途。

案例 3-3：某企业的《检验测量控制程序》文件中，对表面结构的检验规定明确：对表面结构大于 $0.8\mu m$ 的，由检验员在现场采用色标仪比对法检验，对表面结构小于或等于 $0.8\mu m$ 的，在检验科计量仪器室，由专职检验员采用光学显微干涉仪或电动轮廓仪进行检验。

案例分析：表面结构大于 $0.8\mu m$ 的，数值比较大，用色标比对是一般企业都采用的方法，工人手上都有，一边加工，一边比较，检验员也采用色标仪比对法检验。对表面结构小于或等于 $0.8\mu m$ 的，精度比较高，需要精度很高的光学显微干涉仪或电动轮廓仪进行检验，不可能每个车间放几台仪器，必须放在恒温恒湿的计量室里，由专职检验人员进行检验，并且这样高精度要求的零件不太多。所以，所策划的监视和测量活动是有效合适的，且实施方式与监视和测量的要求也相一致，符合 7.1.5.1 总则条款中"组织应确保所提供的资源适合所开展的监视和测量活动的特定类型"的要求。

9. 测量溯源条款

> **7.1.5.2 测量溯源**
>
> 当要求测量溯源时，或组织认为测量溯源是信任测量结果有效的基础时，测量设备应：
>
> a）对照能溯源到国际或国家标准的测量标准，按照规定的时间间隔或在使用前进行校准和（或）检定，当不存在上述标准时，应保留作为校准或验证依据的成文信息；
>
> b）予以识别，以确定其状态；
>
> c）予以保护，防止由于调整、损坏或衰减所导致的校准状态和随后的测量结果的失效。
>
> 当发现测量设备不符合预期用途时，组织应确定以往测量结果的有效性是否受到不利影响，必要时应采取适当的措施。

10. 测量溯源条款的说明

当要求测量溯源时，或组织认为测量溯源是信任测量结果有效的前提时，测量设备应进行如下控制。

① 按照能溯源到的国际或国家标准的测量标准的规定，测量设备应在规定的时间间隔或在使用前进行校准或检定。例如，现行大部分的计量检定规程中对计量器具检定周期的规定为："检定周期可根据使用的具体情况确定，一般不超过 1 年。"则游标卡尺、螺纹规等

量具在一年内至少应校准和检定一次，超过一年未检定即属于失效。当然组织也可根据使用的实际情况，制定检验规程，缩短检定周期，比如 6 个月或 9 个月。当组织所使用的测量设备无上述标准时，应记录校准或检定的依据。

② 在使用过程中，如有必要，按照规定的要求对测量设备进行调整或再调整，以保证测量结果的有效性。例如，天平的调平衡、测量电阻时的调零点等；再比如，市场上常见的家用电子秤，由于精度不高，所以每次称重前都要调零。

③ 对测量设备的校准状态应有识别标识，通常在器具上贴上检定标签，上面注明本次检定日期、有效期或下次检定时间，以确定其校准状态，也有用记录、颜色等方法表示。

④ 应采取有效措施，如对使用人员进行培训、制定作业指导书、检定规程、采用防错措施等，以防止可能使测量结果失效的调整。

⑤ 应采取适当的措施，在搬运、维护和储存期间防止损坏或衰减。

⑥ 作为校准和验证依据的成文信息（即文件或记录）应予以保留。

此外，当发现测量设备不符合要求时，组织应对以往测量结果的有效性进行评价和记录，并对该设备和任何受影响的产品采取适当的措施，如追回已测量的产品重新测量等。

通俗的说，对于一个组织的产品生产，必须有相应的检验测量设备，如检验测量器具、分析化验器具、实验仪器等；这些测量设备必须按国际标准、国家标准或部颁测量标准定期校准检定，若无相应标准的测量仪器，可自定标准进行检定校准。使用这些测量设备，在产品生产的相应阶段进行监视和测量。要做到这些，组织应编制全厂的计量、测量设备一览表，计量、测量设备的校准鉴定周期表，校准鉴定周期实施计划以及校准鉴定记录等质量记录，要做到：有计量器具就要有台账、鉴定周期计划、鉴定记录和鉴定合格证。

需要说明的是，生产设备本身附带的压力表、流量计、温度控制仪等，也属于测量设备，也必须按上述要求进行控制。一些企业因为拆卸不方便，往往就不进行校准，时间长了，一些参数会有偏差，会影响到产品质量影响。

11. 组织的知识条款

> **7.1.6 组织的知识**
>
> 组织应确定必要的知识，以运行过程，并获得合格产品和服务。
>
> 这些知识应予以保持，并能在所需的范围内得到。
>
> 为应对不断变化的需求和发展趋势，组织应审视现有的知识，确定如何获取或接触更多必要的知识和知识更新。
>
> 注1：组织的知识是组织特有的知识，通常从其经验中获得，是为实现组织目标所使用和共享的信息。
>
> 注2：组织的知识可以基于：
>
> a) 内部来源（如知识产权、从经验获得的知识、从失败和成功项目汲取的经验和教训、获取和分享未成文的知识和经验，以及过程、产品和服务的改进结果）；
>
> b) 外部来源（如标准、学术交流、专业会议、从顾客或外部供方收集的知识）。

12. 组织的知识条款理解

在 ISO 9001:2015 版标准中，新增加了组织的知识条款，作为组织资源的一部分，这是与 2008 版标准的一个区别。

知识也是组织的一种资源。组织要想设计开发和生产出满足顾客需求的合格产品和服务，要想技术创新，拥有更多必要的先进的、适用的和超前的知识是必需的前提；同时由于社会发展迅速，高新技术、新工艺也层出不穷，组织不仅要审视现有的知识，也要努力获取或接触更多必要的知识，不断和持续地更新知识。

组织的知识来源于内部和外部。内部来源有组织的知识产权，例如：组织的专利和专有技术、独特的制造工艺技术，组织从多年产品设计和开发以及制造过程中获得的经验总结，从失败或者成功的项目中汲取的别人无法体会和得到的经验或教训，还有组织内部一批技术骨干的虽未成文但独具的知识和经验；另外还有从聘请专家指导、进行标杆对比以及过程、产品和服务的改进结果等得到的知识和经验。

外部来源则包括组织的一些技术和业务骨干经常参加一些国际、国内学术交流、专业会议等获得的知识技术；经常关注并从顾客、外部供应商和分包商处收集的知识；参与制定国际国内或行业标准所获得的前瞻性的知识和技术等。

还需注意的是，由于员工经常流动可能会导致一些信息、知识和技能的流失，所以组织要采取一些措施例如鼓励师傅带徒弟等方式保护组织的知识和信息不流失，技能不失传。

二、能力

1. 标准条款

> 7.2 能力
>
> 组织应：
>
> a）确定在其控制下工作的人员所需具备的能力，这些人员从事的工作影响质量管理体系绩效和有效性；
>
> b）基于适当的教育、培训或经验，确保这些人员是胜任的；
>
> c）适用时，采取措施以获得所需的能力，并评价措施的有效性；
>
> d）保留适当的成文信息，作为人员能力的证据。
>
> 注：适当措施可包括对在职人员进行培训、辅导或重新分配工作，或者聘用、分包胜任的人员。

2. 能力条款的理解

在组织的质量管理体系的过程中承担任何工作的员工都可能直接或间接地影响产品和服务质量，这就要求每一个岗位的员工，都要胜任其岗位工作。每个岗位都有其资质和能力要求，组织应根据员工的受教育程度、培训情况、职业技能水平和工作经验等以及岗位的复杂程度去合理地安排使用员工，以确保能胜任其工作。

组织应确定所有对产品质量有影响的相关岗位任职人员所需要的能力，包括学历、专业培训、技能资格和工作经验等要求，即组织应制定各岗位任职人员的能力要求。

对某些岗位或工作组织内部无胜任的人员，可以采取招聘人员的方法，或将某些工作外包给胜任的人员；对不符合能力要求的人员，组织应对其进行技能培训、进修、调整岗位或采取其他措施，以使其达到岗位任职要求。

组织应对其所采取的培训、进修等措施进行书面考试、技能考核等方式，以评价所采取措施的有效性。对每一次的培训都要进行总结评价，员工的知识、技能是否提高，提高多少，是确有效果还是效果不大、基本走过场，都要得出结论，以便改进；且培训方案、试卷、考核记录等适当的成文信息都要保留，作为员工能力的证据。

通俗地说，其一是对于员工，只要其工作岗位与产品和服务质量有关，都要有一定的学历和技能要求，都要进行一定的培训。例如：司炉工、电焊工、电工等要定期培训，拿到技能资格证书，每个岗位的员工都要有上岗证，新员工刚进厂时要进行培训，包括操作培训、安全教育、法律法规教育等培训。其二是对于企业，首先要理解和制定企业各岗位任职人员的能力要求，按照岗位对人员的要求和现有任职人员的差距，制定第二年的培训计划和培训方案（一般在前一年的 11~12 月份制定），每次培训必须有培训考核、培训效果评价、培训名单、培训签到表等，这些记录要保留并存档，每年内部审核、管理评审、外部审核时都要检查。其三是组织还要专门进行质量管理体系的培训教育和考核。

案例 3-4：某公司人力资源部去年 12 月就把培训需求计划通知各个部门，但到今年 3 月份本年度培训计划还未制订出来，原因是各个部门至今没有上报培训要求，因此人力资源部无法知道各部门的培训需求，也就无法制定公司本年度的培训计划。

案例分析：一些企业尤其是一些大型企业经常会出现这种问题，人力资源部对企业众多的部门、岗位、所需的职业技能和员工的能力水平并不十分清楚，所以只管发通知，等下面职能部门把培训计划报上来再汇总成计划，而下面各部门往往又认为这是人力资源部的事情，加之生产任务很忙，所以拖拉，甚至忘记上报计划，于是人力资源部门也就拖拖拉拉，并没有意识到培训对提升企业质量管理体系绩效和有效性的重要性。所以，不符合标准 7.2c）"适用时，采取措施以获得所需的能力"条款的要求。

案例 3-5：在某企业人事教育科审核查看人员培训情况时，发现部分员工的培训无记录可查，审核员问如何对培训的有效性进行评价？人事科长说："反正都按照标准要求进行培训了，有效性很难评价，但相信培训是效果的。"

案例分析：这是一些中小型企业存在较多的问题，他们往往只注重用人，不注重培训，员工跳槽了，再去招聘，招来了就用，人走了再招；即使进行培训，往往也是走过场，甚至是造假，不符合标准 7.2c）"适用时，采取措施以获得所需的能力，并评价措施的有效性"和 7.2d）"保留适当的成文信息，作为人员能力的证据"条款的要求。

三、意识
1. 标准条款

> 7.3 意识
> 组织应确保在其控制下工作的人员知晓：
>   a) 质量方针；
>   b) 相关的质量目标；
>   c) 他们对质量管理体系有效性的贡献，包括改进绩效的益处；
>   d) 不符合质量管理体系要求的后果。

2. 意识条款的理解

本条款是从 2008 版 6.2.2 能力、意识和培训条款拆分过来的，与第 6 章领导作用部分条款相呼应；5.1.1f) 沟通有效的质量管理和符合质量管理体系要求的重要性、5.2.2b) 质量方针应在组织内得到沟通、理解和应用、6.2.1f) 质量目标应予以沟通等条款，着重强调领导在这方面的作用和承诺，本条款则强调组织内的人员必需知晓，强化员工的质量管理体系方面的意识。

组织应通过教育、培训、内部沟通等多种活动提高员工的质量意识，确保每个员工都认识到所做的工作对质量管理体系的重要性和有效性的贡献,以及对改进绩效的好处、如果不符合质量管理体系要求可能带来的后果。

四、沟通

1. 标准条款

> 7.4 沟通
> 组织应确定与质量管理体系相关的内部和外部沟通,包括:
> a) 沟通什么;
> b) 何时沟通;
> c) 与谁沟通;
> d) 如何沟通;
> e) 谁来沟通。

2. 沟通条款的理解

组织的沟通分为内部沟通和外部沟通,即 2008 版标准中的 5.5.3 内部沟通和 7.2.3 顾客沟通。

(1) 内部沟通

组织应确保质量管理体系在组织内的各个部门都有效地运行,同时,组织内建立一套有效的监视、测量和分析体系,以对组织有关产品、过程和体系进行监视、测量和分析。最高管理者应鼓励组织内人员就质量方针、质量目标及其完成状况进行沟通,达到全员积极参与质量管理的目的。

内部沟通活动可包括由管理者召集的质量分析会、质量专题会议、组织的内部报纸、质量刊物、厂区布告栏、内部网站沟通、调查表和建议书等。总之,组织内部每个部门、每个员工都要明白自己的职责范围、做什么工作、与质量有何关系、遇到问题找谁沟通、负什么责任;同时,上下级之间、各个部门、各个员工之间要相互交流,相互讨论,互通信息,相互协商,相互协调,相互沟通。

案例 3-6:实习生李斌最近很恼火,这几天天天加班到夜里 12 点,生产部经理说 3 天后客户要来提货,这 8 台升降机一定要装配完成。可装配好后一直未见提货,原来客户早已通知了公司营销部推迟提货,但生产部经理不知道。这种事情经常发生,总经理有时知道,有时不知道,经常是加班加点,产品装配出来后,客户又迟迟不来提货;有时是客户早就通知了公司,提前来提货,结果生产部不知道,客户天天在公司等着工人加班加点装配产品。

案例分析:客户推迟或是提前提货,都提前通知了公司相关部门,但这个公司的内部沟通存在问题,相关部门互不通气,总经理有时知道也不通知生产部门,这样会影响到合格产品的交付,长此下去还会影响员工的工作积极性,不符合标准 7.4 沟通条款的要求。

(2) 外部沟通

外部沟通包括在产品和服务合同签订前后和顾客的沟通,在设计和开发阶段和顾客的沟通,在采购供应过程中或外包过程中与供应方、分包方的沟通,在售后服务过程中与顾客的沟通等。与内部沟通相比,外部沟通形式更正式一些,例如报告、规范、补充协议、备忘录、信函等方式。外部沟通也要明确沟通部门,比如销售部、技术开发部、采购供应部、售后服务部等。

五、成文信息

1. 标准条款

> **7.5 成文信息**
>
> **7.5.1 总则**
>
> 组织的质量管理体系应包括：
>
> a) 本标准要求的成文信息；
>
> b) 组织所确定的、为确保质量管理体系有效性所需的成文信息。
>
> 注：对于不同组织，质量管理体系成文信息的多少与详略程度可以不同，取决于：
>
> ——组织的规模，以及活动、过程、产品和服务的类型；
>
> ——过程及其相互作用的复杂程度；
>
> ——人员的能力。

2. 总则条款的理解

成文信息的定义是组织需要控制和保持的有意义的数据信息及其载体。它包括质量手册、程序文件、作业指导书、技术标准、工艺规范、检验规程、实施细则、管理制度、质量记录等文件，在本标准中统一使用"成文信息"这一术语。

2008 版标准中的"文件""形成文件的程序""质量手册""质量计划"等特定术语，在本版标准中统一表述的要求为"保持成文信息"。

2008 版本中使用"记录"这一术语表示提供符合要求的证据所需要的文件，在本标准中表述的要求为"保留成文信息"。

"保持"成文信息的要求并不排除基于特殊目的，组织也可能需要"保留"同一成文信息，如：保留其先前的版本。

若本标准使用"信息"（有意义的数据）一词，而不是"成文信息"（有意义的数据信息及其载体），则表示并不要求将这些信息形成文件。在这种情况下，组织可以决定是否有必要或适合保持成文信息。

凡标准中的"保留成文信息"，都是必须要提供符合要求的证据所需要的文件，本标准要求保留的 21 种成文信息（即质量记录）如下：

① 4.4.2 保留质量管理体系及其过程按策划进行的成文信息；

② 7.1.5.1 保留监视和测量资源适合其用途的成文信息；

③ 7.1.5.2 保留作为校准或验证依据的成文信息；

④ 7.2d) 保留作为人员能力的证据的成文信息；

⑤ 8.1e) 保留确信过程已经按策划进行、证实产品和服务符合要求的成文信息；

⑥ 8.2.3.2 保留产品和服务要求的评审结果和产品和服务的新要求的成文信息；

⑦ 8.3.2 为证实设计和开发要求已被满足所需的成文信息；

⑧ 8.3.3 保留有关设计和开发输入的成文信息；

⑨ 8.3.4 保留设计和开发控制活动的成文信息；

⑩ 8.3.5 保留有关设计和开发输出的成文信息；

⑪ 8.3.6 保留设计和开发更改方面的成文信息；

⑫ 8.4.1 保留对外部供方的评价、选择、绩效监视以及再评价的准则的成文信息；

⑬ 8.5.2 保留有可追溯性产品和服务的唯一性标识的成文信息；

⑭ 8.5.3 保留顾客或外部供方财产异常的成文信息；
⑮ 8.5.6 保留生产和服务提供的更改控制的成文信息；
⑯ 8.6 保留有关产品和服务的放行的成文信息；
⑰ 8.7.2 保留有关不合格输出的控制的成文信息；
⑱ 9.1.1 保留监视、测量、分析和评价质量管理体系的绩效和有效性的成文信息；
⑲ 9.2.2f) 保留作为实施审核方案以及审核结果的证据的成文信息；
⑳ 9.3.3 保留作为管理评审结果的证据的成文信息；
㉑ 10.2.2 保留有关不合格性质及所采取措施和纠正措施的结果的成文信息。

在实际的实施过程中，根据组织的具体情况，建立的质量记录往往超过20种。

一个组织的成文信息的多少，主要取决于组织生产经营过程的复杂程度和规模，如生产经营过程简单，则成文信息可以少些，反之则要多些。例如，对于大型化工企业，生产的化工产品种类繁多，有工艺操作、化工装置维修、新品研发，还有产品销售、进出口贸易、危险化学品运输、专用码头和专用铁路线管理等，则所需要的各种成文信息就很多，这些都需要保持或保留，以证实质量管理体系的有效性。

凡标准中的"保持成文信息"，都是质量管理体系所需要的文件，本标准要求保持的5种成文信息如下：

① 4.3 保持组织的质量管理体系范围的成文信息；
② 4.4.2 保持组织的质量管理体系及其过程的成文信息；
③ 5.2.2 保持质量方针的成文信息；
④ 6.2.1 保持有关质量目标的成文信息；
⑤ 8.1e) 保持确信过程已经按策划进行、证实产品和服务符合要求的成文信息。

在本版标准中，取消了质量手册条款和文件化形式的统一要求，但这并不代表没有要求，上述5条即是2008版标准中质量手册的内容。在2008版标准中还规定必须编制《文件控制程序》、《记录控制程序》等六个程序文件。在本版标准中虽然没有此强制性规定，但不代表就不需要制定这些程序文件。本版标准更强调围绕着质量管理体系的有效性所需的成文信息，这使得组织策划、制定质量管理体系的成文信息更灵活，难度也更大。

3. 创建和更新条款

> 7.5.2 创建和更新
> 在创建和更新成文信息时，组织应确保适当的：
> a) 标识和说明（如标题、日期、作者、索引编号）；
> b) 形式（如语言、软件版本、图表）和载体（如纸质的、电子的）；
> c) 评审和批准，以保持适宜性和充分性。

4. 创建和更新条款的说明

在创建和更新成文信息时，组织应确定成文信息所用的标识和说明，例如标题、日期、作者、索引编号等；还应确定适当的形式和载体，例如何种语言、软件的版本、图表式样、纸质文件或电子文档等。

组织应确定成文信息评审和批准的职责、权限。评审和批准应在文件发布前进行，评审和批准人应确保所审批的文件是充分和适宜的，文件发布前要得到批准才有效，如文件无评审、批准人签字，则属于无效文件。

案例 3-7：某金属制品公司的钣金件连接采用点焊加工方法，《点焊检验规程》规定："点焊时，焊点应该分布均匀，两点之间距离应为 250mm±20mm。"但车间现场的《点焊工艺卡》上对板件有点焊点数的规定，而没有间距要求。所以现场发现点焊间距分布不均匀，有大有小，操作工回答："工艺卡上没有规定，我们主要凭经验掌握点焊间距。"上述两份文件批准手续都完善。

案例分析：本案例中的《点焊工艺卡》和《点焊检验规程》对点焊的要求不同，说明文件之间没有协调一致，评审和批准有问题，违反了标准 7.5.2 创建和更新条款"在创建和更新成文信息时，组织应确保适当的评审和批准，以保持适宜性和充分性"的要求。这种情况在许多企业都存在，原因在于一些领导在审批文件时，只是履行签字形式，没有认真审核文件，以致出现相互矛盾的地方。

5. 成文信息的控制条款

7.5.3　成文信息的控制

7.5.3.1　应控制质量管理体系和本标准所要求的成文信息，以确保：

　　a）在需要的场合和时机，均可获得并适用；

　　b）予以妥善保护（如防止失密、不当使用或缺失）。

7.5.3.2　为控制成文信息，适用时，组织应进行下列活动：

　　a）分发、访问、检索和使用；

　　b）存储和防护，包括保持可读性；

　　c）更改控制（如版本控制）；

　　d）保留和处置。

对于组织确定的策划和运行质量管理体系所必需的来自外部的成文信息，组织应进行适当识别，并予以控制。

对所保留的、作为符合性证据的成文信息应予以保护，防止非预期的更改。

注：对成文信息的"访问"可能意味着仅允许查阅，或者意味着允许查阅并授权修改。

---

6. 成文信息的控制条款的说明

本条款是在 2008 版标准条款 4.2.3 文件控制和 4.2.4 记录控制的基础上修改而来。

组织宜建立《成文信息控制程序》。

成文信息应保持清晰并易于识别和检索，内容应齐全、字迹清楚，凡栏目空白、填写错误、随意涂改、签名不全、日期未填或字迹不清的都不符合要求。对成文信息应进行恰当的标识、收集和归档。对每张记录给一个分类号和一个流水号，分类号一般代表部门和记录类别，流水号则是记录的顺序号，以表明成文信息的完整性。具体要求可参考以下几条。

（1）存储和防护

可使用纸质的或电子的文档或光盘，安排适宜的存储环境，以防止信息的损坏或丢失。

（2）访问、检索和使用

包括对收集、编目、归档、查阅的要求，以方便快速查找；应区分初级访问和高级访问，初级访问指仅得到查阅文件的许可，高级访问指得到授权可以查阅和修改文件。

（3）更改控制

若成文信息有更改必要，组织应对文件的更改进行评审和审批。文件修改后要再履行审核和批准手续，防止非预期的更改。

组织应对被更改的成文信息的现行修订状态进行标识（即标明第几次修订），可包括在文件和文件登记表上进行标识，每一版文件都必须标明版本号。

例如：A版，表明为第一版，B版、C版，表明为第二版、第三版；A/O版，表示第一次发布，A/1版，A/2版，表示为第一次修改和第二次修改。

成文信息的更改必须有更改记录，并有更改单号码、更改日期、更改条款、评审人和批准人等内容，更改记录表的参考样式见表3-4。

表3-4 更改记录表

更改次数	更改单号	更改页码	更改人	审核人	批准人	生效日期

（4）保留和处置

组织应根据产品特点、法律法规要求、合同要求等确定成文信息的保存期限，一般可根据产品的寿命周期或三包期限来确定不同成文信息的保存期限。对超过保存期限的成文信息，应定期清理，统一销毁。

（5）分发

组织应根据各职能部门和各级人员在质量管理中的职责和权限，确定每一个成文信息的分发范围，以确保所有使用部门和处室处都可以获得适用成文信息的有关版本。当文件有了新的版本时，在经过新旧版本过渡期后，旧文件就应做作废处理。特殊情况下，如有的老产品的零配件还在生产供应时，应采取措施，严格限制新旧版本文件的使用范围和期限。

（6）外部成文信息控制

应针对外来成文信息（包括与产品有关的法律法规、国家相关标准、顾客提供的图纸等）制定识别登记、复制分发、批阅交办或传达执行的制度，应按照成文信息的机密等级要求控制其分发。一般组织会专门制定受控文件清单，有分发登记，保管部门、收文日期，签收人等栏目，以控制其分发。

（7）内部成文信息的控制

组织应采取措施，制定成文信息收发和保管的要求，以防止作废文件的非预期使用。例如，当文件污损不易辨认时，应及时收回并换发新的文件。并制定成文信息发放和回收记录，有分发登记、收回登记、领用人签字等栏目。

发给使用部门的文件封面上应加盖"受控"或"有效版本"章，成为受控制文本，并由文件使用部门人员签收；发给非文件使用部门或组织外部的文件加盖"非受控"印章；并规定，当文件更新后，受控文本要收回，作为作废文件注销，因任何原因而保留作废文件时，应对这些文件进行适当的标识,例如,常用的方法是,在作废文件上加盖"作废"印章。

在企业,成文信息控制方面出现的问题比较多,比如,在技术部门,各种新、旧国家标准、部颁标准、规程规范等混放在一起,很多新标准与旧标准相比,已经做了较大改动,但设计人员往往拿起来就用,例如有些设计和开发部门的桌上至今还放着1973年的紧固件国家标准,这样很容易出现设计数据、选材等差错;在生产制造部门,修改前和修改后的工艺规程混放在一起,有时产品制造出来不合格,才发现是采用了老的工艺规程;检验、采购等部门也有此类问题出现,必须格外注意。

企业还经常出现的问题是,记录填写比较随便,内容不全或不记录、漏记,或事后凭回忆补记,手续也不全,有时无签字、无日期等现象,这样的记录无法为产品符合要求、质量管理体系有效运行提供证据。

案例3-8:某中美合资设备制造公司5月20日下达了设计制造30套溢流放空管道组件的任务,要求技术工程部5月30日完成设计图纸,采购供应部6月6日前完成材料采购任务,生产制造部6月30日前完成制造任务。到了6月30日,顾客来电询问提货事宜时才发现,生产制造部根本没有生产,说没有收到图纸;外方总经理随即主持计划调度会排查原因,技术部拿出发文记录,证明5月30日生产制造部资料管理员确实在发文记录上签字,证明已收到图纸,原因出在生产制造部自己把图纸搞丢了,总经理大发其火,生产制造部被扣发当月奖金。

案例分析:发文记录是很重要的质量记录,技术工程部很好地执行了标准7.5.3成文信息的控制条款中"应控制质量管理体系和本标准所要求的成文信息,以确保在需要的场合和时机,均可获得并适用"的要求。公司出现不合格,能通过发文记录找出原因,以便事后采取纠正措施,防止再发生和防止其他部门发生类似的不合格情况。

第八节 运 行

一、运行的策划和控制
1. 标准条款

> 8 运行
> 8.1 运行的策划和控制
> 　　为满足产品和服务提供的要求,并实施第6章所确定的措施,组织应通过以下措施对所需的过程(见4.4)进行策划、实施和控制:
> 　　a)确定产品和服务的要求。
> 　　b)建立下列内容的准则:
> 　　1)过程;
> 　　2)产品和服务的接收。
> 　　c)确定所需的资源以使产品和服务符合要求。
> 　　d)按照准则实施过程控制。
> 　　e)在必要的范围和程度上,确定并保持、保留成文信息,以:
> 　　1)确信过程已经按策划进行;

> 2）证实产品和服务符合要求。
> 策划的输出应适合于组织的运行。
> 组织应控制策划的变更，评审非预期变更的后果，必要时，采取措施减轻不利影响。
> 组织应确保外包过程受控（见 8.4）。

2. 运行的策划和控制条款的理解

这里的运行是指从产品和服务提供的策划、设计和开发、生产制造，到销售及售后服务的整个生产和服务提供的全过程。运行的策划和控制应基于质量管理体系的要求，即基于组织环境、领导作用过程、策划过程、支持和运行过程、绩效评价过程、改进过程等的要求，来对产品和服务提供的要求进行策划、实施和控制。在对运行过程进行策划、实施和控制时，尤其需要注意的是要强调组织应基于风险的思维，应充分考虑到第 6 章所确定的对风险和机遇的应对措施，即"实施第 6 章所确定的措施"。

2008 版标准中的"产品"被本版标准中的"产品和服务"替代。这里的产品定义是指组织和顾客之间未发生任何交易的情况下组织生产的输出，而如果发生交易，即至少有一项活动必须在组织和顾客之间进行的输出，则称为服务，通常服务主要要素是无形的，而产品的主要要素是有形的。

本条款的策划、实施和控制，就是指对一个产品和服务，从前期的市场调研、顾客要求开始，到产品和服务的设计和开发过程、原材料和零部件采购供应过程、生产制造过程、产品测量检验过程、市场销售及售后服务的全过程进行讨论，制订切实可行的计划，然后付诸实施。对新产品、新技术、新项目的研发尤应如此。

在对产品和服务提供过程进行策划、实施和控制时，组织应确定以下几方面的适当内容：

① 应确定每一种产品、服务或项目的质量目标和要求。产品要求包括产品性能、所用材料、工艺和技术参数、安装服务、包装运输等方面的要求；产品的质量目标应是针对这些产品要求而制定的目标，而且应能根据零件生产和装配、采购、检验等具体工艺过程以及职能部门、车间等能具体分解下去。

② 应确定产品和服务所需的过程、成文信息和资源的需求。例如，针对该产品所需的过程有新产品设计和开发过程、零部件外发包过程、原材料采购过程、零件制造和产品装配过程、检验测量过程、市场营销及服务过程等。

③ 组织应确定产品和服务实现所需要的资源，包括原材料，辅助材料，水、电、气、汽等所需能源，生产设备，检验测量设备，人力资源配置，组织的知识等。

④ 应确定产品和服务实现所需要的成文信息，如产品图纸、质量计划、工艺文件、试验程序、检验规程、验收标准、服务规范等；这类文件中应包含纯技术性的细节，应明确规定圆满完成工作的准则、需符合的规范和评定准则，应使用最清晰实用的方法通过文字、标准、图片、图表或样品来规定技艺评定准则。

⑤ 应确定产品和服务的接收准则。应确定产品所要求的验证、确认和试验的方法，例如，首先应明确产品是进行振动、冲击、环境试验等试验，还是进行类比计算验证，还是以顾客在验收报告上签字确认为准。其次是应确定产品要求的监视、检验方法，例如，进货检验是在组织内进行，还是在供方现场验证，采用什么检验方式；零件的检验是每道工序都进

行检验还是在重要的工序进行,是全检还是抽检。其三是确定产品和服务的接受准则,包含验证项目、验收标准等。

⑥ 上述策划的要求和结果应形成成文信息,并予以保持和保留,如质量计划、项目计划书、实验规范、检验规程、验收标准等,作为确信过程已经按策划进行、证实产品和服务符合要求的证据。

在很多情况下,企业生产计划处的生产计划书其实就是一种策划。

各个组织的规模、产品品种、产量大小不一,人员能力、组织文化、知识也不一样,策划的输出应适合于该组织的运行,不应照搬照套别人的模式。

组织在对其运行过程进行策划时应充分考虑到一旦原有的策划输出不适应新的情况而需要变更时,组织应如何评审输出的变更,以及如何对变更进行控制,以减轻不利影响。

本条款明确了外包过程也是组织运行过程的一部分,对组织的产品和服务有着直接影响,也应予以策划和控制。

二、产品和服务的要求

1. 顾客沟通条款

8.2　产品和服务的要求

8.2.1　顾客沟通

与顾客沟通的内容应包括:

a) 提供有关产品和服务的信息;
b) 处理问询、合同或订单,包括更改;
c) 获取有关产品和服务的顾客反馈,包括顾客投诉;
d) 处置或控制顾客财产;
e) 关系重大时,制定应急措施的特定要求。

---

2. 顾客沟通条款的理解

组织应对以下几方面进行有效安排,以确定并实施与顾客进行沟通。

① 应有效地让顾客了解组织产品和服务的信息,可以通过产品宣传、广告、展览会等形式提供产品性能、特点、售后服务等信息。

② 应有效地答复顾客的咨询,有效处理合同或订单执行中遇到的问题,包括与顾客共同修改合同或订单中的部分内容。

③ 应重视并及时处理好顾客反馈的信息,包括顾客对组织的表扬、批评意见,顾客抱怨或对组织的建设性意见,而重点应该有效地处理好顾客对组织的抱怨。具体涉及如何接听顾客电话、处理好顾客来信、回复顾客的电子邮件,以及如何及时处理顾客的投诉或建议等方面,应做有效的安排。

④ 确保顾客知道并同意组织处置和控制顾客财产的方式方法。

⑤ 确保在出现紧急情况时,组织能积极地与顾客就可能出现的对满足要求有负面影响的事宜和可能采取的应急措施进行沟通。

3. 产品和服务要求的确定条款

> 8.2.2 产品和服务要求的确定
> 在确定向顾客提供的产品和服务的要求时,组织应确保:
> a) 产品和服务的要求得到规定,包括:
> 1) 适用的法律法规要求;
> 2) 组织认为的必要要求。
> b) 提供的产品和服务能够满足所声明的要求。

4. 产品和服务要求的确定条款的理解

组织在销售产品、参加招投标或与客户进行商务和技术谈判,直至产品交付和交付后的后续服务全过程中,应确定的与产品和服务有关的要求如下:

① 顾客规定的要求或组织对产品和服务所规定的要求,包括产品的名称、规格型号、技术性能、质量要求、数量、交货方式及地点、交货时间及售后服务等规定。

② 合同、订单或技术协议书中虽然没有明示,但规定用途或已知的预期用途所必需的要求,例如安全性、可靠性、维修性、产品寿命等要求。例如,对液化气灶具,尽管未明示,但其安全防爆等要求是不言而喻的。

③ 产品所适用的相关法律法规要求,所遵循的是何标准,是国际标准、国家标准、部颁标准,还是行业标准等。

④ 组织认为的必要要求,比如产品采用的本企业标准,应用本公司的专利技术,维修、报废处理等售后服务的特殊承诺,或与客户商定的其他附加要求等。

组织应确保提供的产品和服务能够满足所声明和承诺的要求。

5. 产品和服务要求的评审与更改条款

> 8.2.3 产品和服务要求的评审
> 8.2.3.1 组织应确保有能力向顾客提供满足要求的产品和服务。在承诺向顾客提供产品和服务之前,组织应对如下各项要求进行评审:
> a) 顾客规定的要求,包括对交付及交付后活动的要求;
> b) 顾客虽然没有明示,但规定的用途或已知的预期用途所必需的要求;
> c) 组织规定的要求;
> d) 适用于产品和服务的法律法规要求;
> e) 与以前表述不一致的合同或订单要求。
> 组织应确保与以前规定不一致的合同或订单要求已得到解决。
> 若顾客没有提供成文的要求,组织在接受顾客要求前应对顾客要求进行确认。
> 注:在某些情况下,如网上销售,对每一个订单进行正式的评审可能是不实际的,作为替代方法,可评审有关的产品信息,如产品目录。
> 8.2.3.2 适用时,组织应保留与下列方面有关的成文信息:
> a) 评审结果;
> b) 产品和服务的新要求。
> 8.2.4 产品和服务要求的更改
> 若产品和服务要求发生更改,组织应确保相关的成文信息得到修改,并确保相关人员知道已更改的要求。

6. 产品和服务要求的评审与更改条款的理解

组织应对向顾客提供产品或服务的投标书、技术协议书、合同或订单进行评审。这些评审应在提交投标书前，合同或订单、技术协议书正式签订之前进行评审，或在发布的有关产品信息之前进行评审，评审通过后方能提交。如合同或订单、技术协议书需要更改，或增加补充合同条款、补充技术协议书等，则在更改前也必须经过评审，确认无误方能更改。

在网上销售等某些情况下，对每一个订单进行正式评审可能是不实际的，可以代之以对组织发布的有关的产品信息，如产品目录、产品广告内容等信息进行评审，或对需要向顾客公开办事制度的公文进行评审。

这种评审应确保：

① 顾客对产品和服务的要求，包括对交付及交付后活动的要求，或组织对产品和服务所规定的要求，在标书、合同或订单、技术协议书中，或在组织对外发布的产品信息中得到规定。

② 与以前洽谈合同或订单的时候表述不一致的要求已经在合同或订单中重新表述，双方已经达成共识，不再有歧义。

③ 组织提供的产品和服务能满足法律法规要求。

④ 组织的生产能力、技术水平、生产设备设施、人员能力、质量管理水平等能满足标书、协议书、合同或订单中规定的要求。

评审的结果及评审所引发的措施，如重新制作或修改投标书，重新洽谈修改合同，或签订补充技术协议、备忘录等成文信息必须保留。

若顾客提供的要求没有形成文件，也就是说，顾客与组织的合同是一个口头合同，或者是电话订货，则组织应做好记录，同时电传对方进行确认。还有一种常见情况，就是营销人员在招标现场或客户处，需要当场拍板决定某些顾客要求或更改要求，可电话请示组织同意（评审）后，先签约，回来后再将电话记录请管理者审核签字，保留成文信息。

若产品要求发生更改，组织应确保相关的标书、协议书、合同或订单等文件得到修改，并确保相关人员如营销、研发、采购、生产制造以及检验人员知道已更改的要求。

案例 3-9：在某电梯表面涂装线的招标现场，乙方某成套设备制造公司的营销部经理介绍说，他们公司采用美国最先进的高红外技术，对电梯表面油漆涂层进行加热固化，固化时间只需 10min，比通常需要 30~40min 的热风循环电加热固化技术节省能源 50%，且时间短，固化烘道长度大大缩短，占地面积小，设备投资少，等等，赢得甲方青睐，当场签订了总额为 180 万元的合同，甲方随即付给乙方 30% 的首付款。

当乙方公司技术工程部对合同进行评审时发现，高红外技术并不适合对大型金属框架结构的油漆涂层进行加热固化，技术上无法保证，且国内并没有成功的经验，建议改回到成熟的热风循环电加热技术，固化时间增加到 30~40min，固化烘道长度和总用电功率也要增加；营销部经理不接受，说合同签订前已向美方总工程师电话汇报过并得到认可，认为技术上没有问题；甲方某电梯制造集团也不同意修改合同，说如要修改合同就必须罚款；项目只好按照合同及技术协议书的要求进行。

在设备安装结束、现场调试时，果然预料中的问题出现了，加热时间太短，油漆表面温度低，无法固化；尽管后来又进行多次改造，如增加了两倍的用电功率、增加电加热热风循环装置、在固化烘道两端增加电动门、将连续自动生产改为间隙式生产、降低班产量等，但终因固化烘道长度过短，且车间没有地方再延长等诸多问题而无法使用。

乙方追查原因，总工程师说签约前营销部经理打电话给他，并没有汇报高红外技术一事，只是汇报价格和交货期问题，而营销部经理说电话汇报过高红外技术问题，总工程师说没有问题，双方各执一词，但无电话记录，无法证明谁对谁错，最后，营销部经理被开除了事。但对甲乙双方都造成了很大的经济损失，双方的声誉也受到影响。

案例分析：对于非标生产线设备的设计制造，合同签订前的评审是万不可少的，承揽方有没有能力满足客户要求，技术、制造工艺、质量要求、安装能力等方面都要客观、审慎地评审，不能为了接下合同而不顾自己的设计制造能力；一些营销人员为了接到合同订单，拿到销售提成奖励，经常不顾公司的设计、制造能力，欺上瞒下，甚至采取欺骗的手段，造成合同已经生效的既成事实，本案例即为一深刻教训。

在本案例中，营销部经理电话请示过；但请示内容是什么，谁也说不清，既没做电话记录，回来也没和总工程师确认。这不符合标准 8.2.3 产品和服务要求的评审的要求，条款中明确要求组织应确保有能力向顾客提供满足要求的产品和服务，在承诺向顾客提供产品和服务之前，组织应对顾客规定的要求进行评审，且应保留评审结果、产品和服务的新要求方面的成文信息。

三、产品和服务的设计和开发

1. 标准条款

8.3 产品和服务的设计和开发

8.3.1 总则

组织应建立、实施和保持适当的设计和开发过程，以确保后续的产品和服务的提供。

8.3.2 设计和开发策划

在确定设计和开发的各个阶段和控制时，组织应考虑：

a) 设计和开发活动的性质、持续时间和复杂程度；
b) 所需的过程阶段，包括适用的设计和开发评审；
c) 所需的设计和开发验证、确认活动；
d) 设计和开发过程涉及的职责和权限；
e) 产品和服务的设计和开发所需的内部、外部资源；
f) 设计和开发过程参与人员之间接口的控制需求；
g) 顾客及使用者参与设计和开发过程的需求；
h) 对后续产品和服务提供的要求；
i) 顾客和其他有关相关方所期望的对设计和开发过程的控制水平；
j) 证实已经满足设计和开发要求所需的成文信息。

---

2. 标准条款的理解

组织应建立、实施和保持适当的设计和开发过程，以确保后续的产品和服务的提供。为此，应对产品和服务的设计和开发进行策划，制定出设计和开发项目实施计划方案，以便于对设计和开发过程进行控制。

在进行设计和开发方案策划时，要考虑和确定如下内容：

① 组织应考虑设计和开发活动的性质、持续时间和复杂程度。根据产品和服务要求的不同，设计和开发活动的复杂程度、所需的时间也会不同。

② 确定设计和开发应该包括哪些阶段。一般应包括输入、输出、评审、验证和确认阶段。例如，一台新设备的设计和开发大致可分为讨论设计总体方案、设备总装图设计、零部件设计、材料和零部件采购清单计算、生产制造、样机试验、小批量生产、新产品鉴定（或用户鉴定）、新产品定型（或用户验收确认移交）等阶段。

③ 策划时，应确定在设计和开发的哪些阶段需要进行评审、验证和确认活动，评审、验证和确认的时机和要求、参加人员等；标准 8.3.4 条款专门对设计和开发的输出、结果、产品和服务的评审、验证和确认做出要求。

④ 应确定参与设计和开发的人员或不同设计组的职责和权限。例如：一条汽车涂装生产线的设计和开发，需要确定项目总负责人、总设计师，成立总体方案设计组、工艺设计组、涂漆系统、烘干设备、表面前处理设备、自动输送装置、电气控制系统等专业设计组，每组确定设计组长；明确总设计师、各设计组组长的职责范围和拥有的权限；同时，各组所负责的设计内容、各组之间的接口如何衔接、出现问题如何沟通等都应在策划方案中明确，尤其是各设计组之间，在工艺技术参数、设备外形尺寸如何衔接，设备设计组与电气控制系统设计组的电气控制参数与自动输送系统设计组的输送链尺寸、节拍、车身安放位置等数据衔接是非常重要的。

⑤ 组织还应考虑产品和服务的设计和开发所需的内部和外部资源，要控制设计和开发过程，以达到顾客和其他有关相关方所期望的水平。

⑥ 组织还应考虑顾客及使用者参与设计和开发过程的需求。例如，在汽车涂装生产线的设计和开发过程中，汽车制造厂会参与到设计和开发过程中去，涂装工艺基本上是汽车制造厂工艺工程师设计给定或参与设计的；在设计制造和安装过程中，汽车产品研发人员、工艺技术人员、品质管控人员、设备工程师、生产车间管理人员等会给出不同的建议或要求，或参与到其设计和开发过程中去，尤其是在生产线最后调试、试运行和验收阶段，他们会从部分参与到全力以赴参与到生产线设备试运行和验收过程中去，这些都要在策划中考虑到。

⑦ 在设计和开发过程中相应的文件、记录等成文信息都应保留或保持，以证实满足设计和开发要求。

3. 设计和开发输入条款

> 8.3.3 设计和开发输入
> 组织应针对所设计和开发的具体类型的产品和服务，确定必须的要求。组织应考虑：
> a) 功能和性能要求；
> b) 来源于以前类似设计和开发活动的信息；
> c) 法律法规要求；
> d) 组织承诺实施的标准或行业规范；
> e) 由产品和服务性质所导致的潜在的失效后果。
> 针对设计和开发的目的，输入应是充分和适宜的，且应完整、清楚。
> 相互矛盾的设计和开发输入应得到解决。
> 组织应保留有关设计和开发输入的成文信息。

4. 设计和开发输入条款的理解

组织首先应确定与产品和服务要求有关的输入，并保留成文信息。

一般组织设计和开发的输入来源主要有两种情况，一是组织自己立项研发的新产品，输入主要是经过市场调研确定的产品功能、性能、主要技术与工艺参数、材料、安全和环保性能、采用标准、验收准则等数据，这些通常在产品立项申请书、产品要求说明书等文件中包含；二是组织专为顾客设计和开发的非标产品和服务，具体要求通常在投标书、合同、技术协议、备忘录、产品和服务要求评审表或顾客要求确认记录等成文信息中说明。

设计和开发的输入应包括如下内容：

① 对所设计和开发的产品功能、使用性能、主要技术参数等的要求。

② 产品所适用的相关法律法规要求。例如，所采用的是国际标准还是国家标准、部颁标准，以及安全性、环保性能等。

③ 如果需要，以前类似产品设计的有关资料信息也应包括在内。

④ 设计和开发所必需的其他要求，例如维修性、可靠性、使用安全性等要求。

设计和开发的输入数据信息应是充分的、适宜的，且应完整和清楚，若有不完整、不清楚或相互矛盾的要求，设计和开发人员应和顾客沟通，一一厘清，以保证产品和服务要求完整和清楚。

⑤ 基于应对风险和机遇的思维，组织还应考虑到由产品和服务性质有可能导致的潜在的失效后果以及应对措施。

8.2.2 产品和服务要求的确定和 8.2.3 产品和服务要求的评审中的相关记录都应作为设计和开发的输入。

案例 3-10：在某化工机械厂的设计处审核时，审核员看到在设计一种钢制第三类压力容器时，对其受压元件强度的计算和材料许用应力的选取均采用了一本高校教材上的方法，由于该教材采用的一些系数裕度较小，造成压力容器外壳设计厚度偏小。进一步查看设计和开发输入文件清单，发现该项目设计开发没有把国家标准《压力容器》（GB/T 150—2011）、《钢制压力容器——分析设计标准》（JB 4732—1995，2005 年确认）作为设计和开发输入文件。

案例分析：我国的压力容器设计规范主要有 GB/T 150—2011《压力容器》、JB 4732—1995（2005 年确认）《钢制压力容器——分析设计标准》，同时作为政府部门对压力容器安全监督的法规主要是《压力容器安全技术监察规程》；此外还有关于材料、制造、检验等必须遵循的国家标准和行业标准。这些共同组成了以 GB/T 150 为核心的国家标准体系，是压力容器质量管理和质量保证体系中加强法制的具体表现。该设计处没有把这两项标准作为设计开发的输入依据，很可能会导致出现设计错误。

5. 设计和开发控制条款

8.3.4 设计和开发控制

组织应对设计和开发过程进行控制，以确保：

a) 规定拟获得的结果；

b) 实施评审活动，以评价设计和开发的结果满足要求的能力；

c) 实施验证活动，以确保设计和开发输出满足输入的要求；

d) 实施确认活动，以确保形成的产品和服务能够满足规定的使用要求或预期用途；

e) 针对评审、验证和确认过程中确定的问题采取必要措施；

f) 保留这些活动的成文信息。

注：设计和开发的评审、验证和确认具有不同目的。根据组织的产品和服务的具体情况，可单独或以任意组合的方式进行。

6. 设计和开发控制条款的理解

评审是指为了评价设计和开发的结果满足要求的能力所进行的活动。验证是指通过提供客观证据对设计和开发输出满足输入的要求的认定。确认则是指通过提供客观证据对形成的产品和服务能够满足规定的使用要求或预期用途的认定。在 2008 版标准中的三个条款在本版标准中合并为一个条款，但要求未变，并增加了新的内容。

在设计和开发适宜的阶段，应对设计和开发进行系统的评审，以便评价设计和开发的结果是否能满足要求的能力，评价能否识别任何问题，并能提出必要的措施。

评审可以包括下列内容：

① 产品设计的功能、性能及相关技术参数能否满足产品要求；
② 产品设计能否满足所有预期的环境变化；
③ 设计的产品产量和本组织的生产能力是否相符；
④ 实施设计的采购、生产、检验等计划是否方便、可行；
⑤ 产品采用的标准及验收准则是否有效、是否可行。

评审的参加者应包括与评审的设计和开发阶段有关的职能部门的代表，如各设计小组的代表、工艺、成本核算、生产制造、采购、销售和服务等相关代表。评审的结果和需要采取的必要措施的成文信息必须保留。

对于生产制造企业来说，一般的图纸审核、审定和批准、顾客与组织图纸会签等，即是评审的一种形式。一个产品的总体设计方案出来后，也要进行讨论和评审；对于简单产品来说，一般一次评审就差不多了，对大型的复杂项目，要分阶段、多次、多层面地进行评审，以便发现缺陷或不足之处，及时修改设计。评审结果及各人所提问题、发言，应有书面的记录、参加人员签字并存档保留；图纸审核、审定和批准也必须签字，字迹应清楚，无涂改痕迹。

在设计和开发适宜的阶段，应对设计和开发的输出进行验证，以确保设计和开发输出能满足输入的要求。验证结果的成文信息必须保留。如果在验证过程中，发现存在问题，需要对设计和开发的输出进行更改或采取其他措施，这些成文信息也应保留。

设计和开发验证的方法因输入要求和产品的不同而不同，各个不同阶段的验证也可能采取不同的方式进行，一般来说，大致有四种：

① 将新设计与过去成熟的类似产品，做设计比较；
② 变换一种计算方法进行设计验算；
③ 将样品进行振动、冲击、耐老化等各种试验，将试验结果与设计输出的要求对照，看是否符合设计输出的各项要求；
④ 对设计和开发的文件评审。

案例 3-11：某公司设计的水帘喷漆室过去存在抽风量不足导致漆雾外溢的情况，在设计手册上有几种计算方法，数据参数也有几种不同的选择，无法确定哪一种正确。此次公司决定进行设计验证。在设计制造好后，先购买了一台大风量的离心风机，安装在水帘喷漆室上，并在电机上安装了变频调速器，模拟喷漆工作时的情景，按照几种不同的参数调整抽风量和风压，得到漆雾不外溢的几组参数，再对照设计手册，确定最为接近的一种计算方法和一组数据参数。后设备在甲方现场试生产时，工况良好，顺利通过甲方的确认和验收。

在设计和开发的最终输出结果即产品研发出来并交付使用之前应进行确认，以确保产品能够满足规定的使用要求或已知的预期用途的要求。为此，设计和开发的确认应在规定的使用条件下进行。使用条件可以是实际的,也可以是模拟的。同时应保留设计和开发输出的确认结果及任何所采取的必要措施的成文信息。

对于组织自己立项研发的新产品,确认的形式之一是新产品鉴定;对于通过招投标、与客户洽谈等市场营销方式取得的非标产品设计制造安装合同,确认的形式主要是组织和用户共同对设备进行验收,以双方在设备的验收报告或设备移交单上签字作为设计和开发项目的确认。

设计和开发评审、验证和确认是设计和开发过程中的三项重要活动,它们都是对设计和开发质量进行检查和控制的活动,都应在设计和开发的策划中确定实施的时机,都要保留成文信息。设计和开发的评审、验证和确认具有不同目的,活动实施的时机、方式、内容、参加人员都有所不同。它们之间有关联之处,甚至有重叠之处。组织应根据产品和服务的具体情况,单独或以任意组合的方式进行。

表 3-5 是设计评审、设计验证和设计确认三者之间的区别;图 3-1 是设计和开发的评审和验证、确认三者之间相互关系的图解,图中虚线表示可视需要选择在适宜的阶段进行设计评审。

表 3-5　设计评审、设计验证和设计确认三者之间的区别

项目	设计评审	设计验证	设计确认
目的	评价设计结果满足设计要求的能力,识别问题	证实设计输出满足设计输入的要求	证实产品满足特定的预期用途或应用要求已得到满足
对象	阶段的设计结果	设计输出文件、图纸、样品等	通常是向顾客提供的产品、新产品、样品等
时机	在设计的适当阶段	当形成设计输出时	产品交付使用前、新产品鉴定时
方式	会议讨论、图纸审核、会签	试验、计算、对比、文件发布前的评审	设备验收报告、新产品鉴定会

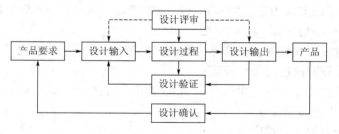

图 3-1　设计评审、设计验证、设计确认的关系

7. 设计和开发输出条款

> 8.3.5　设计和开发输出
> 组织应确保设计和开发输出:
> a) 满足输入的要求;
> b) 满足后续产品和服务提供过程的需要;
> c) 包括或引用监视和测量的要求,适当时,包括接收准则;

> d) 规定产品和服务特性,这些特性对于预期目的、安全和正确提供是必需的。
>
> 组织应保留有关设计和开发输出的成文信息。

8. 设计和开发输出条款的理解

在设计和开发过程中,设计者的任务就是把设计和开发输入的相关技术数据、产品功能、使用性能等要求等经过研究分析和设计开发过程转化为设计和开发的输出,这些输出主要为产品设计图纸、零部件目录、原材料采购清单、外购件明细表、制造和装配工艺规程、验收标准、产品使用说明书、操作维修手册等。

对设计和开发结果的输出必须进行验证,并且能比照设计和开发输入的数据和要求进行。所有设计和开发的输出文件应得到批准后才能下达相关职能部门和生产制造车间。

设计和开发输出应满足下列要求:

① 应满足设计和开发输入的要求。

② 应能够给采购部门提供原材料采购清单、外购件明细表;给生产和服务部门提供产品零件图、部件图、总装图和零件总目录,提供零件制造工艺卡和产品装配工艺卡,提供产品搬运、储存、包装、防护规范;给检验部门提供检验规程、检验标准;给营销部门提供验收标准、产品使用说明书、操作维修手册等成文信息,并且保留。

③ 应包含或引用产品接收准则(即验收标准)。

④ 对服务行业,设计和开发的输出很多是服务规范、使用指南等内容,所以设计和开发的输出还应包括对服务规范执行情况进行监视和测量的内容。

⑤ 应规定对产品的安全和正常使用所必需的产品特性,一般是在产品使用说明书、操作规程、维修手册中说明。

9. 设计和开发更改条款

> 8.3.6 设计和开发更改
>
> 组织应对产品和服务在设计和开发期间以及后续所做的更改进行适当的识别、评审和控制,以确保这些更改对满足要求不会产生不利影响。
>
> 组织应保留下列方面的成文信息:
>
> a) 设计和开发更改;
>
> b) 评审的结果;
>
> c) 更改的授权;
>
> d) 为防止不利影响而采取的措施。

10. 设计和开发更改条款的理解

组织应识别在何种情况下进行设计和开发的更改,并保留成文信息。

下述原因都有可能引起设计和开发的更改:

① 在设计和开发的后续阶段发现了疏忽或失误;

② 在设计以后发现产品难以实现;

③ 顾客要求或市场需求发生变化需要更改;

④ 需要改进产品或服务的某些功能或特性;

⑤ 安全要求、法律法规、行业规范或其他要求发生变化;

⑥ 执行纠正或纠正措施涉及需要设计和开发更改;

⑦ 设计和开发的评审、验证、确认活动其后的措施需要更改；
⑧ 其他原因。

对设计和开发的更改也要进行评审和控制，并经过批准后方能实施。评审的内容包括识别、评价更改对产品零部件和已经交付的产品的影响。通过设计和开发的评审，证实这种更改正确可行，不会给产品造成不利的影响。

无论什么原因引起设计和开发的更改，都应予以控制，并保留成文信息。

案例 3-12：某学院机械厂机加工车间的工人在操作车床加工零件，旁边挂着加工零件图，图纸上只有设计人的签名，没有审核人、批准人签名，也无日期，图纸上还有两处数据修改，字迹比较潦草，无修改者签名。经了解，是学院机械厂承接了化工厂设备改造的一部分，因时间紧、任务急，所以学院机械厂技术科的设计人员设计好一张图，就送到车间一张进行生产，等全部图纸设计完成后再进行审核，这样可以节省时间。

案例分析：由于现在市场节奏比较快，很多任务都是时间紧，要货急，出现这种情况还比较多，发生差错、不合格也比较多，设计过程中图纸未经审核批准，随意修改，更没有更改人和再批准人的签名；零件可能已经加工好，造成报废，也可能忘记到车间修改，造成不合格的零件当作合格零件使用，质量很难有效控制。这违反了标准 8.3.4 设计和开发控制条款中"组织应对设计和开发过程进行控制，以确保实施评审活动，以评价设计和开发的结果满足要求的能力"的要求，同时也不符合标准 8.3.6 设计和开发更改条款的要求。

四、外部提供的过程、产品和服务的控制

1. 总则条款

8.4　外部提供的过程、产品和服务的控制

8.4.1　总则

组织应确保外部提供的过程、产品和服务符合要求。

在下列情况下，组织应确定对外部提供的过程、产品和服务实施的控制：

a）外部供方的产品和服务将构成组织自身的产品和服务的一部分；

b）外部供方代表组织直接将产品和服务提供给顾客；

c）组织决定由外部供方提供过程或部分过程。

组织应基于外部供方按照要求提供过程、产品和服务的能力，确定并实施对外部供方的评价、选择、绩效监视以及再评价的准则。对于这些活动和由评价引发的任何必要的措施，组织应保留成文信息。

---

2. 总则条款的理解

本条款是将 2008 版标准中的 7.4 采购和 4.1 中对外包过程管理的要求整合成的一个新条款。供方、外包方统一用外部供方表示。

对于外部提供的过程、产品和服务，大致可分为如下几种情况。

① 外部供方的产品和服务构成组织自身的产品和服务的一部分。例如，组织生产制造的设备中，电机、水泵、风机、轴承等一般是从专业制造厂家采购来然后装配到组织制造的设备中的，再比如，汽车制造厂一般只负责车身焊接、表面涂装和整车总装三大块，而绝大多数零部件都是由汽车零部件制造厂提供的。

② 外部供方代表组织直接将产品和服务提供给顾客。组织只负责生产产品，而销售及

服务全部都外包给专业的销售服务公司或代理商，由他们代表组织提供给顾客，例如，一些家用电器生产商现在只负责生产和销售产品，而安装、维修等售后服务则外包给专门的民营或股份制的服务公司。

③ 组织决定由外部供方提供过程或部分过程。例如，一些大的建设工程，如道路、桥梁、地铁工程，一般都由中铁、中化建等大型建设集团公司承担，但他们会把一些标的段分包给其他一些建设施工公司和设备安装公司。

不管是上述哪种情况，组织都应确保外部提供的过程、产品和服务符合要求。2008版标准仅仅针对采购产品而言，在本版标准中，增加了对外包过程和外部提供的服务的控制要求。所以，不仅要确定并实施对外部供方的评价、选择、绩效监视以及再评价的准则，还要对其进行控制。

对于这些活动和由评价引发的任何必要的措施，组织应保留成文信息。

3. 控制类型和程度条款

> 8.4.2　控制类型和程度
>
> 　　组织应确保外部提供的过程、产品和服务不会对组织稳定地向顾客交付合格产品和服务的能力产生不利影响。
>
> 　　组织应：
> 　　a）确保外部提供的过程保持在其质量管理体系的控制之中。
> 　　b）规定对外部供方的控制及其输出结果的控制。
> 　　c）考虑：
> 　　1）外部提供的过程、产品和服务对组织稳定地满足顾客要求和适用的法律法规要求的能力的潜在影响；
> 　　2）由外部供方实施控制的有效性。
> 　　d）确定必要的验证或其他活动，以确保外部提供的过程、产品和服务满足要求。

4. 控制类型和程度条款的理解

组织生产制造产品都需要采购原材料，有相当部分的零部件是由外部供方配套供应，同时还有一部分服务是外部供方提供的，因此，这些原材料、零部件的质量和外部提供的服务对组织交付合格产品和服务的能力影响很大，对外部供方的控制类型和程度也是组织控制产品和服务质量的一个重要环节。因此组织应做到如下几点。

① 应对需要控制的原材料、零部件以及外部供方完成的半成品或服务等制定接收准则，确保外部提供的过程、产品和服务符合规定的要求。

② 应针对不同的外部供方所提供过程、产品和服务对本组织的产品和服务影响的重要程度，划分等级，如重点控制、重要控制、一般控制（或 A 类、B 类、C 类、D 类），按照控制类型和重要程度进行控制。例如，对空调器生产厂家中外部供应的压缩机及其供方进行重点控制，对蒸发器、辅助电加热器及其供方进行重要控制，对过滤网、螺钉螺母等紧固件及其供方进行一般控制。

③ 应根据外部供方实施质量管理体系的有效性、生产能力、质量水平、售后服务水平、绩效、诚信程度等诸多因素评价和选择，制定选择、评价和重新评价的准则，对外部供方进行控制。可考虑的控制活动有：供方以往的供货检验记录、验证报告、产品质量稳定性、实

验数据分析、绩效指标评价、第二方审核结果、顾客投诉、市场反馈等。

对外部供方的评价、选择、绩效监视、再评价的结果及所引起的任何必要措施的成文信息必须保留。

5. 提供给外部供方的信息条款

> 8.4.3 提供给外部供方的信息
> 组织应确保在与外部供方沟通之前所确定的要求是充分和适宜的。
> 组织应与外部供方沟通以下要求：
> a）需提供的过程、产品和服务。
> b）对下列内容的批准：
> 1）产品和服务；
> 2）方法、过程和设备；
> 3）产品和服务的放行。
> c）能力，包括所要求的人员资格。
> d）外部供方与组织的互动。
> e）组织使用的对外部供方绩效的控制和监视。
> f）组织或其顾客拟在外部供方现场实施的验证或确认活动。

6. 提供给外部供方的信息条款的理解

组织首先应确保在与外部供方沟通之前所确定的要求是充分和适宜的，然后与外部供方沟通，沟通时有以下几点要求。

① 需要外部供方提供什么样的过程、产品和服务。组织在外包或采购时应规定并明示外包或采购要求，以准确地向供方表述需要提供什么样的产品、过程和服务，这些应在外包或采购文件（如合同、协议、采购清单）中写清楚，如电话采购时也应明确表述这些信息，最好是将电话记录发邮件或微信、截图等方式给供方确认。对于硬件产品的采购信息，通常包括产品名称、型号规格、数量、交货日期和地点、技术要求、付款方式等内容。

② 下列要求应该预先经过批准：一是产品的技术和服务要求，例如，要求零部件按照国家标准生产；二是有关供方生产工艺、设备和服务提供过程的要求，例如，要求提供的这批电子元件进行防静电处理，或按照指定的工艺规范进行，或要求这批零件采用加工中心生产，而不是用常规机床制造等；三是产品接受过程的要求，例如，先提供样品检验，合格后小批量试生产提供试用，合格后再批量生产交付等，包括检验规范、验收标准等。

③ 对外部供方人员的能力（包括人员资格）要求，例如，要求供方产品研发人员具有怎样的设计经历和学历、职称，质量检验人员具有几年的检验经验和什么学历、什么等级的技能证书等。

④ 组织可以根据需要对外部供方的绩效实施控制和监视，也可以根据具体情况将一些验证或确认活动安排在外部供方现场实施。例如，地铁、道路、桥梁工程的一些标的段的分包，应在施工现场进行监督、检验、验证和确认活动。

当组织或顾客拟在供方的现场实施验证时，组织应在外包或采购文件中对拟验证的安排和产品和服务的放行方法作出规定。

例如：采购风机产品时，可以采取进货检验方式，对风机的风量、风压、转速、噪声、型号、外形尺寸等参数进行检验；也可以只验证供方的检验记录、产品合格证、铭牌、装箱单等；也可以到风机生产厂现场监督检验，如厂方的检验项目、检验数据、检验和试验手段，了解是否做静平衡、动平衡试验及试验结果如何等。

案例 3-13：某机械厂过去一直从市第二钢铁厂采购 QA2 型特种钢板作为精密冲压加工。但是 3 月份由于第三钢厂的 QA2 型钢板一直供不应求，为了维持生产，在未进行评价、选择的情况下，采购员紧急从外地一家钢铁厂进了同一牌号的钢板，结果由于材料不符合要求，冲压时损坏了模具。而该厂《采购控制程序》文件中明确规定："对于第一次从供方采购重要物资时，应先对样品进行检验，检验合格才能小批量供货，对小批量供货检验合格，才能列入合格供方名录，正式签订批量供货合同。"

案例分析：由于特殊情况，如供方产品供不应求、生产急需等，可以从已评定合格的供方之外寻找供方。但是，必须对其进货物资进行严格检验，这个检验即代表了对该供方的评价。本案例中进货时没有对其进行检验，导致采购来的钢板冲坏了模具，由于模具的设计、制造、装配和试模都需要一定的时间，反而更延误了生产，违反了标准 8.4.1 总则中的"组织应确定并实施对外部供方的评价、选择、绩效监视以及再评价的准则"的要求。

五、生产和服务提供

本条款所规定的要求是针对具体的产品生产和服务提供过程而言的。这里的生产是指硬件、软件和流程性材料的产品生产过程，包括加工制造、安装调试、验收和交付；服务提供则是指售后服务等过程；对于服务性的组织，则是指服务项目提供的过程。

1. 生产和服务提供的控制条款

8.5　生产和服务提供
8.5.1　生产和服务提供的控制
    组织应在受控条件下进行生产和服务提供。
    适用时，受控条件应包括：
    a）可获得成文信息，以规定以下内容：
    1）拟生产的产品、提供的服务或进行的活动的特性；
    2）拟获得的结果。
    b）可获得和使用适宜的监视和测量资源。
    c）在适当阶段实施监视和测量活动，以验证是否符合过程或输出的控制准则以及产品和服务的接收准则。
    d）为过程的运行使用适宜的基础设施，并保持适宜的环境。
    e）配备胜任的人员，包括所要求的资格。
    f）若输出结果不能由后续的监视或测量加以验证，应对生产和服务提供过程实现策划结果的能力进行确认，并定期再确认。
    g）采取措施防止人为错误。
    h）实施放行、交付和交付后的活动。

---

2. 生产和服务提供的控制条款

本条款是将 2008 版 7.5.1 和 7.5.2 条款进行了合并，也是 2015 版标准 8.1 运行的策划和控制条款的扩展。

对生产和服务提供的控制主要有下列几个方面：

① 对于拟生产的产品、提供的服务或进行的活动的特性，例如，产品的使用性能与特

点、工艺过程的复杂程度、产品图纸、制造工艺规范、检验规程、合格要求、服务程序、服务规范、采用标准等，应在成文信息中规定，便于进行控制。

② 应获得和使用适宜的监视和测量资源，如量具、测量仪器等，以及具有一定能力和经验的人员，并结合组织的知识和经验，以便对生产和服务提供过程进行控制。

③ 在产品制造的适当阶段实施检验活动，以对产品特性、过程参数、工作环境等方面进行监视与测量，以便能及时地判定合格或不合格，有效地采取纠正和纠正措施。例如，按照工艺文件规定，对零件热处理过程的温度、时间等参数进行监控，对电子元器件生产车间的空气洁净度、温度和湿度进行监视和测量，防止这些参数超过工艺文件规定时，造成元器件的质量下降和不合格；再比如，毛坯压铸后、半精加工后、热处理后进行检验，以验证是否符合加工工序要求，在最终加工完成后进行检验，以验证是否符合图纸设计要求和标准的数据要求等。在服务提供的适当阶段实施监视和测量活动，例如，服务程序的监督抽查等，以验证是否符合服务提供的接收准则。

④ 为过程的运行使用适宜的基础设施，如合适的生产设备、自动输送线、厂房、计算机软件等设施，以保证产品的生产质量。如产品比较简单，提供一般的适用功能的设备即可；如产品很复杂，则应配置精度和自动化程度高的设备。同时组织应保持一个宽松的生产环境，包括物理环境和心理环境。

⑤ 应配备胜任的人员，包括所要求的资质。如工作能力和经验、处理突发问题的意识和能力等。例如能应付复杂问题的生产计划调度人员、关键岗位的操作和设备维修人员、重要工序的质检人员、分析化验人员等。

⑥ 采取措施防止人为错误。对更多的依赖人员进行控制的运行过程，基于风险的考虑，要特别关注是否有预防人为错误的措施，组织应识别这些过程，制定必要的防错措施，例如设置提醒和报警装置等。

⑦ 应对放行、交付和交付后活动实施控制。这类控制包括规定未经检验或未经验证合格的产品或服务不得放行到下一工序或交付顾客使用，向顾客提供产品或提供服务时，应严格遵守合同所规定的条款进行，在产品交付顾客或服务提供之后，组织应按照合同的规定或承诺，向顾客提供交付后的活动，如产品退换、维修保修、备件供应等售后服务，这些交付后的活动也应实施控制。

⑧ 若输出结果不能由后续的监视或测量加以验证，应对生产和服务提供过程实现策划结果的能力进行确认，并定期再确认。

本条款主要针对的是 2008 版标准中称为特殊过程的生产和服务提供过程。这种过程有如下三个特征：

① 过程的质量特性要到后续过程才能反映出来，例如，铸铁零件中有气孔或夹砂，在表面无法看到，到切削加工过程中，甚至使用中零件产生裂痕直至断裂时才会发现。

② 无法或不能经济地测量其质量特性，或者需要实施破坏性检验才能证实，如电冰箱的保温层是注射了聚氨酯发泡材料，然后加热发泡而成，但发泡是否均匀、充满则无法检验出来，除非做破坏性检验。

③ 过程的结果不能通过后续的检验和试验测得。如混凝土横梁或立柱的浇捣过程，又如一些应急处理方案，无法进行检验或通过试验获得其结果。

所有的产品类型，包括服务、软件、硬件和流程性材料，都可能有这种过程。但在流程性材料的生产中，这种过程更为普遍。例如：金属件的强度、韧性、疲劳寿命、耐腐蚀性等性能、家用电器的使用寿命等特性，不易或不能经济地进行验证，只有在使用过程中才能逐步显现出来。

在运行过程的策划时，组织就应识别有哪些这样的过程，并安排进行确认和定期再确认。

过程确认包括下列内容：

① 特殊过程在实际用于生产和服务之前应确定用以评审和批准该过程的准则，例如：所需的生产或测量设备、特殊的作业方法、人员要求、过程输出的形态等；

② 对用于特殊过程作业的设备的能力进行鉴定，证实设备能满足确保过程质量的要求，同时对从事特殊过程的人员进行资格鉴定，确认这些人员具有特殊技能、特殊能力和受过专门训练，有能力控制过程质量；

③ 编制特殊过程使用的特定作业方法和程序，防止因作业方法不一致造成过程质量特性异常波动；

④ 对特殊过程有专门的记录，并保持记录；

⑤ 在鉴定的项目变化时，按规定定期进行再确认，例如：发现经确认的过程质量有明显差异或不稳定、设备维修或更新、岗位操作人员变动或工艺、原材料变更时，都要再确认后，该生产和服务提供的过程才能投入运行。

需要注意的是，一些企业，尽管有工艺文件、有完善的工艺参数规定，但在实际操作中，一些员工经常图省事，或为了超额完成生产任务，而不按工艺要求执行，擅自降低工艺参数，这样很难保证产品质量。例如，某化工产品生产的工艺文件规定反应釜内温度为280℃、压力为90MPa、时间为40min，操作工擅自改为250℃、70MPa、30min，以图省事和快捷，这样很容易造成产品的不合格或质量等级的降低，这种问题出现得还比较多。

案例3-14：某产品的装配工艺文件规定，产品装配前所有零件应进行表面清洁处理，而有些工人并未按要求清洗零件就直接装配，工人的理由是，其实清不清洁都不会影响装配质量，工艺文件规定得太麻烦，增加了工作量。

案例分析：不符合标准8.5.1条款。未按装配工艺规程的要求执行。工艺规定在装配前要对零件进行清洗，尤其是尺寸精度和表面粗糙度要求很高的零件，表面的污垢会影响它的装配精度，装配好的机器以后在工作时，表面运行阻力会增大，容易发热、噪声增大、磨损加快，使用寿命可能达不到设计要求。

按照标准8.5.1条款的要求，组织有装配工艺规程这样的成文信息，规定了产品的特性，并规定了在适当阶段实施监视和测量活动，但还是出现人为错误，生产过程没有控制好，所以应采取措施，加强对装配工的教育和培训，加强生产和服务提供过程的控制。

案例3-15：某汽车零部件制造厂生产的汽车前后保险杠、转向壁、积油盒等零部件原先电泳涂漆质量一直很稳定，在近期更换了新的电泳漆品种后，仍然按照原先的工艺参数进行控制，但产品质量一直不稳定，合格率大幅降低，经常遭到整车厂的退货，一直找不到原因。

案例分析：标准8.5.1f) 条款明确要求，若输出结果不能由后续的监视或测量加以验证，应对生产和服务提供过程实现策划结果的能力进行确认，并定期再确认。该厂在更换了新的电泳漆品种后，应对过去所策划的工艺参数、试验方法、检验准则等特定的方法和程序进行再确认，原先确定的工艺参数，如电泳槽超滤液、阳极液电导率、pH值、槽液颜基比，槽液固体分、槽液溶剂含量等，均要重新进行试验；再比如，脱脂、表调、磷化工序的槽液浓度、温度、处理时间、喷淋压力、pH 值、游离酸点数、总酸度等，也不能完全按照过去的参数进行控制，均要进行试验，重新再确定最佳工艺参数。

3. 标识和可追溯性条款

> **8.5.2　标识和可追溯性**
> 　　需要时，组织应采用适当的方法识别输出，以确保产品和服务合格。
> 　　组织应在生产和服务提供的整个过程中按照监视和测量要求识别输出状态。
> 　　当有可追溯要求时，组织应控制输出的唯一性标识，并应保留所需的成文信息以实现可追溯。

4. 标识和可追溯性条款的解释

标识是为了区分不同性质的产品和服务（例如区分已加工和未加工的零件），以防止混淆或误用导致影响产品质量。标识方法可根据产品或服务的特点、人员素质、组织习惯等因素确定并做出标记（如原材料批号、炉号、零件件号、颜色、印章、签字）、附加标签、规定存放的场地或器具等。

过程状态的标识是区分同一产品和服务的不同状态，如待检验、已检验、检验合格、检验不合格等，以防止将未经检验或检验不合格的产品误发或误用。产品和服务状态可以用符号、印章、签字、记录、标签、区域等方法予以识别。例如网购商品时，可清楚地看到订单审核、发货时间、送达时间、送货人等服务状态。

产品和服务的标识与产品和服务的状态标识并不是一项必须的要求，仅在可能引起混淆时，即适当时才需采用适当的方法区分。

在有可追溯性要求的场合，组织应控制并记录产品和服务的唯一性标识。

产品和服务的可追溯性是指通过所记录的唯一性标识，追溯一个项目、产品或服务的历史、应用或位置的能力。

对产品而言，可追溯性可以追溯到原材料和零部件的来源、加工过程的历史、产品交付后的分布和场所等。可追溯性同样并不是一项必需的要求，仅在需要时才需确定和使用。例如：为了能在发现问题时，可以迅速追回产品；为了能查明问题的原因；合同、法律法规有要求时等。为了实现可追溯性，需要规定唯一性的标识方法并记录其历史。如奶制品厂通过对每批奶粉规定唯一的生产批号来溯源，如发现质量问题，可以根据生产批号查处该批次奶粉是何年何月何日在哪一车间的哪一条生产线生产的。

简单地说，就是在需要时，应做到以下几点：

①　所有产品、半成品、原材料等都要贴上标签，标明半成品还是成品、原材料采购之何处、采购批次、所属产品型号名称等，用以区分，防止混用；

②　所有产品及零件都要贴上标识，标明待检还是已检、合格还是不合格、返工还是返修标签、所属产品型号和名称、生产批次、检验员工号等；

③　所有生产产地都应醒目划分区域，标明作业加工区、待检区、已检区、返工区、返修区等。

案例 3-16：某企业加工一批零件，共 200 个，外形尺寸、技术要求、工艺全部一样，就是材料不一样，100 个材料为 304 不锈钢，另 100 个材料为 316L 不锈钢，加工好后全部混在一起，无法识别。

案例分析：304 和 316L 都是不锈钢，但性能、价格有差别，316L 不锈钢更耐高温，性能更好些，且价格要比 304 不锈钢贵约 60%，从材料外观上无法区别，又不能将每一个都取样做金相化验，最后只好把全部零件都当作 304 材质使用，另外再加工 100 个 316L 不锈钢的零件，由此造成了经济损失。如果按照标准 8.5.2 标识和可追溯性条款的要求，做好标识，就不会出现这种不符合了。

5. 顾客或外部供方的财产条款

> **8.5.3 顾客或外部供方的财产**
>
> 组织应爱护在组织控制下或组织使用的顾客或外部供方的财产。
>
> 对组织使用的或构成产品和服务一部分的顾客和外部供方财产，组织应予以识别、验证、保护和防护。
>
> 若顾客或外部供方的财产发生丢失、损坏或发现不适用情况，组织应向顾客或外部供方报告，并保留所发生情况的成文信息。
>
> 注：顾客或外部供方的财产可能包括材料、零部件、工具和设备以及场所、知识产权和个人资料。

6. 顾客或外部供方的财产条款的理解

顾客或外部供方的财产是指顾客或外部供方所有的、为满足合同要求而向组织提供的产品或财物。例如：服装加工中顾客提供的时装样品；来料加工中顾客提供的原材料和零配件；制造加工中顾客提供的产品图纸或生产设备，如模具、专用夹具、刀具和量具等。组织有责任根据顾客或外部供方的要求，保护在组织控制下或组织使用的顾客或外部供方的财产。

组织应识别、验证、保护和防护供其使用或构成其产品一部分的顾客或外部供方的财产。为此，组织在接收顾客的财产时，应检查其数量、标识、质量等，并检查有无损坏情况；在生产和储存期间，应对顾客或外部供方的财产进行定期检查变质情况；对顾客的财产进行标识和保护，如发生丢失、损坏或不适用的情况，组织应向顾客或外部供方的报告，并将情况记录并保持成文信息。

顾客或外部供方的财产也包括知识产权和个人信息，如专利、专有技术、银行的客户资料、通信公司的用户个人资料等，不得泄密、侵权。

7. 防护条款

> **8.5.4 防护**
>
> 组织应在生产和服务提供期间对输出进行必要的防护，以确保符合要求。
>
> 注：防护可包括标识、处置、污染控制、包装、储存、传输或运输以及保护。

8. 防护条款的理解

组织应在生产和服务提供期间对输出进行必要的防护，以确保符合要求。

对制造业而言，这里的输出主要指产品；对服务业而言，其输出有其特殊性，它是指至少一项活动必须在组织和顾客之间进行，这里既有产品的销售，也有例如软件程序、数据、信息等提供的服务。

产品在组织内部生产制造期间，要进行防护处理；例如，金属件在一道工序完成、转入下道工序时，要进行防护，防止碰撞、摔坏变形等现象出现；家具生产厂在门、抽屉、桌面、镜面等零件制造完毕装配之前，应对表面采取防护措施，防止油漆碰掉、镜子破碎、表面划痕等质量问题出现。在产品交付到预定的地点期间，即交付到顾客手中之前，组织仍然有责任对产品进行防护；采取完善的标识、包装、储存、搬运等保护措施，防止产品损坏。产品防护也应适用于产品的组成部分，如零部件、备品配件等，也要进行保护。

对产品的防护方式有以下几点：

① 产品及包装上标记明显的标识，如防雨、防晒、防震、防止倒置等。

② 使用正确的搬运和运输方法，如：轻拿轻放，轻装移动，避免产品磕碰、震动和摔坏；堆放货物不超高、不倾斜、不挤压；货物捆绑牢固。

③ 包装箱内放置软垫或发泡塑料，固定好产品，防止震动和损坏产品。

④ 应有良好的仓库储存设施，定期对产品进行检查，防止出现变质情况，应注意防尘、防潮、防火、防震、防盗、防变质；对易串味、有毒、有害、易爆、易燃的物资，应有隔离存放的措施和消防安全措施。

对服务提供的防护方式有软件程序、电子文档、网络或银行电子交易数据信息的安全保护措施。

案例 3-17：市场上某厂家生产的某型号电饭锅，外表面经常出现瘪搪，虽不影响使用，但外形难看，究其原因，一是厂家为降低成本，电饭锅外表面材料选得太薄，二是包装简单，包装箱内仅上下有发泡塑料防护，四周则无防护材料，且包装箱太小，电饭锅的外壁紧贴着纸质包装箱体，所以在储存、运输过程中，稍有碰撞、挤压或乱扔乱放现象，则电饭锅外表面就可能凹进去一块瘪搪，影响外观，这就使得这种电饭锅一直价格低廉，档次上不去，越是这样，厂家越发在降低材料、包装箱成本上下功夫，包装就越简陋，产品防护就越差，价格就越上不去，永远在低水平上循环。这不符合标准 8.5.4 防护条款中"组织应在生产和服务提供期间对输出进行必要的防护，以确保符合要求"的要求。

9. 交付后的活动条款

> **8.5.5 交付后的活动**
>
> 组织应满足与产品和服务相关的交付后活动的要求。
>
> 在确定所要求的交付后活动的覆盖范围和程度时，组织应考虑：
>
> a）法律法规要求；
>
> b）与产品和服务相关的潜在不良的后果；
>
> c）产品和服务的性质、使用和预期寿命；
>
> d）顾客要求；
>
> e）顾客反馈。
>
> 注：交付后活动可包括保证条款所规定的措施、合同义务（如维护服务等）、附加服务（如回收或最终处置等）。

10. 交付后的活动条款的说明

组织应满足与产品和服务相关的交付后活动的要求。在 8.5.1h）条款中即有实施放行、交付和交付后的活动要求。交付后的活动，可以是产品退换、维修保修、备件供应等售后服务，以及产品召回或最终处置等活动，也可能是顾客向组织提出的要求和反馈意见的处理。

本条款强调的是在确定所要求的交付后活动的覆盖范围和程度时，组织应考虑的相关因素。除了已知的法律法规要求、顾客的要求以外，组织还应考虑产品和服务的性质、用途和预期寿命发生变化或其他顾客反馈意见处理不当可能带来的潜在的不良后果。

11. 更改控制条款

> 8.5.6 更改控制
>
> 　　组织应对生产或服务提供的更改进行必要的评审和控制，以确保持续地符合要求。
> 　　组织应保留成文信息，包括有关更改评审结果、授权进行更改的人员以及根据评审所采取的必要措施。

12. 更改控制条款的理解

在生产或服务提供期间，外部和内部情况有可能会有变化，例如，顾客的要求可能会改变，法律法规要求或标准可能会提高（例如安全、环保标准），外部供方的原材料成分、型号、零部件的质量或交货期可能会产生变化，组织自己的设备、测量装置或操作人员可能会出现问题，这些会导致要更改生产或服务提供，为此，必须进行控制。控制方式有评审、验证或确认、批准等，以确保持续地符合要求。

对于评审活动的记录、验证或确认结果、实施变更人员的授权以及所采取的必要措施等成文信息，组织应予以保留，以作为证据。

六、产品和服务的放行

1. 标准条款

> 8.6 产品和服务的放行
>
> 　　组织应在适当阶段实施策划的安排，以验证产品和服务的要求已得到满足。
> 　　除非得到有关授权人员的批准，适用时得到顾客的批准，否则在策划的安排已圆满完成之前，不应向顾客放行产品和交付服务。
> 　　组织应保留有关产品和服务放行的成文信息。成文信息应包括：
> 　　a）符合接收准则的证据；
> 　　b）可追溯到授权放行人员的信息。

2. 条款说明

组织应在适当阶段实施策划的安排，以验证产品和服务的要求已得到满足。

组织应对产品的质量特性进行验证，目的是确保其产品或服务满足所有要求。根据8.1运行的策划和控制、8.5.1生产和服务提供的控制进行策划时，需要确定产品和服务有哪些特性、在哪一阶段进行验证，这些安排一般可反映在检验计划、检验规范或产品和服务验收标准中，验证的阶段和频次取决于生产和服务的重要性和验证的难易程度。依据策划的安排，一般来说，在生产和服务的控制过程中，应尽可能在形成产品特性的主要工序上进行验证；更因为产品的所有质量特性在最终产品及服务上会得到全部体现，所以，对最终产品和服务放行的验证才是最重要的。

不论是采购产品、中间产品还是最终产品与服务，都应该按照策划的安排圆满完成之后，认定为合格品才能放行产品和交付服务，否则必须得到有关授权人员的批准，或得到顾客的批准，才能放行产品和交付服务。

组织应保留符合接收准则的证据，且授权放行产品和服务的人员，如检验员、相关部门管理者、顾客等也应在相关记录上签名，这些证据和可追溯到授权放行人员的信息都应作为成文信息而保留。

案例 3-18：某汽车零部件制造厂给整车厂加工生产汽车零部件，按整车厂无库存要求，每晚 9 点，物流车辆将毛坯送来，将加工好的零部件拉走。某天，因设备故障原因，当晚 8:30 零部件才全部加工完毕，因过去检验均合格，当晚没有再按工艺规程要求进行检验，而是直接交付物流车辆运走。

案例分析：这是一些企业常有的现象，一些企业有时不按工艺规程要求进行检验，或因时间来不及仅凭经验走个过场、草草检测了事，违反了标准 8.6 产品和服务的放行中"组织应在适当阶段实施策划的安排，以验证产品和服务的要求已得到满足"的要求。

七、不合格输出的控制

1. 标准条款

8.7　不合格输出的控制

8.7.1　组织应确保对不符合要求的输出进行识别和控制，以防止非预期的使用或交付。

组织应根据不合格的性质及其对产品和服务符合性的影响采取适当措施。这也适用于在产品交付之后，以及在服务提供期间或之后发现的不合格产品和服务。

组织应通过下列一种或几种途径处置不合格输出：

a）纠正；

b）隔离、限制、退货或暂停对产品和服务的提供；

c）告知顾客；

d）获得让步接收的授权。

对不合格输出进行纠正之后应验证其是否符合要求。

8.7.2　组织应保留下列成文信息：

a）描述不合格；

b）描述所采取的措施；

c）描述获得的让步；

d）识别处置不合格的授权。

---

2. 标准条款的说明

组织宜建立《不合格输出的控制程序》。

组织应根据不合格的性质及其对产品和服务符合性的影响采取适当措施，以规定如何控制和处置不合格，防止不合格的非预期的使用和交付顾客。这些不合格，既包括组织自己生产和服务提供过程中出现的不合格，也包括外部供方提供的产品和服务中发现的不合格；既包括成品、半成品，也包括在产品交付之后以及在服务提供期间或提供之后发现的不合格产品和服务。

组织应通过下列一种或几种途径，处置不合格：

① 采取纠正和纠正措施，消除已发现的不合格。例如，对于不合格品，可以采取返工或降级等措施来消除已发现的不合格；对于不合格服务，可以采取重新提供服务的方法，来消除已发现的不合格。

② 采取隔离不合格产品、限制不合格产品和服务、暂停或召回受影响的产品或服务等途径来处置不合格的输出。

③ 和顾客进行沟通，将不合格的性质及其对产品和服务符合性的影响以及所采取的适当措施等告知顾客，取得顾客的理解。

④ 经有关授权人员批准，适用时经顾客批准，让步接收不合格产品或服务。例如，某厂生产的全自动洗衣机的外表面有划痕，塑料面板上有细小的裂痕，经有处置权的销售副总批准，降价出售，同时明示降价原因，说明不影响正常使用功能；顾客若愿意购买，则表示同意，即为让步接收。

⑤ 采取措施，防止不合格的非预期的使用或交付。例如，对不合格品进行返修，以使不合格品满足预期用途；对不合格品采取报废（如回收、销毁）的措施，以防止其非预期的使用；对不合格服务的情况，可通过终止不合格服务或采取补偿服务等措施来避免其非预期使用。

⑥ 当在交付或开始使用后发现产品不合格时，组织应采取与不合格的影响或潜在影响的程度相适应的措施，以尽可能地消除或抵减对组织不利的影响。例如：汽车生产厂家发现汽车存在质量隐患或缺陷问题时，常采用召回方式，或免费更换零部件或免费维修，同时通过媒体向客户道歉，以尽可能地消除或抵减对组织不利的影响。

需要指出的是，如果处置措施不当，可能对组织的声誉产生严重影响，甚至导致组织破产倒闭。三鹿奶粉就是一个明显的例子。该奶粉中三聚氰胺严重超标，导致多例婴幼儿患泌尿系统结石，该厂没有及时采取有效措施，解决奶粉的食品安全问题，也没有及时采取召回奶粉、免费退换、向顾客诚恳道歉和赔偿损失等措施，而是长期隐瞒和蒙骗消费者、推卸责任，导致企业声誉严重丧失，最后破产清算。

组织应保持不合格的性质以及随后所采取的任何措施的记录，包括所批准的让步的记录。对于采取纠正措施处置的不合格，在得到纠正之后应再次验证，以证实符合要求。

第九节 绩效评价

一、监视、测量、分析和评价

1. 总则条款

9　绩效评价

9.1　监视、测量、分析和评价

9.1.1　总则

组织应确定：

a) 需要监视和测量什么；

b) 需要用什么方法进行监视、测量、分析和评价，以确保结果有效；

c) 何时实施监视和测量；

d) 何时对监视和测量的结果进行分析和评价。

组织应评价质量管理体系的绩效和有效性。

组织应保留适当的成文信息，以作为结果的证据。

2. 总则条款的理解

本条款是对 9.1 监视、测量、分析和评价条款的总体要求。

为达到预期的结果，组织需要进行监视和测量。本条款要求组织策划监视、测量、分析和评价的内容、方法和时机，以确保结果有效，能正确地评价质量管理体系绩效和有效性。

在确定要测量哪些内容时，组织应考虑质量管理体系及其过程（4.4 条款）、运行策划和控制（8.1 条款）、顾客满意（9.1.2 条款）、分析和评价（9.1.3 条款）内部审核（9.2 条款）、和管理评审（9.3 条款）中的措施和要求，还要考虑监视和测量资源（7.1.5 条款），这些要求为组织提供了决策分析的基础。

组织应确定需要保留哪些成文信息，以作为结果的证据，证实其结果的有效性。

3. 顾客满意条款

> **9.1.2 顾客满意**
>
> 组织应监视顾客对其需求和期望已得到满足的程度的感受。组织应确定获取、监视和评审该信息的方法。
>
> 注：监视顾客感受的例子可包括顾客调查、顾客对交付产品或服务的反馈、顾客座谈、市场占有率分析、顾客赞扬、担保索赔和经销商报告。

4. 顾客满意条款的理解

所谓顾客满意是指顾客对其期望已被满足程度的感受。顾客抱怨是一种满意程度低的最常见的表达方式。但是，顾客抱怨所表达的不满意不一定都是正确的，而没有抱怨并不一定表明顾客满意，即使顾客的要求符合顾客的愿望并得到满足，也不一定确保顾客很满意。

以顾客为关注焦点的组织必须掌握其外部顾客的满意程度，这不仅可以用来监视、测量和评价质量管理体系的绩效，同时可为实施改进提供信息。同时，组织还要确定连续采集获取、监视和评审这些信息的方法，以监视顾客的满意程度。

组织确定获取、监视和评审顾客满意信息的方法，大致有如下几种方式：

① 在产品展览会、销售现场等场合有计划地向顾客发送《顾客满意调查表》《顾客满意度问卷》等表格，由顾客自愿填写之后收回。

② 让顾客在交付产品或服务之后即时填写《顾客反馈意见表》后返回，例如，服务人员在上门维修家用电器后，都会有一张顾客意见表让顾客填写，填写完后交回公司售后服务部门。

③ 每年定期地、有计划地邀请顾客代表参加组织召开的专题座谈会，收集顾客的感受和意见，并做好座谈会记录。

这些方式都可以获取很多顾客满意的数据信息。其他方法还有市场占有率分析、索赔、经销商报告等。数据获得后利用统计技术做好数据分析与评价，可得出有效的合适的结论。

案例 3-19：某酒店对顾客满意的调查方式是在大厅服务台摆放顾客意见本，翻看一下，提意见的顾客记录不多，平均一天 2~3 条。大堂经理解释说，每天到我们酒店住宿的顾客有 500 人左右，按此计算，顾客的不满意率也就是 0.4%~0.6% 左右。

案例分析：表面看来确实提意见的顾客并不多，但是在一般情况下，不满意的顾客中，只有一小部分人会前来抱怨。统计数据表明，在 100 名不满意的顾客中，只有 4~10 人会发出抱怨。因此只要有一个人发出抱怨，就意味着有 10~25 个人不满意。所以说，顾客抱怨是一种满意程度低的最常见的表达方式，但没有抱怨并不一定表明顾客很满意，酒店这样计算顾客的不满意率是不准确的。本案例中出现的问题不符合标准 9.1.2 顾客满意的有关规定，酒店获取、监视和评审顾客满意信息的方法过于简单，无法真实地反映出顾客的满意程度，也无法作为质量管理体系绩效的测量证据。

5. 分析与评价条款

> 9.1.3　分析与评价
> 　　组织应分析和评价通过监视和测量获得的适当的数据和信息。
> 　　应利用分析结果评价：
> 　　a）产品和服务的符合性；
> 　　b）顾客满意程度；
> 　　c）质量管理体系的绩效和有效性；
> 　　d）策划是否得到有效实施；
> 　　e）应对风险和机遇所采取措施的有效性；
> 　　f）外部供方的绩效；
> 　　g）质量管理体系改进的需求。
> 　　注：数据分析方法可包括统计技术。

6. 分析与评价条款的说明

组织应对通过监视和测量获得的数据和信息进行分析，利用分析结果评价以下几个方面。

① 顾客满意程度，如顾客满意度、顾客报怨、交货及时性、市场占有率、顾客流失率等。

② 产品和服务的符合性，如产品合格率、不合格情况和严重程度、与产品和服务要求的差异及差异程度、顾客反馈的有关产品和服务质量方面的信息等。

③ 外部供方的绩效，如供方产品的合格率、供货的及时性、过程能力等；根据这些信息，可以决定是否对外部供方绩效再评价或更改。

根据上述几个方面的评价，进而可以评价质量管理体系的绩效如何、是否适应情况变化、是否达到预期策划的结果、策划是否得到有效实施，以及针对风险和机遇所采取措施的有效性。同时可以帮助识别问题、寻找质量管理体系改进的需求。

案例 3-20：某机床厂长轴车间的质量目标中规定产品的合格率为 95%，在内审中发现近五个月合格品率分别为：97.03%；96.52%；96.00%；95.30%；95.01%。车间主任说："几年来，我们这个指标都能保持在 97% 左右，上个月的合格率为 95.01%，又达到 95% 的质量目标要求，情况很好，不影响我们车间的奖金。"

案例分析：不符合标准 9.1.3 分析与评价条款要求："组织应分析和评价通过监视和测量获得的适当的数据和信息。"该组织近五个月合格率虽然超过质量目标的要求，但呈不断下降趋势，什么原因导致出现这种情况，不得而知，接下来，很可能会下降到 95% 以下，所以，应该运用统计技术对数据进行分析和评价，找出原因，进行改进。

二、内部审核

1. 内部审核条款

> 9.2 内部审核
> 9.2.1 组织应按照策划的时间间隔进行内部审核,以提供有关质量管理体系的下列信息:
> a)是否符合:
>   1)组织自身的质量管理体系要求;
>   2)本标准的要求。
> b)是否得到有效的实施和保持。
> 9.2.2 组织应:
> a)依据有关过程的重要性、对组织产生影响的变化和以往的审核结果,策划、制定、实施和保持审核方案,审核方案包括频次、方法、职责、策划要求和报告;
> b)规定每次审核的审核准则和范围;
> c)选择审核员并实施审核,以确保审核过程客观公正;
> d)确保将审核结果报告给相关管理者;
> e)及时采取适当的纠正和纠正措施;
> f)保留成文信息,作为实施审核方案以及审核结果的证据。
> 注:相关指南参见 GB/T 19011。

2. 内部审核条款的说明

按策划的时间间隔开展内部审核是组织自我完善、自我改进的重要手段之一,通过内部审核可以达到下述目的,即确定质量管理体系是否符合策划的安排、本标准的要求以及组织所确定的质量管理系的要求,质量管理体系是否得到有效实施和保持。

组织应策划、制定、实施和保持审核方案。审核方案是针对特定的时间段所策划并具有特定目标的一组(一次或多次)审核安排。审核方案包括策划、制定、实施审核的所有必要的活动。审核方案的策划、制定、实施应考虑根据拟审核的过程和区域的状况和重要性以及以往审核的结果,来确定和实施审核的频次、准则、范围、方法。当某一区域和过程运行问题多、重要程度高的时候,应加大审核力度。例如以前内审中发现问题比较多的地方往往需要增加审核频次和审核时间;夜班和周末加班的作业环境往往与日常白班不同,因此也可能需要增加对夜班和周末加班的审核。

例如:对某电热水器制造厂连续两年的审核发现,该厂喷涂车间的固化烘道内温度只设定到160℃,未达到180℃的工艺要求,脱脂工序的喷淋压力也只有 $0.8kg/cm^2$,未达到 $1.2kg/cm^2$ 的要求,车间内环境温度和湿度都比较高,粉尘也超标,造成热水器外表面涂膜质量下降,查阅去年审核时该车间不合格项也比较多,则在审核方案策划时,对该喷涂车间及过程运行环境(7.1.4 条款)、生产和服务提供的控制(8.5.1 条款)、产品和服务的放行(8.6 条款)等过程增加了审核人员和审核时间。

为确保审核过程及结果的客观、公正,审核员一般不应审核自己的工作。例如来自技术研发部门的内审员一般不应审核技术研发部的工作,而应去审核生产制造、采购、检验等部门,而来自生产制造部的内审员则不应审核生产制造部,而应去审核技术研发部、营销部等其他部门。但对一些小型组织,则很难做到这点,这时,选择一个诚实正直的审核员,确保审核过程的独立、客观和公正则显得尤其重要。

组织宜制定《内部审核的程序》，规定下列内容：
① 审核方案策划：包括确定审核目的、审核依据、审核范围等；
② 审核方案实施：包括审核准备和现场审核等；
③ 审核实施结果：包括审核发现和审核结论；
④ 在内部审核过程中相关职责和分配等。

在内部审核中发现不合格项时，应对这些不合格项进行评审，分析其原因，责任部门的管理者应采取相应的纠正和纠正措施，以消除不合格以及产生不合格的原因，最后应确保将审核结果报告给组织的相关管理者。

相关的质量记录有《审核方案》《审核实施计划》《内审检查表》《不合格项报告》《内部质量管理体系审核报告》《纠正和纠正措施处理单》等。这些成文信息应予以保留，作为实施审核方案以及审核结果的证据。

案例3-21：在某厂质管办检查质量体系审核的实施情况，查阅最近两次的审核记录，有不少不合格项已经进行了纠正，但是未见纠正措施及其实施。负责审核工作的人解释说，我还有许多其他工作，实在是忙不过来，好在已经将不合格纠正了，也就达到审核目的了。

案例分析：该厂违反了标准9.2.2条款的要求。在审核过程中发现不合格项时，应及时采取适当的纠正和纠正措施。纠正和纠正措施两者是有区别的，纠正是指为消除已发现的不合格所采取的措施，而纠正措施则是指对这些已发生的不合格进行分析评审，找出并消除其不合格的原因，防止因为同样或类似原因再次发生不合格；纠正只是就事论事，而纠正措施则是举一反三，两者在不合格控制和质量管理体系改进程度上是不一样的。

三、管理评审

1. 总则条款

> 9.3 管理评审
> 9.3.1 总则
> 　　最高管理者应按照策划的时间间隔对组织的质量管理体系进行评审，以确保其持续的适宜性、充分性和有效性，并与组织的战略方向保持一致。

2. 总则条款的理解

管理评审是对组织的质量管理体系的适宜性、充分性和有效性进行定期的评审，提出并确定包括质量方针、质量目标在内的各种改进的机会和变更的需求，并与组织的战略方向保持一致，以确保实现持续改进。

（1）三个评审的概念
① 适宜性评审：组织的质量管理体系与组织的宗旨、总体目标和组织的实力是否相适宜。使组织明确现状与标准的差距所在，便于组织有针对性地策划并改进质量管理体系。即说到的都是合适的。
② 充分性评审：组织的质量管理体系的范围是否充分符合ISO 9001标准的要求，即该说的都要说到。
③ 有效性评审：组织的质量管理体系是否有效保持和实施并持续改进，即说到的都是做到的。

经过管理评审,若有不适宜的,更改为适宜的;若有不充分的,即按照标准该说的没有说到的地方,把它增加上去;若有没有有效执行质量管理体系的,即说到的没有做到的,也要纠正过来。通过管理评审,努力做到该说的都要说到,凡说到的都是合适的,凡说到的都要做到,以确保质量管理体系的适宜性、充分性和有效性。

（2）管理评审的特点

管理评审一般按预先的策划,每年进行 1~2 次,一般安排在内部审核之后,时间间隔不超过 12 个月。评审一般以会议的形式进行,最高管理者主持,相关部门主管（如质管办主任、检验科长、售后服务部经理等）、从事质量管理的人员（如内审员）等出席。

管理评审的记录作为质量管理体系的证据,应适当予以保留,包括管理评审计划、评审通知、评审会议签到表、会议记录、评审结果记录、管理评审的改进措施与验证记录等。

3. 管理评审输入条款

> 9.3.2 管理评审输入
> 策划和实施管理评审时应考虑下列内容:
> a）以往管理评审所采取措施的情况。
> b）与质量管理体系相关的内外部因素的变化。
> c）下列有关质量管理体系绩效和有效性的信息,包括其趋势：
> 1）顾客满意和有关相关方的反馈;
> 2）质量目标的实现程度;
> 3）过程绩效以及产品和服务的合格情况;
> 4）不合格及纠正措施;
> 5）监视和测量结果;
> 6）审核结果;
> 7）外部供方的绩效。
> d）资源的充分性。
> e）应对风险和机遇所采取措施的有效性（见 6.1）。
> f）改进的机会。

4. 管理评审输入条款的解释

管理评审的输入信息,以上一次管理评审到这一次管理评审之间的时间段为准。策划和实施管理评审时应考虑下列内容。

① 上一次或前几次管理评审发现的问题及所采取措施的完成情况。

② 与组织质量管理体系相关的内外部因素的变化情况。例如,组织架构是否变化、产品市场占有率是否下降或上升、国家环保标准要求是否提高、所用产品材料是趋于稳定还是面临被新材料所取代等（条款 4.1 理解组织及其环境的要求）。

③ 顾客满意和相关方的反馈。包括顾客满意程度是稳定还是有下降趋势,顾客投诉是否上升,其他相关方诸如员工、股东、零售商、立法和监督机构等对组织绩效、产品质量、遵守法律法规行为、社会责任等方面的反馈,这些能反映内外部对组织质量管理体系绩效和有效性的评价。对"9.1.2 顾客满意"条款的要求所采取的实施措施及相应的成文信息应纳入管理评审输入中。

④ 组织质量目标的实现程度（条款 6.2 质量目标及其实现的策划的要求）。

⑤ 过程绩效以及产品和服务的合格情况（条款4.4质量管理体系及其过程和8.6产品和服务的放行的要求）。

⑥ 对不合格的纠正和纠正措施的处理情况（条款10.2不合格和纠正措施的要求）。

⑦ 监视和测量结果。"9.1.1总则"条款中对监视和测量的要求及所采取的实施措施以及相应的成文信息应纳入管理评审输入中。

⑧ 审核结果的信息，包括内部审核、第二方审核、第三方审核等结果，表明组织内部和外部对质量管理体系运行的评价，应纳入管理评审输入中。

⑨ 外部供方的绩效。"8.4外部提供的过程、产品和服务的控制"条款中对外部供方的评价、绩效监视、再评价及必要措施等成文信息应纳入管理评审输入中。

⑩ 依据内外部因素的变化和质量管理体系绩效和有效性的信息，评价资源配置是否充分（条款7.1资源的要求）。

⑪ 应对风险和机遇所采取措施的有效性（条款6.1应对风险和机遇的措施的要求）。

⑫ 组织内部和外部对产品、过程绩效和服务提出的改进的机会（条款10.1总则的要求）。

5. 管理评审输出条款

> 9.3.3 管理评审输出
> 管理评审的输出应包括与下列事项相关的决定和措施：
> a) 改进的机会；
> b) 质量管理体系所需的变更；
> c) 资源需求。
> 组织应保留成文信息，作为管理评审结果的证据。

6. 管理评审输出条款的理解

管理评审输出，即经过管理评审会议讨论后形成的决议，主要根据以下三方面的问题进行讨论和评价，整理出管理评审结论，在会议结束后即开始落实执行，跟踪验证，并在下一次管理评审的时候作为评审输入之一。

① 与顾客要求和相关方的反馈有关的过程绩效以及产品和服务的改进，以及"9.3.2管理评审输入"条款中所列的输入内容经过管理评审后确定的改进机会。

② 根据输入内容经管理评审讨论后所需的质量管理体系的变更或改进。

③ 经管理评审后确定的新的资源需求。

案例3-22：某厂程序文件规定一年内至少应进行一次管理评审。该厂在今年7月份组织了一次管理评审，查看《管理评审报告》，报告内容仅仅涉及了该厂近期要上马一条新的生产线的讨论情况，其实是讨论该项目的办公会。质管办主任介绍说："由于最近要上一条新的生产线，因此这次评审主要讨论了该生产线的有关情况，其他方面和过去一样，没有什么变化，所以就没有讨论了。"

案例分析：此种情况要进一步分析，ISO 9001标准并不强调在一次会议上将所有评审内容都评审完，可以分几次进行，只要全年将评审内容评审覆盖到就可以，从这点上讲，对新生产线项目的评审其实也是管理评审的一种；要查阅全年的管理评审报告，是仅仅这一次还是有数次，如果只有这一次，显然不符合标准9.3管理评审条款，没有对组织的工作进行全面的总结和分析、评审质量管理体系及其过程的有效性，评审与顾客要求有关的产品的改进,还有体系、质量方针和质量目标是否需要变更等七个方面,如果还有几次管理评审,将上述要求都评审到,则符合标准条款要求。

第十节 改 进

一、总则

1. 总则条款

> 10 改进
> 10.1 总则
>   组织应确定和选择改进机会,并采取必要措施,以满足顾客要求和增强顾客满意。
>   这应包括:
>   a) 改进产品和服务,以满足要求并应对未来的需求和期望;
>   b) 纠正、预防或减少不利影响;
>   c) 改进质量管理体系的绩效和有效性。
>   注:改进的例子可包括纠正、纠正措施、持续改进、突破性变革、创新和重组。

2. 总则条款的说明

本条款是标准第 10 章改进的总体要求。组织宜建立《改进控制程序》,将改进作为组织的常态化工作。改进的目的是满足顾客要求和增强顾客满意。改进的内容不仅指产品和服务的改进,还包括对质量管理体系的绩效和有效性的改进。改进还有下列方法。

① 对所发现的不合格采取纠正和纠正措施,以减少不利影响。

② 采取预防措施。质量管理体系的主要理念之一就是预防为主,2015 版标准中虽然没有单独的预防措施条款,但是在第 10 章改进和标准 6.1 应对风险和机遇的措施条款中都有体现。

③ 持续改进、突破性变革、创新和重组等。

组织创新是现代经济中创新的基本构成部分。企业往往由生产、采购、营销、服务、技术研发、财务、人力资源管理等职能部门组成,企业的创新应涵盖这些职能部门,企业创新包括产品创新、生产工艺创新、市场营销创新、企业文化创新、企业管理创新等。

当组织规模太大,导致效率不高和绩效不佳时,就要考虑剥离部分亏损或成本高效益低的业务;当组织规模太小、业务较单一,导致风险较大时,就要考虑通过收购、兼并等手段伺机进入新的业务领域,开展多种经营,以降低组织整体风险。重组的方式有:出售组织的部分经营业务、对组织结构进行较大调整、关闭组织部分营业场所,或将营业活动由一个地区迁移到另一个地区。

持续改进是一种维持性变革,假如组织绩效下降,生产经营缺乏创新,缺乏新的战略方向和适应性措施,缺乏新产品和技术更新,机构决策迟缓,指挥不灵,信息渠道不通畅,机构臃肿,职责重叠,扯皮和人事纠纷增多,职工士气低落,不满情绪增加等情况出现,组织就要考虑采取突破性变革措施。

二、不合格和纠正措施

1. 不合格和纠正措施条款

> 10.2 不合格和纠正措施
> 10.2.1 当出现不合格时,包括来自投诉的不合格,组织应:
> a) 对不合格做出应对,并在适用时:
> 1) 采取措施以控制和纠正不合格;
> 2) 处置后果。
> b) 通过下列活动,评价是否需要采取措施,以消除产生不合格的原因,避免其再次发生或者在其他场合发生:
> 1) 评审和分析不合格;
> 2) 确定不合格的原因;
> 3) 确定是否存在或可能发生类似的不合格。
> c) 实施所需的措施。
> d) 评审所采取的纠正措施的有效性。
> e) 需要时,更新在策划期间确定的风险和机遇。
> f) 需要时,变更质量管理体系。
> 纠正措施应与不合格所产生的影响相适应。
> 10.2.2 组织应保留成文信息,作为下列事项的证据:
> a) 不合格的性质以及随后所采取的措施;
> b) 纠正措施的结果。

2. 不合格和纠正措施条款的说明

当出现不合格、包括投诉时,组织应采取措施以控制和纠正不合格,同时评价是否需要采取其他纠正措施,以消除不合格产生的原因,避免其再次发生或发生类似的不合格。对所采取的纠正措施的有效性要进行评审,需要时,可考虑更新在策划期间确定的风险和机遇,或变更质量管理体系。

组织可根据实际情况,编制不合格和纠正措施控制的程序文件,以规定对已发现的不合格如何采取纠正措施,如何评审纠正措施的有效性,并防止不合格再次发生。

不合格和纠正措施控制程序文件应规定以下方面的要求:

① 应分析和评审不合格。评审和分析的内容包括:不合格的情况、范围和性质,选择对不合格的处置;控制对不合格品的搬运和储存等。应特别注意对顾客所抱怨的不合格品或不合格服务的分析评审。

② 应确定不合格的原因,确定是否可能再次发生或在其他场合发生,分析产品或服务的规范,以及所有有关的过程、操作、记录、服务报告和顾客意见等。在分析问题时,可采用统计分析方法,如正态分布图、直方图、点图、因果图等。

③ 评审所采取的纠正措施的有效性,根据不合格的严重程度,评审是否需要采取纠正措施,而所采取的纠正措施应与不合格所产生的影响程度相适应。

④ 评审是否需要更新在策划期间确定的风险和机遇,是否需要变更质量管理体系。

上述相应的成文信息组织应予以保留,作为不合格的性质以及随后所采取的措施和纠正措施的结果的证据。

案例3-23:在某公司的质量例会上,对装配车间1个月连续出现两次装配不合格进行了处理,会后开出的《纠正措施处理单》上在纠正措施栏内填写的处理结果是:对车间主任进行罚款处理，扣发当月奖金。

案例分析：这种情况显然有违标准要求。应该对不合格原因进行分析，针对产生这种不合格的原因采取纠正措施，防止再次发生这种错误，并对纠正措施实施效果的有效性进行评审。该公司违反了标准10.2不合格和纠正措施条款的要求，组织应分析和评审所采取的纠正措施的有效性，分析不合格，确定不合格的原因，评价是否需要采取措施，以消除产生不合格的原因，避免其再次发生或者在其他场合发生。

三、持续改进

1. 持续改进条款

> 10.3　持续改进
> 　　组织应持续改进质量管理体系的适宜性、充分性和有效性。
> 　　组织应考虑分析和评价的结果以及管理评审的输出，以确定是否存在需求或机遇，这些需求或机遇应作为持续改进的一部分加以应对。

2. 持续改进条款的说明

本条款明确了组织应通过持续改进，以改进质量管理体系的适宜性、充分性和有效性。

持续改进包括改进过程输出与产品和服务的一致性，这样可提升组织的绩效并为顾客和相关方带来好处。

组织应考虑分析和评价（9.1.3条款）的结果以及管理评审的输出（9.3.3条款），以确定是否存在需求或机遇，是否需要实施持续改进活动。

复习思考题与练习题

一、单项选择题

1. ISO 9001标准中基于风险的思维条款号为（　　）。
   A. 0.3.3　　　　　　B. 6.1　　　　　　C. 8.1　　　　　　D. 9.1.1
2. 以下哪一条不是组织实施ISO 9001标准的目的（　　）。
   A. 证实满足顾客要求的能力　　　　　B. 证实满足适用法律法规的能力
   C. 持续地增强顾客满意　　　　　　　D. 产品安全认证
3. 电视机的质量特性中以下哪一种是赋予的特性（　　）。
   A. 清晰度　　　　　B. 音响保真度　　　　C. 价格　　　　　D. 色彩
4. 关于风险与机遇，下列哪一说法是不对的（　　）。
   A. 风险会产生危机，所以必须防范风险　　B. 风险会产生危机，也可能产生机遇
   C. 必须策划应对风险和机遇的措施　　　　D. 机遇可能导致采用新实践，推出新产品
5. 质量管理体系文件的详略程度和数量多少取决于（　　）。
   A. 组织规模　　　　　　　　　　　　B. 员工能力
   C. 过程和产品的复杂程序　　　　　　D. 年产值大小
6. 根据标准要求，以下哪些成文信息是不强制要求保存的（　　）。
   A. 管理体系评审　　　　　　　　　　B. 人员能力的证据
   C. 意识　　　　　　　　　　　　　　D. 顾客或外部供方财产异常的记录
7. 最高管理者是指（　　）。
   A. 董事会　　　　　B. 最高管理层　　　　C. 总经理　　　　D. B＋C

8. 标准中提供支持的质量管理体系资源不包括（　　）。
   A. 设施、设备　　　B. 知识　　　C. 能力　　　D. 监视和测量装置
9. ISO 9001 标准中 8.2.1 顾客沟通是指（　　）的沟通。
   A. 组织内部　　　B. 与顾客　　　C. 与供方　　　D. 与审核员
10. ISO 9001 标准中对产品和服务要求的评审不包括（　　）。
    A. 顾客规定的要求　　　　　　　　　B. 组织或合同规定的要求
    C. 组织满足顾客要求的能力　　　　　D. 供方提供产品和服务的能力
11. 顾客要求不包括（　　）。
    A. 书面订单　　　　　　　　　　　　B. 没有提出已知规定用途所必需的要求
    C. 电话订货　　　　　　　　　　　　D. 通过第三人口头转达的订货要求
12. 组织的内部环境不包括（　　）。
    A. 物理环境　　　B. 文化环境　　　C. 竞争环境　　　D. 心理环境
13. 确保产品和服务能够满足规定的使用要求或预期用途应进行（　　）。
    A. 设计和开发评审　　　　　　　　　B. 设计和开发验证
    C. 设计和开发确认　　　　　　　　　D. 设计和开发策划
14. 设计验证的目的是（　　）。
    A. 确保设计和开发输出满足设计输入要求　　　C. 确保设计图纸便于制造
    B. 评价设计和开发结果满足要求的能力　　　　D. 相互矛盾的设计和开发输入得到解决
15. 标准 8.5.2 中的"标识"是指（　　）。
    A. 针对监视和测量要求识别产品状态的标识　　B. 设备完好状态的标识
    C. 文件修订状态的标识　　　　　　　　　　　D. 识别监视和测量装置校准状态的标识
16. 标识、搬运、包装、储存和保护活动（　　）。
    A. 目的是使产品能按期交付　　　　　B. 目的是保护产品交付前不受损坏
    C. 只适用最终产品　　　　　　　　　D. 只适用于产品交付后活动
17. 下列哪一条不属于内部审核的依据（　　）。
    A. 质量计划　　　　　　　　　　　　B. 质量手册、程序文件、作业指导书
    C. 国家有关法律法规　　　　　　　　D. 管理评审输入
18. 不合格输出控制的目的是（　　）。
    A. 使顾客满意　　　B. 减少损失　　　C. 防止非预期使用　　　D. 降低成本
19. 持续改进的目的是（　　）。
    A. 改善产品特性　　　　　　　　　　B. 降低成本
    C. 增强顾客满意　　　　　　　　　　D. 提高产品质量
20. 顾客满意是指（　　）。
    A. 顾客对自己的要求已被满足的程度的感受　　B. 顾客填写意见表
    C. 没有顾客抱怨　　　　　　　　　　　　　　D. 顾客获得赔偿

二、是非判断题
1. 根据 ISO 9001：2015 标准，组织对其选择的所有外包过程均应实施控制。（　　）
2. 形成文件的程序可以是质量手册的组成部分。（　　）
3. 必须规定质量记录的保存期。（　　）
4. 质量管理体系文件发布前不需要得到批准。（　　）
5. 质量管理体系文件不包括质量方针和质量目标。（　　）
6. 质量管理体系文件的繁简应与人员能力相适应。（　　）
7. 质量手册应该包括为质量管理体系编制的形成文件的程序或对其引用。（　　）
8. 外来文件使用前无须识别。（　　）

9. 标准 5.3（组织的岗位、职责和权限）条款，要求对质量管理体系各过程的职责和权限进行分配和沟通。（　　）
10. 质量策划的结果就是质量计划。（　　）
11. 质量计划对新老产品都是必要的。（　　）
12. 质量目标可包括满足产品要求的资源、过程、文件和活动。（　　）
13. 质量目标应是可测量的，并与质量方针保持一致。（　　）
14. 管理评审应由经过培训和资格认可的内审员进行。（　　）
15. 内部质量体系审核和管理评审都是对质量体系进行评价的方法，可以相互代替。（　　）
16. 产品销售合同一经签订，不得更改。（　　）
17. 合同评审必须以会签、会议的形式进行，以确保满足合同要求。（　　）
18. 在对产品进行策划时组织应针对产品确定过程文件和资源需求。（　　）
19. 确保设计阶段的输出满足设计阶段输入要求的方法是设计验证。（　　）
20. 设计和开发更改应由原设计人员进行，并经过验证、确认和批准。（　　）
21. 设计和开发输出应为采购、生产和服务提供适当的信息。（　　）
22. 组织对长期供货的外部供方可免于评价。（　　）
23. 组织应根据外部供方按组织的要求提供产品的能力评价和选择供方。（　　）
24. 提供给外部供方的信息中，可能包括对人员资格的要求。（　　）
25. 必须标识产品的检验和试验状态，以防止不同类型或批次的产品混淆。（　　）
26. 顾客或外部供方的财产不包括知识产权。（　　）
27. 质检科负责产品检验工作，因此对外部供方提供产品的验证也应由质检科负责。（　　）
28. 产品的测量必须由专职检验员进行。（　　）
29. 当发现设备不符合要求时，组织必须对以往的测量结果的有效性进行评价和记录。（　　）
30. 对新购进的测量设备必须校准或检定。（　　）
31. 顾客满意作为对 QMS 业绩的一种测量。（　　）
32. 内部审核应按策划的时间间隔进行。（　　）
33. 本部门的人员只要具备内审员资格都可参与本部门的审核。（　　）
34. 内审是监视和测量质量管理体系的重要手段。（　　）
35. 产品和服务交付后的活动就是售后服务。（　　）
36. 如因顾客急需并同意，成品未经检验可进行标识、做好记录后交付给顾客使用。（　　）
37. 对已发现的不合格采取纠正措施是为了有效地处置不合格。（　　）
38. 产品除非经有关授权人员的批准，否则不能放行产品的交付服务。（　　）
39. 不合格输出控制目的是防止产品和服务非预期的使用或交付。（　　）
40. 返修之后的产品应重新进行检查，以确保其能达到规定的要求。（　　）
41. 预防措施是为了防止不合格再次发生而采取的措施。（　　）

三、问答题

1. 组织实施和运行 ISO 9001:2015 标准的基本目的是什么？
2. ISO 9001 标准中的"应""宜""可""能"的含义是什么？
3. 什么是 PDCA 循环？试举例说明。
4. 如何理解组织及其环境？
5. 如何理解相关方的需求和期望？
6. 如何理解风险和机遇？
7. 标准中"成文信息"的具体内容有哪些？
8. ISO 9001 标准中除了第 6 章策划以外，还有哪些条款对"策划"提出了要求？是哪些要求？
9. 9001 标准提出了哪些资源需求？

10. 按标准"7 支持"条款，实施、运行质量管理体系，需要哪些方面的支持？
11. 什么是监视和测量资源？举例说明。
12. 内部沟通有何重要性？试举例说明。
13. 简述"人员"和"能力"彼此之间的关系。
14. 简述组织的知识对实现质量管理体系的重要性。
15. 举例说明产品和服务要求要确定哪些内容。
16. 什么是设计开发输入？举例说明设计开发输入内容有哪些。
17. 简述对外部供方提供的产品和服务如何进行控制。
18. 生产和服务提供要控制哪些内容？
19. "产品标识""监视和测量状态标识""唯一可追溯性标识"有何区别？
20. 试说明顾客财产包括的范围，对顾客财产应如何管理？
21. 不合格品的处置途径有哪几种？
22. 简述"监视、测量"与"分析和评价"之间的关系。
23. 什么是顾客满意？
24. 组织对顾客满意度的信息如何监控？
25. 要达到顾客持续满意，组织需采取哪些措施。
26. 简述内部审核和管理评审的区别。
27. "管理评审"体现了"七项管理原则"中哪些管理原则？
28. 什么是适宜性、有效性和充分性评审？
29. "8.7 不合格输出的控制"条款与"10.2 不合格和纠正措施"条款之间的区别是什么？
30. 简述纠正措施、预防措施及持续改进的内涵和区别，并举例说明。

第四章

质量管理体系审核概论

质量管理体系审核是组织在建立、实施体系以后必须进行的一项管理活动。组织进行审核的目的，一是评价和确定自身质量管理体系符合要求的程度和体系有效性，并寻找改进的机会；二是获得外部的认证认可。因此，体系审核是保证组织质量管理体系持续有效运行并持续改进的重要手段。

ISO 19011:2011《管理体系审核指南》（GB/T 19011—2013）在管理体系审核方面提供了指南。本章按照该标准第3章术语和定义、第4章审核原则、第5章审核方案的管理的要求，以及第7章审核员的能力和评价、附录B审核员策划和实施审核的补充指南的部分内容，对有关审核的术语和定义、审核类型、审核原则与抽样、审核方案的管理作一阐述，同时介绍了ISO 9001:2015/GB/T 19001—2016 标准的审核要点。

需要说明的是，ISO 19011:2011 标准虽然适用于所有使用者（包括中小型组织），但主要注重内部审核（即第一方审核）和第二方审核，对于以认证为目的的第三方审核，虽然本标准对其也有帮助，但主要还是遵守 ISO/IEC 17021（GB/T 27021）标准的要求。

第一节　与审核有关的术语

本节所阐述的术语均为 ISO 19011:2011/GB/T 19011—2013《管理体系审核指南》标准中给出的术语，标准中给出了20个术语，本节阐述其中一部分术语，其余的术语将在相关章节中予以介绍。

1. 审核

① 审核的定义：为获得审核证据并对其进行客观的评价，以确定满足审核准则的程度所进行的系统的、独立的并形成文件的过程。

② 定义说明：审核是一个系统的、独立的并形成文件的过程。

所谓系统，是指审核是一项正式的、有序的活动。如果是外部审核，须按组织与认证机构签署的合同进行，如果是内部审核，则需要组织的最高管理者的授权，无论是外部审核还是内部审核，都是有组织、有计划并按规定的程序进行的。

所谓独立，是指审核是一项客观的、公平和公正的活动，在审核过程中以审核准则为依据，尊重事实和证据，得出客观公正的结论，不能随意扩大或缩小这些事实和准则的范围。同时，审核员必须与审核活动没有直接的责任关系。

审核是一个形成文件的过程。审核的文件是相伴于审核活动而产生的。审核的策划、准备、实施、评价等各阶段都会形成文件，例如审核计划、检查表、抽样计划、审核记录、不符合报告、审核报告等。

2. 审核准则

审核准则的定义：用于与审核证据进行比较的一组方针、程序或要求。

审核准则是组织实施审核、判断审核证据符合性的依据。审核准则通常包括组织的质量方针、程序、标准、法律法规、管理体系要求、合同要求或行业规范等。审核准则应形成成文信息。

3. 审核证据

审核证据的定义：与审核准则有关并能够证实的记录、事实陈述或其他信息。

审核证据是能够证实的记录、事实陈述或其他信息。在审核过程中，可以通过交谈、查阅文件和记录、听取有关责任人员口头陈述、现场观察、实际测定等方法来获取所需要的信息。

作为审核证据的信息必须真实和客观，即：审核证据应该是确实发生过的真实事件的表征；在审核过程中，不要求也没有必要对获得的信息逐一证实，但一旦需要，这些信息应该能被证实，不能被证实的信息不能作为审核证据。

审核证据可以是定性的，如人员的质量观念，也可以是定量的，如温度、湿度、图纸张数、文件缺页等。审核证据还与审核准则有关，如质量管理体系要求、质量手册、程序文件、质量记录等要求。

4. 审核发现

审核发现的定义：将收集的审核证据对照审核准则进行评价的结果。

和通常意义上的"发现"不一样，这里的审核发现是已经进行评价得到的结果，评价结果可能是符合审核准则，这就作为一个良好实践记录下来，例如符合质量管理体系标准要求；也可能不符合准则，例如不符合质量管理体系要求或相关合同、法律法规、控制程序等要求，这就可引导识别改进的机会。

5. 审核结论

审核结论的定义：考虑了审核目标和所有审核发现后得出的审核结果。

审核结论给出的是对组织质量管理体系的整体评价，所以审核组关注的是体系的整体质量水准。这种评价的过程及结果应该是公平、公正和公开的，注重组织质量管理体系的持续改进机制，受审核方能心悦诚服的接受。

审核结论是综合分析所有审核发现的基础上做出的最终审核结果，是审核组而不是某一个审核员做出的。审核发现是做出审核结论的基础，审核证据则是获得审核发现的基础，审核准则是判断审核符合性的依据。

审核准则、审核证据、审核发现和审核结论之间的关系是：按照质量管理体系标准、相关质量手册、程序文件、法律法规等审核准则，通过现场审核活动，收集到客观真实的审核证据，进行分析比较，得到审核发现，最后经过审核组讨论评审，在考虑了审核目的并综合分析所有审核发现的基础上，得出了最后的审核结论。

6. 审核方案

审核方案的定义：针对特定时间段所策划并具有特定目标的一组（一次或多次）审核安排。

审核方案是一组具有共同特点的审核及其相关活动（如审核策划、审核组织和实施审核等）的集合。

审核方案包括特定时间段内需要实施的具有特定目标的一组审核，特定时间段可以根据不同组织的不同特点和需要来确定，例如某组织的审核方案可以包括该组织在一个年度内需要实施的多次内部审核。由于在特定时间段内需要实施的一组审核可以有不同目标，因此，一个审核方案需要考虑这一组审核的总体目标，例如：某组织可以针对一个年度内需要实施的以选择、评价供方为目标的第二方审核建立一个审核方案。

审核方案是策划的结果，策划时应考虑包括策划、组织和实施审核所必要的所有活动，因此，审核方案应包括与审核有关的诸多活动以及这些活动的安排，这些活动和其后的审核结果以及其后采取的纠正和纠正措施的成文信息应予以保留。

7. 审核范围

审核范围的定义：审核的内容和界限。

审核范围通常包括对实际位置、组织单元、活动和过程以及所覆盖的时期的描述，也就是审核所覆盖的对象。审核范围的大小与审核目标、受审核方的生产规模、性质、产品、活动和过程的特点等因素有关。

① 实际位置是指组织坐落的地址、某施工单位的施工现场等。

② 组织单元是指审核所涉及的部门、车间、科室、岗位、场所等。

③ 活动过程是指质量管理体系所覆盖的活动及过程，如产品设计开发、生产制造、设备安装、检验验收、销售和售后服务等过程。

④ 所覆盖的时间是指体系运行的时间段，如某企业每年进行一次内审，则其内审所覆盖的时期至少一年。

例如：如果组织申请第三方认证注册，审核范围应由审核委托人或受审核方与认证注册机构一起确定，并作为审核方案策划的依据。审核完成后，认证注册机构也将在签发的认证证书上予以说明；如果组织接受顾客为商业目的对管理体系进行第二方审核，则审核范围主要由顾客决定；如果组织实施管理体系的内部审核，其审核范围由组织的最高管理者确定。

8. 审核计划

审核计划的定义：对审核活动和安排的描述。

审核计划描述的是一次具体的审核活动及其安排，是在审核方案的基础上，由审核组长对某一次特定审核活动进行策划的结果，其内容的详略程度与具体的审核范围和审核的复杂程度有关。因此，审核计划只是审核方案的一项记录。审核方案与审核计划的区别如表 4-1 所示。

表 4-1　审核方案与审核计划的区别

项目	审核方案	审核计划
性质	针对特定时间段内的一组审核，可以有不同目标，一个组织可制定一个或多个审核方案，可包括联合审核或多体系审核	针对某次审核，有特定的目标，是审核方案的组成部分
责任人	最高管理者规定审核方案管理权限；审核方案管理者制定、实施、监视、评审和改进审核方案，识别并提供资源	审核方案管理者指定审核组长，审核组长对本次审核活动负责

续表

项目	审核方案	审核计划
内容	一次或多次审核,策划和组织所有审核活动,实施审核提供资源的所有活动;审核方案内容视情况可以变更	对一次具体审核活动的安排
范围	涉及审核范围在特定时间段内组织的全部:体系、产品和过程	可涉及部分体系、产品和过程(某次监督审核)

9. 审核委托方、受审核方

审核委托方的定义：要求审核的组织或人员。

受审核方的定义：被审核的组织。

审核委托方是提出审核要求的组织或人员。在外部审核中，审核委托方大部分情况下是受审核方自己，也可以是受审核方的上级主管部门或投资方、顾客等相关方，例如，某开发区管委会委托认证机构对其开发区内的若干个或所有企业进行审核。在内部审核中，审核委托方通常是组织自己，即受审核方。

受审核方可以是被审核的一个完整组织，也可以是组织的一部分，如某集团公司下属的一个或若干个公司。

10. 审核员

审核员是指实施审核的人员。

11. 审核组

审核组是指实施审核的一名或多名审核员，需要时，由技术专家提供支持。

在审核组中指定一名审核员为审核组长，审核组可以包括实习审核员。

12. 技术专家

技术专家是指向审核组提供特定知识或技术的人员。

特定知识或技术是指与受审核的组织、过程或活动，以及语言或文化有关的知识或技术，在审核组中，技术专家不作为审核员。

第二节 审核类型、审核原则与抽样

一、审核类型

质量管理体系的审核可从不同角度进行分类。

按被审核的管理体系，可以分成单独的体系审核（如质量管理体系审核）、多体系审核（两个或两个以上的管理体系结合在一起审核，如质量管理体系和环境管理体系被一起审核）；按实施审核的主体，可以分为第一方审核、第二方审核、第三方审核、联合审核（两个或两个以上的认证机构共同审核一个受审核方）；按审核的覆盖面，可以分为全面审核和部分审核。

第二方审核、第三方审核均称为外部审核。

1. 第一方审核（又称内部审核）

第一方审核用于内部目的，由组织自己或以组织的名义进行的对其自身的产品、过程或服务的质量管理体系审核，可以作为组织声明自我合格的基础。

第一方审核的目的是保持组织质量管理体系持续有效的运行，综合评价自身质量管理体系的运行状态,评价质量活动及结果的有效性,同时对审核中发现的不合格采取纠正和改进措施。

第一方审核又称为内部审核。审核员通常是本组织内部经过培训的内部审核员,必要时也可以聘请外部人员参加。

(1) 实施第一方审核的主要原因

有以下几点:

① 质量管理体系标准的要求;
② 增强满足质量要求的能力,旨在顾客满意;
③ 在接受外部审核之前进行自我评价,及时采取纠正和纠正措施,以减少不合格项;
④ 推动组织的质量管理体系持续改进。

(2) 内部审核员的作用

内部审核员通常来自本组织,所担负的责任是:

① 对组织管理体系是否符合产品和服务提供策划的安排和管理体系标准要求,以及组织确定的要求进行评价;
② 对组织管理体系的有效实施和持续改进起监督和推动作用;
③ 受组织委派对外部供方质量管理体系进行审核;
④ 在组织接受外部审核时,担任向导或负责联络和沟通。

一般情况下,内审员应审核与自己无责任关系的部门或过程,但在一些小型组织内,很难做到这点,这时,选择一名诚实正直的审核员,确保审核过程的独立、客观和公正则显得尤其重要。

内审员担负着"三重角色"的任务,所以也应具备内部审核员所要求的素质和能力。

(3) 内部审核的频次

组织应按计划的时间间隔进行内部审核,对内部审核方案进行策划。在考虑内审频次和每一次审核日程的具体安排时,应考虑审核的过程和区域的状况和重要性,以及以往审核的结果。

2. 第二方审核

第二方审核是由组织的相关方如顾客、发包方或其他人以顾客的名义进行的审核,目的是评价组织具有稳定的提供满足顾客要求和法律法规要求的产品和服务的能力。审核依据应更注重双方签订的合同要求,以确定组织的质量管理体系与标准或顾客的特定要求的符合程度。第二方审核按不同的审核情况,可以分为正式审核、非正式审核、供方评价、预先调查和未经宣布的突然审核等几种方式,审核的结果通常作为顾客决定购买的因素。

(1) 实施第二方审核的主要原因

① 质量管理体系标准的要求,例如8.4外部提供的过程、产品和服务的控制条款的要求;
② 为确保产品和服务符合规定的要求;
③ 增加双方对质量要求的理解,取得共识,建立互利的关系管理。

(2) 第二方审核员要被授权

第二方审核员通常来自组织的顾客,或由其顾客外部聘请的人员。无论哪种情况,审核员均需被授权,代表组织的顾客对组织实施审核。例如:大型超市对供货商、大型建设集团对一些外包方进行的审核,以确认是否有能力稳定持续的提供合格的产品、工程和服务,对供货商和外包方来说，即属于第二方审核。

在第二方审核中，审核员拥有明显的权力，这就要求审核员应意识到所从事的审核活动的相关性和重要性，要求审核员应客观公正的收集信息，并传递给自己代表的顾客，促进互利的供方关系。

第二方审核应根据合同、协议需要，经双方商定来安排审核计划，保留审核记录。

3. 第三方审核

第三方审核由外部独立的第三方认证/注册机构进行，对受审核组织所进行的质量管理体系符合性的审核。一般来说，第三方审核的目的是认证注册，以此来证实组织有能力稳定地提供满足顾客和适用的法律法规要求的产品、增强顾客满意，以便占领和扩大市场。

第三方审核是组织自愿的，而不是强制的，审核依据是管理体系标准或规范。

实施第三方审核的主要理由如下：

① 依据国际质量管理体系标准对其组织满足顾客及适用法律法规要求能力的证实，获得第三方认证机构颁发的质量管理体系认证证书；

② 避免过多的第二方审核，减少组织和顾客双方的费用；

③ 改进组织的质量管理体系；

④ 提高组织信誉，增强市场竞争能力。

第三方审核中，审核员对受审核方不提出如何改进的建议。当组织要求为审核员提出有关建议时，应向受审核方说明，鉴于第三方审核的独立、公正地位决定了审核员不应提出如何改进的建议。

4. 三种审核类型的比较

第一方、第二方和第三方审核的比较如表 4-2 所示。

表 4-2　第一方、第二方和第三方审核的比较

比较项目 \ 审核类型	内部审核 第一方审核	外部审核	
		第二方审核	第三方审核
委托方、审核方和受审核方	无委托方，审核和受审方为同一组织	需方（组织的顾客或其指定的代表）	审核方为认证机构
审核目的	评价体系的符合性和有效性、持续改进	选择、评价和控制外部供方的质量保证能力	认证注册
审核准则	ISO 9001 标准、组织质量管理体系文件、合同、法律法规、标准等	合同、ISO 9001 标准、产品标准、法律法规等	ISO 9001 标准、组织质量管理体系文件、合同、法律法规、标准、社会要求等
审核范围	全面审核或部分审核	合同要求	注册认证或复审换证为全面审核； 监督审核、跟踪审核为部分审核
审核时间安排	按计划的时间间隔和组织决定，时间比较富裕	双方商定，一般在短期内集中审核	按审核计划进行，审核时间较短，集中审核
审核员	组织内审员、以组织名义聘请的外聘人员	组织的顾客或其代表（可以是第三方）	独立的认证/注册机构派出的审核员
审核员权限	表面上很小	依合同总值决定	表面上很大

续表

审核类型 比较项目	内部审核 第一方审核	外部审核	
		第二方审核	第三方审核
纠正措施建议	有责任提出纠正措施	取决于顾客方针,必要时可提出纠正措施	一般不提出,以保持公正
不合格处理	按问题性质分类,抓住重点问题进行纠正	按严重程度分类,目的在于是否可以认可,签订合同	按严重程度分类,目的在于是否予以通过认证/注册,颁发证书

5. 审核范围分类

按审核范围分类,审核又可分为全部审核、部分审核两种。

(1) 全部审核

不论是第一方、第二方审核,还是第三方审核,如果审核范围覆盖了产品形成的全部过程各个方面,则属于全部审核;一般体系认证的初次审核、三年后的复评,都属于全部审核。

(2) 部分审核

如果对组织质量管理体系过程有选择性的审核,如对组织的某类产品、某个过程或部分区域进行审核,就称为部分审核;认证机构实施的年度监督审核,为验证上次审核后采取的纠正措施是否有效、不合格项是否得到彻底消除而进行的跟踪审核等,均为部分审核。

由于各种审核的内容不同,所以其直接的审核目的、审核重点和审核依据的排序等,都会有所调整和变化。

二、审核原则

审核必须遵循若干原则。这些若干原则可以使审核成为一种有效的和可靠的工具来支持管理方针的实现和过程的控制,并能为组织改进其业绩提供有用的信息,遵循这些原则是得出正确的、充分的审核结论的前提。它能使彼此独立地进行审核的审核员在类似的情况下得出类似的审核结论。

ISO 19011:2011 标准给出了 6 项审核原则,是标准第 5~7 章给出的指南的基础,也是质量管理体系审核所必须遵守的原则。

6 项审核原则如下:

① 诚实正直:这是审核员职业的基础。在审核过程中,诚信、正直、勤勉、不偏不倚等道德品质对于审核员而言是最基本的要求。

② 公正表达:真实、准确地报告审核工作是审核员的基本责任和义务。审核发现、审核结论和审核报告中应力求真实和准确地反映审核活动;在审核过程中遇到未解决的重大障碍以及在审核组和受审核方之间没有解决的分歧意见等,均应如实报告。

③ 职业素养:这是审核员应具有的判断力和勤奋的体现。审核员应珍视他们所执行的任务的重要性,珍视审核委托方和其他相关方对他们的信任,认真、细致地从事审核工作;在工作中具有职业素养的一个重要因素是能够在所有审核情况下做出合理的判断。

④ 保密性:审核员应审慎使用和保护在审核过程获得的信息,审核员或审核委托方不应为个人利益不适当地或以损害受审核方合法利益的方式使用审核信息,包括正确处理敏感的、保密的信息,保护受审核方的信息安全。

⑤ 独立性：是审核过程的公正性和审核结论的客观性的基础，审核员应与被审核的活动无关，并应对利益冲突保持不偏不倚的态度，审核员应在审核过程中始终保持良好的客观性，以确保审核发现和审核结论的唯一依据是审核证据。

⑥ 基于证据的方法：是在一个系统的审核过程中得出可靠的和可以再现（可重查）的审核结论的合理方法。审核证据应是能够证实的、可以验证的。它是根据可以获得的信息的样本得到的，因为审核是在有限的时间内以有限的资源来进行的，所以应合理地进行抽样，当然，抽样方法的适当使用与审核结论的可信程度密切相关。

以上6项原则完全适用于内审员和外部审核员，也是每个审核员在审核过程中都应该做到的。

三、抽样

在审核过程中，如果检查所有可获得的信息不实际或不经济，例如记录太过庞大或审核范围地域分布太过分散，以至于无法对总体中的每个项目进行检查，则需要进行审核抽样。审核抽样的目的是提供信息，以使审核员确信能够实现审核目标。

1. 条件抽样

条件抽样又称判断抽样，是指根据审核人员的主观经验，从总体样本中选择那些被判断为最能代表总体的单位作样本的抽样方法。

判断抽样是审核抽样的主要方式，主要依赖于审核组的知识、技能和经验，例如，要考虑在组织审核范围内以前的审核经验、审核目标的复杂性、组织的过程和管理体系要素的复杂性及其相互作用、技术、人员因素或管理体系的变化程度、以前识别的关键风险领域和改进的领域、管理体系监视的结果等方面因素。重要的是保证所抽取的样本具有代表性，能够真实地反映受审核方管理体系的原貌。

在审核准备阶段如编制审核计划、检查表时就应考虑好从哪些部门、哪些活动中抽取样本；现场审核所要考虑的主要是具体抽什么样本和抽多少样本才具有代表性；一般可以按产品形成过程、服务的提供过程、工作流程和检查表的顺序抽样，有经验的审核员还可根据管理体系文件审核的结果、首次会议听到的对话、现场观察获取的信息，以及审核员的审核经验和专业知识进行判断抽样。

判断抽样的缺点是，可能无法对审核发现和审核结论的不确定性进行统计估计。

审核员应自己抽样或在其监督下抽样。审核员应清楚，无论在何部门抽样，都是对受审核方管理体系的审核，因此审核员之间需要做好协调、沟通，避免重复审核某些内容。

2. 统计抽样

统计抽样是指随机选取样本，运用概率论评价样本结果的抽样方法，是建立在数理统计模型基础之上，有助于衡量已获得证据的充分性，从而提高依据样本结果推断的总体特征的可靠性。通常，统计抽样比判断抽样更具有科学性，依据抽样结果推断的总体特征也更具有可靠性。

如果组织的规模比较大，一年中审核的频次比较高，单次审核时间比较长，胜任的审核员数量比较少，外部所要求的置信水平（即外部能够接受的抽样风险水平）比较严，则可以采用统计抽样方法。

当使用统计抽样时，审核员应适当描述工作情况，并形成文件。这包括抽样总体的描述、用于评价的抽样准则（例如什么是可接受的样本）、使用的统计参数和方法、评价的样本数量以及获得的结果。

3. 抽样数量

经验表明，采取判断抽样时，一般抽取得 3~12 个样本大致就可以反映受审核方管理体系中某一具体过程的情况。

如果在所抽的样本中只发现个别样本有问题，应进一步扩大抽样，以便查明是普遍性的问题，还是一个孤立的、偶然的不合格事项。

4. 抽样的代表性

保证抽取的样本具有代表性非常重要，因此对涉及关键性问题的样本，对于比较薄弱的环节，要抽取足够数量的样本。

如在所抽的样本中未发现问题，就应认为该区域或过程符合要求，继续进行下一步的审核。那种不发现问题不罢休的做法，对受审核方是不公正的，同时也降低了样本的代表性。

还要注意的是：大部分审核员一般都具有某一方面的专业知识，在审核过程中，审核员要避免对自己特别感兴趣的专业领域抽太多的样本，细审慢问，花太多的时间，致使审核难以按计划完成，或不得不舍弃或减少对其他领域的审核，导致审核结果缺乏代表性。

抽样存在风险，抽样的风险是从总体中抽取的样本也许不具有代表性，从而可能导致审核员的结论出现偏差，与对总体进行全面检查的结果不一致。

第三节　审核方案的管理

一、概述

审核方案是指针对特定时间段所策划并具有特定目标的一组（一次或多次）审核安排。它与审核计划不同，审核计划是指对某一次具体的审核活动和安排的描述。需要实施审核的组织应建立审核方案，以便确定受审核方管理体系的有效性。审核方案可以包括针对一个或多个管理体系标准的审核，可单独实施，也可结合实施。

组织的最高管理者应确保建立审核方案的目标，并指定一个或多个胜任的人员负责管理审核方案。审核方案的范围与程度应与受审核组织的规模和性质、管理体系的复杂程度及成熟度水平相适应。

审核方案的内容包括以下几点：

① 审核方案和每次审核的目标；
② 审核的范围与程度、数量、类型、持续时间、地点、日程安排；
③ 审核方案的程序；
④ 审核准则和审核方法；
⑤ 审核组的选择；
⑥ 所需的信息和资源，包括交通和食宿；
⑦ 处理保密性、信息安全、健康和安全，以及其他类似事宜的过程。

应监视和测量审核方案的实施以确保达到其目标。应评审审核方案以识别可能的改进。

图 4-1 所示是审核方案的管理流程。

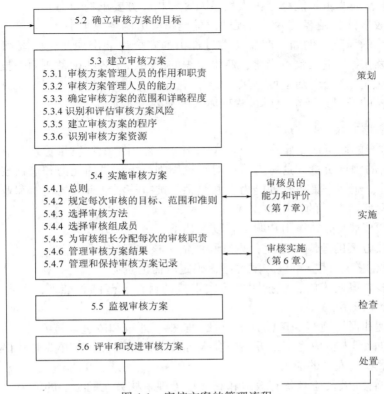

图 4-1 审核方案的管理流程

注：1. 图中表示了 PDCA 循环在 ISO 19011：2011 标准中的应用。
　　2. 图中章条号指的是 ISO 19011：2011 标准的相关条款号

二、确立审核方案的目标

最高管理者应确保审核方案的目标得到确立，以指导审核的策划和实施，并应确保审核方案的有效实施。审核方案的目标应与管理体系的方针和目标相一致并支持方针和目标。这些目标可基于以下几方面考虑：

① 管理上存在一些优先事项，例如，组织近期调整和裁撤了一些部门、科室，相应重新分配了职责和权限，则应把组织的岗位、职责和权限的控制作为内部审核方案的目标。

② 商业和其他业务意图，例如面临着重点研发新产品，重大工程项目的招投标，已中标的项目工程的设计、制造、安装、调试等过程，则可以把这些内容控制作为审核方案的目标。

③ 组织最近的质量管理过程、生产的产品和一些项目的特性发生了变化。

④ 满足质量管理体系的要求，例如，认证机构的认证注册、内审时确认质量管理体系是否有效实施和保持、质量目标是否可以实现、绩效是否持续改进等。

⑤ 需要验证符合法律法规要求和合同要求的符合性，以及组织承诺遵守的其他要求。

⑥ 对外部供方进行评价的需要，以确保外部提供的过程、产品和服务满足要求，获得和保持对供方能力的信心。

⑦ 相关方（包括顾客）的需求和期望，如环境保护、资金和物料周转率、顾客满意度、

质量目标等要求，证明组织能稳定提供满足顾客和相关方要求的能力。

⑧ 发生失效事件和顾客投诉时所反映出的受审核方的绩效水平。

⑨ 组织面临的风险，例如：产品使用过程中的安全性能出现变化，国家实行重点行业排污许可证核发制度等重大政策变化，使得组织的产品、工艺和设备或面临技术改造，或有逐步淘汰的趋势，生产经营活动面临风险。

⑩ 以往审核的结果以及组织质量管理体系的成熟度水平。

三、建立审核方案

管理审核方案的职责应指定一人或多人承担，一般由组织的质量管理、品质控制保障或综合管理等部门的领导负责。这些人员应对审核原则、审核员的能力和审核技术的应用有基本的了解，同时，他们应具备管理能力，并熟悉与被审核活动有关的技术和业务。

1. 审核方案管理人员的作用和职责

审核方案的管理人员的作用和职责有以下几条：

① 确定审核方案的范围和程度，识别和评估审核方案的风险；

② 明确审核责任，建立审核方案程序，确定所需的资源；

③ 确保审核方案的实施，包括明确每次审核的目标、范围和准则，确定审核方法，选择审核组和评价审核员；

④ 确保管理和保持适当的审核方案记录，监视、评审和改进审核方案。

审核方案的管理人员应将审核方案内容报告最高管理者，并在必要时获得批准。

2. 审核方案管理人员的能力

审核方案的管理人员应具备有效地和高效地管理审核方案的必要的能力，并具备以下方面的知识和技能：

① 理解审核原则、程序和方法以及管理体系标准和引用文件；

② 熟悉受审核方的活动、产品和过程；

③ 熟悉与受审核方活动、产品有关的适用的法律法规要求和其他要求；

④ 了解受审核方的顾客、供方和其他相关方（适用时）。

审核方案管理人员应参加适当的持续专业发展活动，以保持管理审核方案所需的知识和技能。

3. 确定审核方案的范围与详略程度

审核方案管理人员应确定审核方案的范围和详略程度，审核方案范围取决于受审核方的规模和性质，受审核的管理体系的性质、功能、复杂程度和成熟度水平，以及其他重要事项。

审核方案的范围和详略程度受各种因素的影响而有所不同，这些因素包括：

① 每次审核的目标、范围、持续时间和审核次数，适用时，还包括审核后续活动。例如，在内审中，某企业采用滚动式内审，2月份审核2个部门，3月份审核4个部门，4月份审核3个部门，5月份审核2个部门，6月份审核4个部门，8~12月再依次循环审核，全年10次内审，覆盖整个体系和全厂所有部门，则审核方案均要包括这些。

② 受审核活动的数量、重要性、复杂性、相似性和地点。例如：大型企业集团公司规模大、场所多、产品品种多、工艺过程复杂且各不相同，审核范围要大一些，审核方案要详细一些；小型制造型工厂场地小而集中，产品单一，过程简单，则审核范围要小一些，审核方案也要简略一些。

③ 影响管理体系有效性的因素。

④ 适用的审核准则，例如有关管理标准的安排、法律法规要求、合同要求以及受审核方承诺的其他要求。

⑤ 以往的内部或外部审核的结论。

⑥ 以往的审核方案的评审结果，例如上次审核时在技术研发部门发现了3项不符合项，此时审核方案就要调整，应考虑在下次的审核范围中是否要增加技术研发部门的设计开发过程的审核。

⑦ 语言、文化和社会因素。

⑧ 相关方的关注点，例如顾客抱怨或不符合法律法规要求。

⑨ 受审核方或其运作的重大变化，例如组织经过合并或重组、产品有了突破性变革、生产工艺与设备有了重大技术改造或创新、使用员工数量减少等，都会引起审核方案的变化。

⑩ 支持审核活动的信息和沟通技术的可获得性，尤其是使用远程审核方法的情况。例如，对外地的分公司进行远程审核时，计算机远程调阅资料信息及复制存档、上传签名图文、视频会议等信息技术是否完备可行，就显得特别重要。

⑪ 内部和外部事件的发生，如产品故障、信息安全泄密事件、健康和安全事件、犯罪行为或环境事件。

4. 识别和评估审核方案风险

在建立、实施、监视和评审审核方案过程中存在多种风险，这些风险可能影响审核方案目标的实现。审核方案的管理人员在制定审核方案时应考虑这些风险。这些风险可能与下列事项相关：

① 策划，例如未能设定合适的审核目标和未能确定审核方案范围和程度；

② 资源，例如没有足够的时间制定审核方案或实施审核；

③ 审核组的选择，例如审核组不具备有效地实施审核的整体能力；

④ 实施，例如没有有效地沟通审核方案；

⑤ 记录及其控制，例如未能适宜地保护用于证明审核方案有效性的审核记录；

⑥ 监视、评审和改进审核方案，例如没有有效地监视审核方案的结果。

5. 建立审核方案的程序

审核方案的程序内容中可以包括每项活动的目的和范围，做些什么、谁来做、何时何地做、如何做、需要配置哪些资源、如何控制和记录等方面的适用内容。

审核方案的管理人员应建立一个或多个程序，用于规定下列事项（适用时）：

① 在考虑审核方案风险的基础上，策划和安排审核日程；

② 确保信息安全和保密性；

③ 保证审核员和审核组长的能力；

④ 选择适当的审核组并分配任务和职责；

⑤ 实施审核，包括采用适当的抽样方法；

⑥ 适用时，实施审核后续活动；

⑦ 向最高管理者报告审核方案的实施概况；

⑧ 保持审核方案的记录；

⑨ 监视和评审审核方案的绩效和风险，提高审核方案的有效性。

对于规模较小的组织，上述活动可在一个程序中描述。

在组织内部审核时，审核方案管理者应建立内部审核方案程序，一般可以与内部审核控制程序相结合，或将其内容纳入内部审核程序文件。

6. 识别审核方案资源

确定审核方案所需的资源时，审核方案的管理人员应考虑以下方面：

① 财务资源，如审核员的食宿费、差旅费、专家的讲课费、内审员培训费用等；

② 技术资源，如审核员手册、审核方案、审核计划、作业指导书、表格、报告等；

③ 人力资源，如提供具有特定审核目标的能力的审核员和技术专家、保持审核员能力的培训、交流和提高等；

④ 设施资源，如审核期间的办公设施、通信与交通工具、信息等与审核有关的需求；

⑤ 时间资源，时间也是资源，内审员一般都是兼职的，审核时间过长会影响其本职工作，所以必须确保审核时间、审核人员的旅途时间等。

审核方法不同（现场审核或远程审核），审核方案范围大小、审核程度深浅以及审核风险的大小、所需消耗的资源也不尽相同。

四、实施审核方案

1. 概述

审核方案管理人员应通过开展下列活动实施审核方案：

① 将审核方案的内容通知各有关部门及过程负责人，并定期通报进展情况；

② 确定每次审核的目标、范围和准则；

③ 对各次审核及与审核方案有关的其他活动进行协调并安排日程；

④ 确保选择具备所需能力的审核组，并向审核组提供必要的资源；

⑤ 确保按照审核方案和协商一致的时间框架实施审核；

⑥ 确保记录审核活动并且妥善管理和保持记录。

2. 规定每次审核的目标、范围和准则

每次审核应基于形成文件的审核目标、范围和准则。这些应由审核方案的管理人员加以规定，并与总体审核方案的目标相一致。

审核目标应规定每次审核完成什么，可以包括下列内容：

① 确定所审核的管理体系或其一部分与审核准则的符合程度；

② 确定活动、过程和产品与要求和管理体系程序的符合程度；

③ 评价管理体系的能力，以确保满足法律法规和合同要求以及受审核方所承诺的其他要求；

④ 评价管理体系在实现特定目标方面的有效性；

⑤ 识别管理体系的潜在改进之处。

审核范围应与审核方案和审核目标相一致，包括诸如地址、组织单元、被审核的活动和过程以及审核覆盖的时期等内容。

审核准则作为确定合格的依据，包括适用的方针、程序、标准、法律法规要求、管理体系要求、合同要求、行业行为规范或其他策划的安排。

如果审核目标、范围或准则发生变化，应根据需要修改审核方案。

当对两个或更多的管理体系同时进行审核时（例如质量和环境管理体系），审核目标、范围和准则与相关审核方案的目标保持一致是非常重要的。

3. 选择审核方法

审核方案的管理人员应根据规定的审核目标、范围和准则,选择和确定审核方法以有效地实施审核。比如是现场审核方法还是远程审核方法。

当两个或多个审核组织对同一受审核方进行联合审核时,管理不同审核方案的人员应就审核方法达成一致,并考虑对审核资源和审核策划的影响。如果受审核方运行两个或多个领域的管理体系,审核方案也应包括多体系审核的情况,例如两家认证机构同时对组织分别进行质量、环境和职业健康安全管理体系审核。

4. 选择审核组成员

审核方案管理人员应指定审核组成员,包括审核组长和特定审核所需要的技术专家。应在考虑实现规定范围内每次审核目标所需要的能力的基础上,选择审核组。如果只有一名审核员,则审核员应承担审核组长适用的全部职责。

在确定特定审核的审核组的规模和组成时,应考虑下列因素:
① 考虑到审核范围和准则,实现审核目标所需要的审核组的整体能力;
② 审核的复杂程度以及是否是多体系审核或联合审核;
③ 所选定的审核方法;
④ 法律法规要求、合同要求和受审核方所承诺的其他要求;
⑤ 确保审核组成员独立于被审核活动以及避免任何利害冲突的需要;
⑥ 审核组成员共同工作的能力以及与受审核方的代表有效协作的能力;
⑦ 审核所用语言以及受审核方特定的社会和文化特性。

这些方面可以通过审核员自身的技能或通过技术专家的支持予以解决。

为了保证审核组的整体能力,应采取下列步骤:
① 识别达到审核目标所需要的知识和技能;
② 选择审核组成员以使审核组具备所有必要的知识和技能。

如果审核组的审核员没有具备所有必要的能力,审核组应包含具备相关能力的技术专家。技术专家应在审核员的指导下工作,但不能作为审核员实施审核。

对于外部认证审核,审核组可以包括实习审核员,但实习审核员应在审核员的指导和帮助下参与审核;对于内部审核,审核员可不受注册资格限制,主要考虑其知识和技能水平。

在审核过程中,出现了利益冲突和能力方面的问题,审核组的规模和组成可能有必要加以调整。如果出现这种情况,审核组长、审核方案管理人员、审核委托方或受审核方应在调整前进行讨论。

5. 为审核组长分配每次的审核职责

审核方案管理人员应向审核组长分配实施每次审核的职责,这应在审核实施前的足够时间内分配职责,以确保有效地策划审核。为确保有效地实施每次审核,应向审核组长提供下列信息:
① 审核目标、审核准则和引用文件;
② 审核范围,包括需审核的组织单元、职能单元以及过程;
③ 审核方法和审核程序;
④ 审核组的组成以及为实施审核所配置的适当资源;
⑤ 受审核方的联系方式,审核活动的地点、日期和持续时间;
⑥ 评价和关注已识别达到审核目标的风险所需的信息。

适用时，提供的信息还应包括下列内容：
① 在审核员和（或）受审核方的语言不同的情况下，审核工作和报告的语言；
② 审核方案要求的审核报告内容和分发范围；
③ 如果审核方案有所要求，与保密和信息安全有关的事宜；
④ 审核员的健康和安全要求，以及审核过程中的安全和授权要求；
⑤ 后续活动，例如来自以往的审核（适用时）；
⑥ 在联合审核的情况下与其他审核活动的协调。

当进行联合审核时，例如，组织对外部供方进行审核时，外部供方也可能组织一个审核组，和组织的审核组一起联合对外部供方进行审核，这时，重要的是实施审核的各组织在开始审核前，就各自的职责，特别是对被指定为本次审核的审核组长的权限达成一致。

6. 管理审核方案结果

审核方案管理人员应确保下列活动得到实施：
① 评审和批准审核报告，包括评价审核发现的适宜性和充分性；
② 评审根本原因分析以及纠正措施和预防措施的有效性；
③ 将审核报告提交给最高管理者和其他有关方面；
④ 确定后续审核的必要性。

7. 管理和保持审核方案记录

审核方案管理人员应确保审核记录的形成、管理和保持，以证明审核方案的实施。应建立过程以确保与审核记录相关的保密需求得到规定。记录应包括下列各项内容：
① 与审核方案相关的记录，例如：形成文件的审核方案的目标、范围和程度，阐述审核方案风险的记录，审核方案有效性的评审记录；
② 与每次审核相关的记录，例如：审核计划和审核报告，不符合报告，纠正措施和预防措施报告，适用时的审核后续活动报告；
③ 与审核人员相关的记录，例如：审核组和审核组成员的选择，能力和绩效评价，能力的保持和提高。

记录的形式和详细程度应证明达到了审核方案的目标。

五、监视审核方案

审核方案管理人员应监视审核方案的实施，并关注下列需求：
① 评价与审核方案、日程安排和审核目标的符合性；
② 评价审核组成员的绩效和审核组实施审核计划的能力；
③ 评价来自最高管理者、受审核方、审核员和其他相关方的反馈。

某些因素可能决定是否需要修改审核方案，如：
① 审核发现；
② 经证实的管理体系有效性水平；
③ 审核委托方或受审核方的管理体系的变化；
④ 标准要求、法律法规要求、合同要求和受审核方所承诺的其他要求的变化；
⑤ 供方的变更。

六、评审和改进审核方案

审核方案管理人员应评审审核方案，以评定是否达到目标。从审核方案评审中得到的经验教训应用于持续改进审核方案过程的输入。审核方案评审应考虑下列各项：
① 审核方案监测的结果和趋势，以及与审核方案程序的符合性；
② 相关方进一步的需求和期望；
③ 审核方案记录；
④ 可替代的或新的审核方法；
⑤ 解决与审核方案相关风险的措施的有效性；
⑥ 与审核方案有关的保密和信息安全事宜。

审核方案管理人员应评审审核方案的总体实施情况，识别改进区域，必要时修改审核方案，并应根据 ISO 19011：2011 标准 7.4、7.5 和 7.6 条款的要求，评审审核员的持续专业发展活动，同时向最高管理者报告审核方案的评审结果。

第四节　ISO 9001:2015/GB/T 19001—2016 标准审核要点

无论外部审核还是内部审核，其基本依据都是质量管理体系标准、质量管理体系文件和相关法律法规。表 4-3 是以 ISO 9001:2015/GB/T 19001—2016 标准为依据，同时适当考虑了组织质量管理体系文件部分要求的主要审核要点。

表 4-3　ISO 9001:2015/GB/T 19001—2016 标准主要审核要点

标准条款	审核要点
4　组织环境 4.1　理解组织及其环境	①组织环境的内外部因素有哪些？对组织实现质量管理体系预期结果的能力有何影响？ ②组织如何对这些内部和外部因素的相关信息进行策划、监视、分析和评审？ ③当遇到突发风险或机遇来临时，是否有应对措施？具体措施是怎样？
4.2　理解相关方的需求和期望	①组织有哪些相关方？相关方的需求和期望有哪些？ ②如何监视和评审这些相关方的信息及相关要求？
4.3　确定质量管理体系的范围	①组织质量管理体系的边界、适用性和范围是如何确定的？覆盖的产品和服务类型有哪些？ ②本标准的哪些要求不适用于其质量管理体系范围？理由是否充分？
4.4　质量管理体系及其过程	本条文是对组织建立、实施、保持和持续改进质量管理体系的总体性要求。主要有以下要点： ①确定这些过程所需的输入和期望的输出、顺序和相互作用； ②确定和应用所需的准则和方法（包括监视、测量和相关绩效指标），以确保这些过程有效运行和控制； ③确定和获得所需资源； ④分配职责和权限； ⑤按照 6.1 的要求应对风险和机遇； ⑥评价这些过程，实施所需变更，以确保实现这些过程的预期结果； ⑦改进过程和质量管理体系； ⑧保持成文信息以支持过程运行； ⑨保留成文信息以确信其按策划进行
5　领导作用 5.1　领导作用和承诺 5.1.1　总则	最高管理者对其质量管理体系的领导作用和承诺有哪些证据？具体要点有哪些？例如： ①实施质量管理体系的预期结果如何？管理体系是否有效？最高管理者是否推动改进？ ②质量方针和质量目标如何确定？ ③质量管理体系要求是否融入组织业务过程？ ④是否使用过程方法和基于风险的思维？ ⑤资源是否提供？沟通是否有效？员工是否积极参与？ ⑥其他相关管理者发挥的领导作用如何？

续表

标准条款	审核要点
5.1.2 以顾客为关注焦点	①组织如何确定、理解、并持续满足顾客的要求和法律法规要求？ ②风险和机遇是如何确定和应对的？ ③哪些风险和机遇可能影响产品和服务合格？可能影响增强顾客满意的能力？
5.2 方针 5.2.1 制定质量方针 5.2.2 沟通质量方针	①最高管理者对质量方针的重要性是如何认识的？ ②制定的质量方针是否适应组织的宗旨和环境并支持其战略方向？ ③质量方针与质量目标的关系是否明确？ ④组织采取什么措施传达质量方针？组织各层次对质量方针的理解程度如何？
5.3 组织的岗位、职责和权限	①对应组织质量管理体系各过程的职能，是否明确了相应的岗位和权限？ ②部门和岗位的职责、权限及相互关系是否清楚、协调？ ③部门和员工是否明确自己的岗位职责、权限及相互关系？ ④如何沟通？
6 策划 6.1 应对风险和机遇的措施	①组织是否策划有应对风险和机遇的措施？有哪些风险？ ②哪些风险可能带来负偏离影响，可能产生危机？ ③哪些风险可能带来正偏离影响，可能产生机遇？ ④应对风险和机遇所采取措施是否有效？
6.2 质量目标及其实现的策划	①质量目标的设定是否与标准条款要求相一致，是否可测量？ ②质量目标的测量方法是否明确？ ③质量目标和质量方针给定的框架是否一致？ ④质量目标的分解目标有哪些？是否适宜？ ⑤质量目标的实施是否明确要做什么、谁做、谁负责，需要什么资源、何时完成？如何评价结果？
6.3 变更的策划	质量管理体系进变更是如何策划的？是否考虑到变更目的、潜在后果、体系的完整、资源的获得、职责和权限的重新分配等因素？
7 支持 7.1 资源 7.1.1 总则 7.1.2 人员	①组织现有内部资源情况如何？是否满足质量管理体系的运行？资源能力是否不足？是否有局限性？ ②是否需要从外部获得的资源？ ③质量管理体系运行和控制过程中，是否确定并配备了满足需要的人员？
7.1.3 基础设施	①为达到产品和服务符合要求，确定和提供哪些设施？是否进行了适当维护？ ②设施、设备是否符合产品和服务的需要？ ③支持性服务是否满足要求？
7.1.4 过程运行环境	①组织的过程运行环境是否得到识别和确定？ ②有哪些人为因素、物理因素？ ③过程运行环境是否满足要求？
7.1.5 监视和测量资源	①是否识别所需的监视和测量设备？配备了必要的监视和测量设备？ ②监视和测量设备的监测能力是否与产品和服务要求一致？ ③当发现监视和测量设备偏离标准状态时，是否评价其以往结果的有效性？是否采取了相应措施？ ④监视和测量设备的校准状态是否得到识别？是否在使用前进行校准或检定？是否形成记录并予以保持？ ⑤相应的成文信息是否保留作为校准或验证依据？例如计量、测量设备一览表、校准鉴定周期表、校准鉴定记录等

续表

标准条款	审核要点
7.1.6 组织的知识	①组织确定的必要的知识有哪些？是否予以保持？是否能在所需的范围内得到？ ②获取或接触更多必要知识和知识更新的方法有哪些？
7.2 能力	①组织是否识别了从事影响质量活动的各个岗位人员的能力要求？ ②是否对相应岗位的人员能力进行了评价与考核？ ③是否按需求安排相应的培训？培训的有效性是否得到评价？ ④除了培训，还有哪些措施？例如辅导或重新分配工作，或者聘用、分包胜任的人员等。 ⑤作为人员能力的证据，是否保留了适当的成文信息？
7.3 意识	①员工的质量意识如何？是否知晓组织的质量方针和相关质量目标？ ②员工是否意识到其本职工作对组织质量管理体系有效性及绩效改进的益处和贡献？ ③是否理解不符合质量管理体系要求的后果？
7.4 沟通	①组织的内部沟通方式有哪些？外部沟通方式有哪些？有效性如何？ ②是否明确沟通内容、沟通时间、沟通人、沟通方式？
7.5 成文信息 7.5.1 总则	①视情况查阅组织是否编有成文信息控制、不合格输出控制、内部审核控制、改进控制的程序文件。 ②组织所编制的成文信息（包含质量手册、程序文件、作业指导书、质量记录）数量、内容、详略程度等是否适合质量管理体系有效性要求？是否受控？ ③标准中要求保留的20种成文信息是否保留？ ④标准中要求保持的5种成文信息是否保持？
7.5.2 创建和更新	①组织成文信息的形式和载体是怎样的？ ②成文信息的标识是否清楚？有无标题、日期和作者？检索是否方便？ ③成文信息是否经过评审和批准？是否适宜？是否充分？
7.5.3 成文信息的控制	①在使用场合是否得到适用的成文信息？ ②是否有失密、不当使用或缺失的情况出现？ ③成文信息是如何分发和控制的？发布前是否得到批准？ ④成文信息更改是否及时？更改后是否有重新批准？更改状态如何标识？ ⑤外来成文信息是否得到识别和控制？ ⑥作废及作废保留的成文信息是如何处理的？ ⑦对成文信息的访问、检索、查阅、修改权限是如何规定的？ ⑧对作为符合性证据而保留的成文信息，如何防止非预期的更改？
8 运行 8.1 运行的策划和控制	①组织的运行策划、实施和控制是否合适组织运行？是否涵盖了产品和服务的要求？ ②是否建立了过程、产品和服务的接收准则？ ③是否确定了必要的资源？ ④策划的变更、评审是否控制？非预期变更的后果是否控制？ ⑤相关的成文信息是否保留？ ⑥组织的外包过程是否控制？
8.2 产品和服务的要求 8.2.1 顾客沟通	①组织是否建立了与顾客沟通的有效渠道和方式？ ②对有关产品信息、问讯、合同或订单的处理与更改、顾客反馈（包括顾客投诉）、顾客财产等方面与顾客的沟通做了哪些安排？ ③这些安排是否得到了实施？效果如何？ ④如出现紧急情况，组织是否有与顾客沟通的应急措施？

续表

标准条款	审核要点
8.2.2　产品和服务要求的确定	①组织产品和服务的要求是如何确定的？是否有书面的文件或记录？ ②与产品和服务有关的法律法规要求有哪些？是否进行了收集与确定？是否进行了有效控制？ ③组织有哪些自认为是必要的要求？是否有书面的文件或记录？ ④组织提供的产品和服务是否能满足所声明的要求？
8.2.3　产品和服务要求的评审 8.2.4　产品和服务要求的更改	①组织的合同、订单、投标书、技术协议书是否进行过评审？是在签约前还是签约后？ ②评审内容和结果是否满足组织规定的、顾客和法律法规的要求？ ③与以前规定不一致的合同或订单是否评审？要求是否解决？ ④顾客口头或电话要求，是否进行了确认和评审？ ⑤网上销售等特殊情况下，是否评审了有关产品的信息？ ⑥有关评审的成文信息是否保留？ ⑦产品和服务要求更改后，相关文件是否及时更改？相关人员是否了解更改情况？
8.3　产品和服务的设计和开发 8.3.1　总则 8.3.2　设计和开发策划	①组织是否策划、建立、实施和保持设计和开发过程？ ②策划的内容是否考虑了活动的性质、复杂程度、持续时间、所需内外部资源？ ③策划的阶段划分及活动是否包括评审、验证、确认活动？ ④策划是否明确了部门和人员的职责和权限？是否明确了不同组别及人员之间的接口控制？ ⑤策划是否明确有顾客和使用者参与设计和开发过程？在哪些阶段参与？ ⑥策划是否考虑到后续产品和服务提供的要求？ ⑦策划是否考虑顾客和相关方所期望的对设计和开发过程的控制水平？ ⑧策划是否保留满足设计和开发要求所需的成文信息？
8.3.3　设计和开发输入	①设计和开发输入内容是否有功能、性能、法律法规、标准或行业规范要求？ ②是否有以前类似设计和开发活动的信息？ ③是否考虑可能导致的潜在的失效后果？ ④输入是否充分、适宜、清楚、完整，相互矛盾的输入是否得到解决？ ⑤设计和开发输入的成文信息是否保留？
8.3.4　设计和开发控制	①是否按设计和开发策划进行评审、验证和确认活动？成文信息是否保留？ ②评审的内容有哪些？是否能有效评价设计和开发结果满足要求的能力？ ③验证活动有哪些？是否能确保设计和开发输出满足输入的要求？ ④确认活动有哪些？是否能确保形成的产品和服务满足规定的使用要求或预期用途？ ⑤对评审、验证和确认过程中确定的问题采取了哪些措施？
8.3.5　设计和开发输出	①设计和开发输出的成文信息有哪些内容？是否满足输入的要求？是否满足后续产品和服务提供过程的需要？ ②设计和开发输出内容是否包括或引用监视和测量的要求、接收准则？是否规定了产品和服务的特性？例如技术数据、安全使用参数、操作规程等。 ③设计和开发输出的成文信息是否保留？
8.3.6　设计和开发更改	①组织是否对设计和开发过程及后续的更改进行识别、评审和控制？ ②对某些设计和开发的重要更改是否经过评审、验证和确认？ ③是否保留了设计和开发更改、评审结果、更改授权、为防止不利影响而采取的措施等方面的成文信息？
8.4　外部提供的过程、产品和服务的控制 8.4.1　总则	①外部供方提供给组织的过程、产品和服务有哪些？是否符合要求？ ②外部供方提供的类型是部分提供还是代表组织直接提供给顾客？是哪种情况？ ③组织是否对外部供方提供的过程、产品和服务进行控制？控制的有效性如何？ ④组织是如何确定并实施对外部供方的评价、选择、绩效监视以及再评价的准则的？ ⑤有否保留成文信息以作为证据？

续表

标准条款	审核要点
8.4.2 控制类型和程度	①组织质量管理体系中有无对外部提供的过程、产品和服务进行控制？能否确保对其控制？ ②外部供方代表组织直接将产品和服务提供给顾客的过程中，由外部供方实施控制的有效性如何？ ③组织对外部供方有哪些控制类型？控制程度如何？ ④组织有哪些验证或其他活动？能否确保外部提供的过程、产品和服务满足要求？
8.4.3 提供给外部供方的信息	①组织与外部供方的沟通是否畅通？ ②具体沟通有哪些内容？有无产品和服务、方法、过程和设备等方面的具体要求？ ③有无产品和服务的放行方面的要求？包括验收准则、检验规范、标准等。 ④有无对外部供方的绩效实施控制和监视方面的要求？具体实施情况如何？ ⑤有无在外部供方现场实施验证或确认活动的要求？具体实施情况如何？ ⑥有无对外部供方人员资格、能力等方面的要求？
8.5 生产和服务提供 8.5.1 生产和服务提供的控制	①组织的生产和服务提供过程是否受控？ ②是否有产品图纸、工艺规程、检验规程、服务规范等作业指导书指导生产和服务提供？ ③计量测试仪器等监视和测量资源是否合适、有效？ ④是否在适当阶段实施检验、测量等活动？是否按照接收准则验证是否符合过程、产品和服务？ ⑤设备等基础设施是否满足生产和服务提供的要求？是否进行了适当的维护和保养？ ⑥配备的人员，包括资格、能力、培训、经验是否满足生产和服务提供的要求？ ⑦是否有措施防止人为错误？ ⑧对输出结果不能由后续监视或测量加以验证的特殊过程，是否有规定对生产和服务提供过程的能力进行确认和定期再确认？ ⑨放行、交付和交付后的活动是否满足生产和服务提供的要求？
8.5.2 标识和可追溯性	①组织有无采用适当的标识以识别输出？例如待检、已检、检验合格、不合格等。 ②是否在生产和服务提供的全过程中按要求识别输出状态？例如作业加工区、待检区、已检区、返工区、返修区等。 ③当有可追溯性要求时，是否控制和记录了产品和服务的唯一性标识？例如原材料采购批次号、零件号、颜色、印章、生产日期、生产车间、制造者等。 ④当有可追溯要求时，组织是否保留成文信息以便可追溯？
8.5.3 顾客或外部供方的财产	①组织是否有顾客或外部供方的财产？如有，有哪些？ ②对顾客或外部供方的财产是否按规定进行了识别、验证、保护和防护？ ③若出现问题组织是否向顾客或外部供方报告？是否保留成文信息？
8.5.4 防护	①组织的产品或服务有否防护的要求？ ②防护形式和内容有哪些？例如：标识、处置、污染控制、包装、储存、运输等？是否有效？
8.5.5 交付后的活动	①组织交付后的活动包括哪些内容？ ②与产品和服务相关、可能产生的潜在不良后果，交付后的活动是如何考虑的？ ③与产品和服务的性质、使用和预期寿命相关的问题，交付后的活动是如何考虑的？ ④对顾客要求、顾客反馈，组织是如何处理的？
8.5.6 更改控制	①对生产或服务提供的更改是否进行评审和控制？ ②对更改评审结果、更改人员授权、根据评审所采取的措施等，是否保留成文信息？
8.6 产品和服务的放行	①是否明确了在产品和服务提供的哪些阶段进行监视和测量？有哪些规定？形成哪些文件？这些规定是否满足产品和服务的要求？ ②符合验收标准的结果是否形成记录？记录是否有授权人签名？ ③生产和服务未完成之前，有无向顾客放行产品和交付服务？如有的话，是谁批准？是否符合要求？有无保留成文信息？

续表

标准条款	审核要点
8.7 不合格输出的控制	①是否制定有不合格输出的控制程序文件？ ②组织是如何控制不合格输出的？有无隔离、限制、退货或暂停对产品和服务的提供、告知顾客、获得让步接收的授权等处置方法？ ③对不合格是否予以纠正？纠正后是否进行验证？ ④对交付或使用后发现的不合格是否采取了相应的措施？有效性如何？ ⑤是否保留成文信息？内容是否符合要求？例如描述不合格、采取的措施、获得的让步、授权处置等
9 绩效评价 9.1 监视、测量、分析和评价 9.1.1 总则	①是否对监视、测量、分析和评价过程进行策划和实施？策划在几个方面展开？例如产品和服务、体系、过程和顾客满意等方面。 ②组织需要监视和测量什么？ ③用什么方法进行监视、测量、分析和评价？ ④何时实施监视和测量？何时对监视和测量的结果进行分析和评价？ ⑤这些成文信息是否保留？
9.1.2 顾客满意	①对顾客满意程度的信息规定了哪些获取、监视和评审方法？这些方法是否适用？ ②是否按规定要求执行？评审结果对改进有何作用？
9.1.3 分析与评价	①由监视和测量获得的数据和信息组织是否处理？如何处理？ ②组织利用分析结果评价哪些内容？例如顾客满意度、产品和服务的符合性、外部供方的绩效、质量管理体系的绩效有效性、改进的需求等。 ③是否采用数理统计方法分析数据信息？
9.2 内部审核	①组织是否制定了内部审核的控制程序？程序文件是否符合标准要求？ ②是否对内部审核方案进行了策划？策划结果是否符合组织现状？ ③是否策划、制定、实施和保持审核方案？审核方案的内容有哪些？是否包括频次、方法、职责、策划要求和报告等？ ④审核方案是否符合 ISO 19011《管理体系审核指南》标准第 5 章审核方案管理的要求？ ⑤内部审核是否有效实施和保持？内审人员是否具相应资格和独立性？ ⑥不符合报告是否符合要求？ ⑦审核发现问题是否记录？是否采取了纠正和纠正措施？是否对其进行了验证和报告？效果如何？ ⑧作为实施审核方案以及审核结果的证据,成文信息是否保留？
9.3 管理评审 9.3.1 总则 9.3.2 管理评审输入	①组织是否策划了管理评审？最高管理者是否按策划的时间间隔对组织质量管理体系进行评审？其适宜性、充分性和有效性如何？ ②管理评审输入有哪些内容？是否考虑了上次管理评审采取措施的情况？以及内外部因素的变化情况？ ③是否包含了质量管理体系绩效有效性包括其趋势的信息？例如顾客及相关方反馈、质量目标实现程度、过程绩效、产品和服务的合格情况、不合格及纠正措施、监视和测量结果、审核结果、外部供方绩效等。 ④资源、应对风险和机遇、改进等因素是否考虑进去？
9.3.3 管理评审输出	①管理评审输出有哪些决定和措施？例如改进机会、质量管理体系所需的变更、资源需求等。 ②作为管理评审结果的证据,成文信息是否保留？
10 改进 10.1 总则	①组织有否采取措施,改进产品和服务,以满足要求并应对未来的需求和期望？ ②组织有否采取纠正、预防等措施,以减少不利影响？ ③组织有否采取措施,改进质量管理体系的绩效和有效性？例如纠正、纠正措施、持续改进、突破性变革、创新和重组

续表

标准条款	审核要点
10.2　不合格和纠正措施	①是否制定有不合格和纠正措施控制程序文件？ ②是否对包括对顾客投诉在内的不合格采取措施以控制和纠正不合格、同时处置后果？ ③对不合格是否评审、分析、确定原因？是否存在或可能发生类似的不合格？ ④纠正措施是否有效实施？与不合格所产生的影响是否相适应？ ⑤是否考虑过需要时，更新在策划期间确定的风险和机遇？变更质量管理体系？ ⑥相应的成文信息是否保留？
10.3　持续改进	①是否制定有持续改进控制程序文件？ ②组织是否持续改进质量管理体系的适宜性、充分性和有效性？ ③组织从哪些方面寻找持续改进的需求或机遇？例如分析和评价的结果、管理评审的输出

复习思考题与练习题

1. 说明审核准则、审核证据、审核发现和审核结论之间的关系。
2. 什么是审核计划、审核方案？两者之间有何区别？
3. 什么是多体系审核？什么是联合审核？
4. 全部审核和部分审核的区别是什么？
5. 与审核有关的原则有哪些？
6. 内部审核时通常采用哪种抽样方法？
7. 审核方案的内容有哪些？
8. 审核方案的管理流程是怎样的？
9. 审核方案的实施记录包括哪些内容？

第五章

质量管理体系审核实施

ISO 19011:2011/GB/T 19011—2013《管理体系审核指南》第 6 章实施审核，在质量管理体系审核方面给出了具体的规定和要求，这些要求主要适用于内部质量管理体系审核和第二方审核，对第三方质量管理体系审核也有其帮助和指导作用。本章按照该标准的要求，结合一些审核实例，具体阐述审核实施活动的步骤和方法。

第一节 总 则

质量管理体系审核活动是指每项具体的审核工作的开展过程，包括审核策划、审核准备和审核活动实施，也是审核方案的一部分。管理体系审核的实施过程一般分为六个阶段，即

① 审核启动阶段；
② 审核活动的准备；
③ 审核活动的实施；
④ 审核报告的编制和分发；
⑤ 审核的完成；
⑥ 审核后续活动的实施。

各个受审核组织的规模、性质和复杂程度不一样，相应的审核活动也不尽相同，审核流程与顺序可能会有所不同。图 5-1 给出了典型审核活动的流程，该流程适用于质量管理体系和其他管理体系的审核。

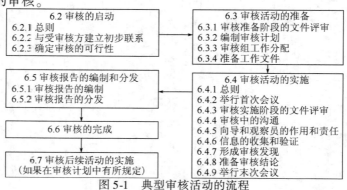

图 5-1 典型审核活动的流程

注：图中的条款号与 ISO 19011:2011 标准中的条款号相对应。

第二节 审核启动与审核活动准备

审核的启动是实施审核方案所确定的审核活动的起始阶段，内容包括与受审核方建立初步联系、确定审核的可行性。审核活动的准备则包括文件评审、编制审核计划、审核组工作分配、准备工作文件等内容。从审核开始直到审核完成，由指定的审核组长对审核的实施负责。

一、与受审核方建立初步联系

在审核启动阶段，审核组长应正式或非正式的与受审核方进行初步联系，建立初步联系的目的是：

① 与受审核方代表建立沟通渠道，确认实施审核的权限；
② 提供有关审核目标、范围、方法和审核组组成（包括技术专家）的信息；
③ 请求有权使用用于策划审核的受审核方的相关文件和记录；
④ 确定与受审核方的活动和产品相关的适用法律法规要求、合同要求和其他要求；
⑤ 确认与受审核方关于保密信息的披露程度和处理的协议；
⑥ 对审核做出安排，包括审核日程安排，针对具体审核，确定受审核方的关注事项；
⑦ 确定特定场所的访问、安保、健康安全或其他要求；
⑧ 就观察员的到场和审核组向导的需求达成一致意见。

二、确定审核的可行性

为确信是否能够实现审核目标，审核组长应考虑如下因素，以确定审核的可行性：

① 是否已具有可供审核策划的充足的和适当的信息；
② 受审核方是否已提供足够的合作；
③ 实施审核所需的时间和资源是否充分和足够。

当上述几条存在问题，审核暂时不可行时，审核组长应向审核委托方提出替代建议，并与受审核方协商一致。

三、审核准备阶段的文件评审

在审核准备阶段，应对受审核方的质量管理体系文件进行评审，这些文件包括质量手册、质量方针与质量目标、程序文件、组织结构与岗位职责等，例如受审核方管理体系和组织的规模、性质和复杂程度，以及审核目标和范围。必要时，还应包括内部审核报告、管理评审报告、以往的外部审核报告、不合格报告、预防和纠正措施及验证报告等，以便收集信息，了解体系文件覆盖范围和程度的概况，发现可能存在的问题与差距，以准备审核活动和适用的工作文件。

四、编制审核计划

1. 审核计划类型

审核计划可以采用集中式审核方式，也可以采用滚动式审核方式。无论是集中式审核方式还是滚动式审核方式，均应在一个审核周期内将所有部门和全部条款都审核到，以满足审核范围的充分性。

（1）集中式审核方式

集中式审核是指在一个相对集中的时间段内对全部部门和所有条款集中进行审核，一般为几天,每年安排 1~2 次。可以安排在外审前一个月进行,同时考虑全年的培训计划、目标完成情况、管理评审的安排等,来具体确定内审时间。集中式审核的特点是审核具有连续性、系统性,并且可以节省时间和人力,一般中小企业大都采用这种方式。表 5-1 为某公司集中式年度审核计划。

表 5-1 ××环保设备有限公司质量管理体系 2016 年内部审核计划

编号:××HB-9.2-01   No:

审核目标	检查本公司质量管理体系是否正常运行,是否具备申请 ISO 9001:2015 质量体系认证条件
审核范围	环保设备的设计开发和生产销售所涉及的本公司各个部门、场所和过程
审核准则	ISO 9001:2015 标准、公司质量管理体系文件、适用的法律法规等
审核组	组长:张珩 第一组组员:张珩、张俨、王微微 第二组组员:徐强、王淼、李甜
审核日期	2016 年 5 月下旬;第一次内审; 2016 年 8 月下旬;第二次内审; 2016 年 9 月下旬;迎接认证机构认证审核
受审核部门与条款	(略)
备注	每次审核时间安排 3 天,望各有关单位做好审核准备

编制:张珩   审核:卢中华   批准:张瑞辉   日期:2015.12.30

(2) 滚动式审核方式

滚动式审核计划是指每月对一个或几个部门(或条款)进行一次审核,逐月开展审核活动,每半年或每一年应覆盖所有部门和所有条款一次,审核频次和时间可根据审核中发现问题的大小、多少和不符合程度进行调整。对重要的过程、部门和以往审核问题较多的区域也可安排多频次的审核。滚动式审核的特点是内审工作常态化,给组织的生产带来的影响比较小,一般大型企业多半采用这种方式。表 5-2 为某公司滚动式年度审核计划。

表 5-2 ××环保设备有限公司质量管理体系 2017 年内部审核计划

××HB-9.2-02   No:

审核目标	检查本公司质量管理体系是否正常运行,是否得到有效实施和保持												
审核范围	环保设备的设计、开发和生产所涉及的本公司各个部门、场所和过程												
审核准则	GB/T 19001—2016 标准、公司质量管理体系文件、适用的法律法规等												
审核组	组长:张珩; 副组长:徐强; 组员:张俨、王淼、李甜、王微微												
月份 部门	1	2	3	4	5	6	7	8	9	10	11	12
总经理		◆	○	☆				◆	○	☆		
质量总监		◆	○	☆				◆	○	☆		
综合办公室		◆	○	☆				◆	○	☆		
销售服务部			◆	○	☆				◆	○	☆	

续表

月份\部门	1	2	3	4	5	6	7	8	9	10	11	12
技术研发部			◆	○	☆				◆	○	☆	
采购供应部			◆	○	☆				◆	○	☆	
品质保障部			◆	○	☆				◆	○	☆	
生产制造部				◆	○	☆				◆	○	☆
设备动力部				◆	○	☆				◆	○	☆
人力资源部				◆	○	☆					◆	
一分厂				◆	○	☆					◆	
二分厂	☆				◆	○	☆				◆	○
三分厂	☆				◆	○	☆				◆	○
材料配件库	☆				◆	○	☆				◆	○
成品库	☆				◆	○	☆				◆	○

图例说明：◆计划审核月份；○纠正措施完成日期；☆跟踪验证完成日期

编制：张珩　　　审核：卢中华　　　批准：陈瑞辉　　　日期：2016.12.30

2. 编制审核计划

审核计划由审核组长根据审核方案和受审核方提供的文件中所含的信息编制，一般在前一年年底或本年度初制定。审核计划应便于审核活动的日程安排和协调，并应征得审核委托方或受审核方的同意；如果是内部审核，则应由最高管理者批准后执行，一般应在现场审核前10天内通知受审核方，如有异议，也可协商调整。

审核计划制定时应考虑外审时间、审核地域、审核单元、组织自身生产销售服务状况、管理工作需要等实际情况，具体可包括或涉及下列内容：

① 审核目标、审核准则和引用文件，即本次审核所依据的标准，质量管理体系文件、法律法规、合同等；

② 审核范围，包括确定受审核的组织单元、职能与活动过程；

③ 审核实施日期、地点、预期的时间和期限，包括与受审核方管理者的会议；

④ 使用的审核方法，包括所需的审核抽样的范围，以获得足够的审核证据，适用时还包括抽样方案的设计；

⑤ 审核组成员、向导、观察员的作用和职责；

⑥ 为审核的关键区域配置适当的资源，例如电脑、办公室等。

如果有必要，审核计划还可包括：

① 本次审核受审核方的代表；

② 审核工作和审核报告所使用的语言；

③ 后勤和沟通安排，包括受审核现场的特定安排，如交通工具、住宿等；

④ 针对实现审核目标的不确定因素而采取的特定措施；

⑤ 保密和信息安全的相关事宜；

⑥ 以往审核的后续措施、所策划审核的后续活动；

⑦ 在联合审核的情况下，与其他审核活动的协调。

审核计划的具体内容应与受审核方的规模及复杂程度相适应；初次审核和监督审核计划也会有不同。此外，审核计划应具有一定灵活性，以允许必要的更改或补充，如在现场审核实施过程中对审核重点的调整或补充。对审核计划的较大调整应通知审核委托方，并得到其同意。表 5-3 为某认证机构的外部审核计划。如是组织内部审核，则内容可相对简单一些，如表 5-4 所示，该表为某金属制品公司的内部审核计划。

表 5-3　××热水器集团有限公司 2017 年度审核计划

审核计划								
1. 基本信息：						☑ 质量管理体系		
申请号：×××-32-2000-1066　　工厂代码：						□ 环境管理体系		
申请者全称：						□ 职业健康安全管理体系		
受审核方全称：××热水器集团有限公司						□ HACCP 管理体系		
受审核方地址：××经济技术开发区长江大道 2009 号						受审核方法定代表人：马克明		
联系电话:025-88888888						联系人：李冰		
邮政编码:210000						传真号		025-99999999
2. 审核组组成：								
序号	姓名	代号	性别	组内职务		注册级别		专业代码
1	丁舜尧	A	男	组长	☑	QMS:高级审核员		
					☑	EMS:高级审核员		
					☑	OHS:高级审核员		
2	杨国庆	B	男	组员	☑	QMS:高级审核员		
					☑	EMS:审核员		
					☑	OHS:审核员		
3	孟宪法	C	男	组员	☑	QMS:审核员		
					☑	EMS:审核员		
					☑	OHS:审核员		
3. 审核目标：								
☑	质量管理体系认证			□初审　☑第 2 次监审　□复查　□扩大　□复评				
□	产品合格认证／□产品安全认证			□初审　□第 2 次监审　□复查　□扩大　□复评				
□	强制性产品认证			□初审　□第 2 次监审　□复查　□扩大　□复评				
□	环境管理体系认证			□第　阶段　□第　次监审　□复查　□扩大　□复评				
□	职业健康安全管理体系认证			□第　阶段　□第　次监审　□复查　□扩大　□复评				
□	HACCP 管理体系认证			□第　阶段　□第　次监审　□复查　□扩大　□复评				
□	IQNet（国际认证联盟）			□ISO 9001　□ISO 14001　□OHSMS18001　□HACCP				
□	IQNet 其他成员的认证证书			□ISO 9001　□ISO 14001				

续表

审核计划	
4. 审核范围：	

① 体系覆盖区域、产品、过程和服务：

☑质量管理体系：燃气热水器、电热水器的设计、开发、生产、安装和服务

□环境管理体系：

□职业健康安全管理体系：

□HACCP 管理体系：

□产品：□产品合格认证　　□产品安全认证

② 审核取证期限：自 2016 年 07 月 05 日至本次审核结束时止

5. 审核准则：

GB/T 19001—2016

受审核方：版本：C/1 管理手册及其他体系文件、产品标准、相关法律法规及其他相关文件

6. 审核人日要求：

总人数	4 人	现场审核人数	3 人	现场审核时间	2 天

7. 审核报告发放范围：☑受审核方　　☑审核机构：中国×××质量认证中心

8. 产品抽样：□按《产品检验抽样方案》抽样　　☑不抽样

9. 其他说明：

现场审核日程安排由审核组长与受审核方代理人商定，在第 3 页拟订；首、末次会议由受审核方管理层或者（适当时）相关职能过程负责人参加；审核过程中请为每个审核小组配备一至两名向导，其职责是审核的见证、联络、向导。按审核组日程安排，受审核方的有关人员应在本岗位，特殊情况，由审核组长决定调整审核计划。本中心及审核组承诺保守受审核方的技术、商业、管理方面的秘密

10. 批准：	受审核方确认意见：
同意。	本计划安排合理，我单位可以按此计划安排工作，配合现场审核。
×××质量认证中心：陈超人 2017 年 05 月 31 日 中国×××质量认证中心（盖章）	受审核方负责人：马克明 2017 年 05 月 31 日 ××热水器集团有限公司（盖章）

现场审核日期：2017 年 7 月 24 日至 2017 年 7 月 25 日

日期	第 一 组		第 二 组	
	人员时间	区域/要求条款	人员时间	区域/要求条款
24/7	A + B + C 8:30 ~ 9:00	首次会议		
	A + C		B	

续表

审核计划					
日期	第 一 组			第 二 组	
	人员时间	区域/要求条款	人员时间	区域/要求条款	
24/7	9:00~10:30	制造工程部： 6.2/8.1/8.5.1	9:00~10:30	销售管理部、销售服务部、客户服务部： 8.2/8.5.1/8.5.4/9.1.2/9.1.3	
	10:30~11:15	内胆车间：8.5.1 冲压车间：8.5.1	10:30~12:00	生产服务部： 8.4/8.5.1/8.5.3	
	13:30~15:00	质量控制部： 7.1.5/8.6/8.7/9.1.3	13:30~14:30	供应商开发部： 8.4/8.5.3/9.1.2	
	15:00~16:30	壁挂车间：8.5.1/8.5.3	14:30~17:30	质量保证部： 4.1/4.2/4.3/6.1/6.2/7.5.3/7.4/ 7.5.2/9.1/9.2/9.3/10.2/10.3	
	16:30~17:30	涂装车间：8.5.1/8.5.4			
	A+B+C 19:30~20:00	审核组会议			
25/7	A		B+C		
	8:30~10:00	设计开发部： 8.1/8.3	8:30~9:30	容积车间： 7.1.4/8.5.1/8.5.2	
			9:30~10:30	设备工程部、模具室： 6.2/7.1.3	
	10:00~12:00	总经理： 4.1/4.2/4.4.1/5.1.1/5.1.2/5.2/ 5.3/6.1/6.2/7.1.1/7.1.6/9.3/10.3	10:30~12:00	人力资源部： 7.1.2/7.1.6/7.2/7.3	
	13:30~15:30 15:30~16:30 16:30~17:00	审核组内部总结 与受审核方交流 末次会议		注：1. 审核高层领导时询问、了解体系变更、认证证书及标志使用情况以及顾客投诉情况。 2. 审核过程中注意验证上次审核不合格项	

说明：本审核计划提供的详细程度应反映审核范围及复杂程度，任何修改应征得各方同意后方可实施

审核组长：丁舜尧　2017年5月31日　　　项目管理人员：　　　年　月　日

表 5-4 ××金属制品公司质量管理体系 2017 年内部审核计划

JNJS-9.2-02　　　　　　　　　　　　　　　　　　　　　　　　　　　　　　　No：

审核目标	检查质量管理体系是否正常运行，评价其有效性和符合性，迎接第三方换版认证审核
审核范围	质量管理体系所涉及的公司内所有部门；质量管理体系所涉及的所有过程
审核准则	GB/T 19001—2016 idt ISO 9001：2015 标准；公司质量手册、程序文件；适用的法律、法规及产品标准等
审核日期	2017 年 10 月 22 日 至 23 日
审核组	组长：张秋月（A）　组员：崔海瑞（B）　张国强（C）

内审日程安排

日期	时间安排	受审核部门	审核条款	审核员
10月22日	8：00~8：30	首次会议		
	8：30~11：30	总经理 质量总监	4.1、4.2、4.4.1、5.1.1、5.1.2、5.2、5.3、6.1、6.2、7.1.1、7.1.6、9.3、10.1	A
		质量保障部	4.4.2、5.3、7.1.5、7.5.2、7.5.3、8.6、8.7、9.1.1、9.2、10.2	B+C
	13：00~17：00	销售部 成品库	5.3、8.2、8.5.2、8.5.3、8.5.4、9.1.2	B
		技术研发部	7.5.3、8.1、8.3、10.1	C
		人事部	7.5.2、7.5.3、5.3、7.1.2、7.2	A
	17：00~17：30	审核组会议		
10月23日	8：00~11：30	总经办	5.3、7.1.4、7.1.6、9.1.1、9.1.3、9.2、9.3	A
		采购供应部 原材料库	7.4、8.4、8.5.2、8.5.4	B
		生产制造部	5.3、7.1.3、7.1.4、8.5	C
		压铸车间	8.5.1、8.5.2、8.5.3	C
	13：00~15：30	金工一车间	7.1.3、8.5.1、8.5.2	C
		金工二车间	7.1.5、7.1.4、8.5.1	C
		涂装车间	7.1.3、7.1.4、8.5.1、8.5.4	B
		装配车间	7.1.3、7.1.4、8.5.3、8.5.4	A
	15：30~16：30	审核组内部总结，与受审核部门负责人交换意见		
	16：30~17：30	末次会议		

说明：
1. 标准第 5.2、5.3、6.2、7.4、7.5.2、7.5.3、9.1.2、10.3 条款的审核将结合各过程进行审核。
2. 首、末次会议参加人员：最高管理者、质量总监、受审核部门负责人及相关人员。
3. 按审核日程安排，受审核部门有关人员应在本岗位

编制	张秋月	审核	赵赢	批准	李功成
日期	2017.9.20	日期	2017.9.20	日期	2017.9.21

五、审核组工作分配

审核组长应当与审核组成员协商，将有关具体的过程、职能、场所、区域或活动的审核

工作下达给审核组每位成员。分配审核任务时,应考虑对审核员的独立性和专业能力的要求,并实现人力资源的充分利用。随着审核的进展,可以调整审核组工作任务的分配,以便按需要调整审核范围、调整组员的工作量使之均衡,或改进审核路线、审核深度,或根据专长更好发挥审核组成员的作用等,以确保审核目标的实现。

审核组成员应对所有与审核任务相关的信息进行评审,并根据其承担的审核任务,准备审核所需的工作文件。通常,审核组应召开现场审核前的预备会议,以进行任务的分配和相关信息的评审。

六、准备工作文件

审核组应准备必要的工作文件,用于审核过程的参考和记录。这些工作文件可以包括:
① 审核计划;
② 检查表和抽样方案;
③ 首次、末次会议签到表;
④ 审核记录表;
⑤ 不合格报告表格;
⑥ 纠正及验证措施报告;
⑦ 会议记录表格;
⑧ 审核报告表格;
⑨ 指导审核员工作的其他相关文件。

表 5-5 为组织各部门通用的会议签到表,表 5-6 为供参考的不符合项报告格式。各认证机构或企业表格的具体内容与格式可能会有不同,但主要要素应包含在内。

表 5-5 　　　　　会议签到表

ABB – 7.5.2 – 01					No:	
召开部门		地点		主持人		
会议内容				时间	年 月 日	
参加人员部门或职务	签名		参加人员部门或职务		签名	
应到人数		实到人数		缺席人数		
缺席人名单						

表 5-6　不符合项报告

ABB - 10.2 - 01　　　　　　　　　　　　　　　　　　　　　　　　　　　　　　No：

受审核方名称			审核区域	
审核员		审核组长	审核日期	

不符合项陈述：

不符合标准条款：

不符合类型：
　　　　　　　　　　　　　审核员：　　　　　　日期：
　　　　　　　　　　　　　受审核方确认：　　　日期：

不符合原因及产品质量影响的分析：

　　　　　　　　　　　　　部门负责人：　　　　日期：

受审核方采取的纠正、纠正措施计划：

预定完成日期：　　　　　　部门负责人：　　　　日期：
　　　　　　　　　　　　　审核员认可：　　　　日期：

纠正措施完成情况：（附证实资料）

　　　　　　　　　　　　　部门负责人：　　　　日期：

纠正措施的验证：

　　　　　　　　　　　　　验证人：　　　　　　日期：

审核活动的内容可随着审核中收集信息的结果而发生变化；这些工作文件和记录，应按认证机构或组织成文信息的控制要求的规定年限保存。

审核组成员在审核的任何阶段都应当妥善保管涉及保密或知识产权信息的工作文件。

第三节　编制检查表

审核检查表是现场审核前应准备的主要工作文件，是审核员现场审核的重要工具，它可以帮助审核员明确审核的重点、方向和路径。把要提的问题事先想出来，既保持审核工作的连续性，也可作为审核记录，并可减轻审核员在审核过程中的精神压力。因此，审核员应根据审核目标、审核准则、受审核部门或过程的特点，编好检查表。

一、检查表的作用和基本内容

1. 检查表的作用

检查表的作用有如下几点：

① 明确受审核部门所需要审核的主要条款及要求。现场审核时会出现各种各样的问题，

这些问题可能影响审核员的注意力而导致偏离审核方向。借助检查表，审核员可以保持审核的主题方向，避免偏离了审核的要求。

② 可以使审核程序规范、系统和完整。审核组长通过对各审核员编制的检查表的内容审核，可以把握审核的总体情况，审核员则依据编制好的检查表进行审核，以保证审核内容没有遗漏，从而保证审核的系统性和完整性。同时，审核员依据检查表提问题，既涉及面广泛又有针对性和重点，体现出审核员的专业和正规性，也有助于减少审核员的偏见和随意性。

③ 保持审核的节奏有序和连续性。现场审核是一项高度紧张的活动，由于审核时间有限，不可能在某一条款要求或某一区域长时间停留，按照事先策划编制好的检查表的内容顺序，掌握节奏，可以使审核有序的连续的进行。

④ 作为重要的审核记录存档。检查表通常与审核记录表相结合，体现了审核员的审核思路，反映出审核员审核的内容、查实的证据。检查表和审核记录是审核档案中重要的原始资料。必要时可以追溯检查。

2. 检查表格式和基本内容

检查表中的主要格式和内容有以下几点：

① 表头列出：受审核部门、审核员、审核组长、审核地点、陪同人员和审核时间；审核完毕，审核员和审核组长必须签字，然后上交存档。

② 审核依据栏：指在该区域审核时所依据的标准条款名称和条款号，或受审核方的程序文件、作业指导书中规定的编号或要求。

③ 检查内容和检查方法栏：在该栏填写要检查的内容和检查方法，如采用提问方式、查阅文件还是现场观察等方法。

④ 审核发现及跟踪记录栏：在现场审核中作为审核结果的记录，或跟踪审核的记录。

⑤ 评估栏：记录根据现场检查初步得出的判断结论，是符合标准要求，还是不符合要求，还是严重不符合要求，一般用数字①、②、③或字母 A、B、C 来表示。

二、检查表的分类与编制要点

1. 检查表的分类

检查表通常可分为两类：部门检查表和过程检查表。

（1）部门检查表

部门检查表是按照组织结构来编制的检查表，它以部门职能职责为主线，确定相关的审核检查内容。部门检查表的特点是一个部门会涉及多个条款要素，其关键是要确定部门相关的主要体系过程，分清主次。

以编制公司销售部的检查表为例，其主管过程是：

与产品和服务有关的要求（8.2，GB/T 19001—2016 条款号，下同）、顾客财产（8.5.3）、产品防护（8.5.4）、顾客满意（9.1.2）。

其关联过程为：

以顾客为关注焦点（5.1.2）、产品和服务的设计和开发（8.3）、生产和服务提供的控制（8.5.1）、交付后的活动（8.5.5）、不合格输出的控制（8.7）、分析与评价（9.1.3）。

通用过程有：

质量方针（5.2）、组织的岗位、职责和权限（5.3）、质量目标及其实现的策划（6.2）、创建和更新（7.5.2）、成文信息的控制（7.5.3）、内部审核（9.2）、持续改进（10.3）等过程。

部门检查表的优点是：各职能部门负责的主要过程都能覆盖到，审核有广度，目前采用较广泛。但对组织的总体体系过程的把握，尚缺乏深度。表5-7 为销售部检查表的案例。

表5-7　销售部检查表

受审核部门	销售部	审核员	×××	审核组长	×××
审核地点	×××	陪同人员	×××	审核时间	

标准条款号	检查内容	检查方法	审核记录	评估
5.3	销售部门的主要职责是什么？各岗位的职责是否得到规定并沟通？	向部门负责人了解部门的主要职责和分工的情况及对人员的能力要求，请其提供有关的规定		
7.2	销售部门的人员是否具备相应的能力、意识并经过相关培训	①询问2~3名销售人员是否知道其岗位的职责及其重要性和相关性，了解他们如何履行其职责完成本岗位的工作。②抽查此2~3名售后服务人员的能力(教育/培训/技能/经验)证明记录		
8.2.2 8.2.3	产品和服务要求的确定与评审情况	①请销售部提供自质量体系正式运行以来与顾客签订的所有合同，从中抽取4~7份，查其内容是否符合8.2.2的要求。②请销售部提供此4~7份合同的评审记录，查是否在合同签订前进行评审，评审的内容是否符合8.2.3的要求，评审结果是否适宜，是否有由评审引起的措施记录。③从此4~7份合同中抽已到期的合同，请销售部提供这些合同的交货证明，查其履约能力。④询问部门负责人如何对顾客的口头要求进行确认，请其提供所有的口头合同记录，从中抽3~5份口头合同，查其内容及其确认记录		
8.2.4	产品和服务要求发生更改的控制情况	询问部门负责人当产品要求发生更改时如何进行控制，自体系运行以来是否发生过合同或订单中产品要求变更的情况，如有，请其提供相应的合同或订单，抽3~5份查是否有对更改要求进行评审的记录，是否针对更改要求对有关文件进行修订，是否向有关人员传递更改信息，是否有由于合同或订单要求的更改而造成的违约情况		
8.2.1	与顾客进行沟通的情况	①向销售部负责人了解在签订、执行和更改合同过程中与顾客如何进行沟通和洽商，对顾客的投诉和抱怨如何进行处理。②请销售部提供与顾客沟通时的所有记录(包括对顾客的投诉或抱怨的处理记录)，抽3~5份查对顾客反馈信息和投诉或抱怨的处理情况及其结果		
8.5.5 8.7	①交付后活动的控制情况。 ②对交付或使用后出现的不合格品的控制情况	①针对已抽合同中顾客提出的有关交付或售后服务要求，查相应的交付记录和售后服务记录，看是否满足合同的要求。②针对顾客反馈的不合格品的信息，请销售部提供相应的处置记录，看是否采取适宜的控制措施		

续表

标准条款号	检查内容	检查方法	审核记录	评估
8.5.3	对顾客财产的控制情况	①向部门负责人了解对公司控制或使用顾客财产的控制情况。 ②抽查销售部负责管理的顾客财产的验证记录3~5份，并了解其使用情况，看是否发生过丢失、损坏或不适用情况，如有，请销售部提供向顾客报告的记录		
9.1.2 9.1.3 10.3	①对顾客满意的获取、监视和评审情况。 ②对顾客满意程度的数据信息的分析与评价情况。 ③针对分析评价结果采取改进情况	①向部门负责人了解对顾客满意获取、监视和评审的方法，并请其提供上半年获取的信息。 ②向部门负责人了解对顾客满意程度的数据信息的分析与评价情况，并请其提供对这些信息的分析评价结果，看是否根据分析评价结果提出重点需要改进的活动（过程）。 ③查看针对需要改进的活动（过程）采取的纠正或纠正措施的实施记录及其结果，查是否作为持续改进的一部分加以应对		

（2）过程检查表

过程检查表是按照 ISO 9001 标准条款要求来编制的检查表，它以过程控制为主线，按照标准条款的要求来进行相关检查的。过程检查表的特点是一个标准条款会涉及多个职能部门，所以过程检查表的关键是要确定过程的主要职能部门，分清主次。如编制创建和更新过程（7.5.2）和成文信息的控制过程（7.5.3）检查表，主要职能部门质量控制部或品质保障部，有的企业可能是综合办公室或总经理办公室，关联部门就更多，销售、技术、生产制造、采购供应、质检等，几乎所有部门都会涉及。采用过程检查表的优点是审核有深度，易发现系统内的"接口"问题，缺点是会造成部门的重复检查、审核员费时费力。表 5-8 为外部提供的过程、产品和服务的控制条款检查表的案例。

表 5-8　外部提供的过程、产品和服务的控制检查表

审核条款	8.4 外部提供的过程、产品和服务的控制		审核员	张文川	审核组长	张红丽
受审核部门	供应部、技术部、质检部、质管办		陪同人员	周波华	审核时间	
标准条款号	检查内容与部门	检查方法		审核记录		评估
8.4 8.4.1	对外部提供的过程、产品和服务的控制的总体情况。 主管部门： 供应外协部； 涉及部门： 技术研发部； 质量管理办公室	①向供应外协部负责人了解采购哪些原材料、零部件，哪些产品或服务由外部供方直接提供给顾客，哪些产品或工程、服务过程部分或整体外包给供方。 ②向供应外协部、技术研发部查询有没有实施、如何实施对外部供方的评价和选择，查有没有评价和选择准则。 ③向供应外协部、质管办查询有没有实施、如何实施对外部供方的绩效监视以及再评价，查有没有绩效监视以及再评价准则。 ④查询供应外协部、质管办是否保留上述过程的成文信息				

续表

标准条款号	检查内容与部门	检查方法	审核记录	评估
8.4.2	对供方的控制类型和程度情况。 主管部门： 供应外协部； 涉及部门： 技术研发部； 质检部； 质量管理办公室	①在供应部查采购物质分类表，向负责人了解对供方提供的原材料、零部件有没有按重要程度划分控制等级。 ②在供应部查应保留的成文信息，对产品或服务由外部供方直接提供给顾客的外部供方如何控制，有没有按重要程度划分控制等级。 ③在供应部查成文信息，对产品或工程、服务过程部分或整体外包给的供方如何控制。 ④在供应部查采购物质分类表、供方企业状况调查表、供方产品质量评价表等记录或文件，请供应部提供所有供方的评价记录及资料，从采购供方和外包供方中各抽3~5家，对照选择、评价、绩效监视及再评价准则，检查是否符合要求。 ⑤在供应部或质检部查供方以往的供货检验记录、供货验证报告、产品质量稳定性、实验数据分析；在供应部或质管办查绩效指标评价、第二方审核结果、顾客投诉、市场反馈等各3~5份，查是否进行绩效监视。 ⑥在供应部或质管办查相应的再评价记录，查是否对业绩欠佳的供方提出改进要求，效果如何，如何进行再评价		
8.4.3	提供给外部供方的信息情况 主管部门： 供应外协部； 涉及部门： 技术研发部； 质检部	①向供应外协部负责人了解如何确定采购产品的要求，其依据是什么。 ②在供应外协部从采购物质分类表中 A、B、C 三类产品各选出 3 种产品，查阅其采购信息（如采购计划、采购合同、协议等）的内容是否正确齐全，质量要求是否明确，是否得到有关人员审批。 ③向供应部或技术部负责人了解有没有采购产品的技术和服务要求、生产工艺、设备、检验规范、验收标准等要求，这些要求是否得到有关人员审批。 ④在供应部查对外部供方人员的能力、经历、技能等有何要求。 ⑤向供应部负责人了解对供方产品如何进行验证，是否在本公司对产品进行验证，是否派质检人员到供方处进行验证，是否有顾客直接到供方处进行验证，如有，请供应部提供近三个月采购产品的记录，从中各抽3~7份验证记录，看是否符合有关协议、合同及有关验收准则的要求		

2. 检查表的编制

检查表的编制，主要是根据审核准则，列出审核要点和审核方法。

（1）审核要点

明确你要查哪些条款，明确你要查什么，即 what。

① 要根据审核准备及所承担的审核任务、逐项列出要审核的内容；

② 要注意体现过程方法的思路，如按部门审核时，可考虑按照"什么过程→过程的职责是什么→过程准则和方法如何→运行与监测如何→结果怎样→问题如何改进"的思路，列出对该部门要审核的内容。

（2）审核方法

即明确"怎样查"。对应审核要点列出审核的具体方法、包括抽样数量。具体可包括以下几点：

① 在哪里查，即去哪些具体区域、部门检查和收集客观证据，即 where；

② 找谁查，即向哪些人进行提问和调查，想了解什么问题，即 whom；

③ 如何查，即说明怎样查那些文件、资料、记录等证据，是面谈、记录还是现场观察等，即 how。

3. 编制和运用检查表的注意事项：

① 现场审核中，应注意灵活运用检查表，既要按照检查表不随意偏离，又要注意不要照本宣科、生搬硬套、你问我答式地进行检查。

② 根据现场审核中的实际情况，可以对检查表的内容进行适宜的调整和补充，不局限于原范围，但不能影响审核的完整性。如遇到不合格或有价值的线索，虽原表中无此内容，但可以追加检查。

③ 对有经验的审核员，检查表编制时可以简略些，对于经验不足的审核员或新的审核领域，检查表应尽可详细些，以有利于审核。

第四节 审核活动的实施

一、举行首次会议

按照 ISO 19011:2011《管理体系审核指南》标准要求，在审核组按审核计划进入审核现场开始审核时，首先由审核组长主持召开第一次正式会议，即首次会议，对即将进行的现场审核进行整体的布置安排。

1. 首次会议的目的

① 确认审核计划；

② 简要介绍审核活动如何实施；

③ 确认沟通渠道；

④ 向受审方提供询问的机会。

2. 首次会议的程序和内容

首次会议由审核组长主持，参加会议的有审核组成员、受审核方的最高管理者、部门负责人和陪同人员、内审员等。全体与会者应分别在首次会议签到表上签到。签到表和会议记录应保存作为证据。

首次会议时间一般在 30min 以内，会议的主要程序和内容大致如下：

① 审核组长宣布会议开始，介绍审核组成员和所负责的审核部门和体系过程，必要时介绍审核员资格。

② 受审核方代表介绍受审核方与会人员。

③ 受审核方最高管理者简单讲话，欢迎审核组进厂检查，并要求组织内各部门积极配合审核组工作。

④ 审核组长宣布本次审核活动的审核目标、审核范围、审核准则和审核计划日程安排，包括末次会议的日期和时间，并由双方共同确认。

⑤ 审核组长介绍审核的程序和方法，包括审核抽样的原则、常用的审核方法、审核中

双方的沟通方式、审核组内部会议、不符合项确认等，使与会人员对审核全过程有基本了解。

⑥ 审核组长应说明由于审核证据只是基于可获得信息的样本，因此，在审核中存在不确定因素；确认在审核中将及时向受审核方通报审核进展情况；同时还应做出保密的承诺。

⑦ 确定每个审核小组或每个审核员的陪同人员，作为向导、见证和联系人的安排，建立审核组和受审核方之间的正式沟通渠道。

⑧ 确认审核期间的工作、交通、休息场所等所需的资源。

⑨ 有关末次会议的信息。

⑩ 审核组长致谢，宣布首次会议结束。

对于一些中小型组织中的内部审核，首次会议的内容和程序可相对简单一些，比如，陪同人员、受审核方与会人员的介绍等可以免去。

二、审核实施阶段的文件评审

和审核准备阶段的文件评审不同的是，审核实施阶段的文件评审主要是确定文件所述的体系与审核准则的符合性，同时收集信息以支持审核活动。这时更多考虑的是以下几点：

① 文件中所提供的信息是否完整，即文件中是否包含所有期望的内容。

② 所提供的信息是否正确，即内容是否符合标准和法规等可靠的来源。

③ 提供的信息是否一致，即文件本身以及与相关文件是否是一致的。

④ 提供的信息是否现行有效，即内容是否是最新的。

⑤ 所评审的文件是否覆盖审核的范围并提供足够的信息来支持审核目标。

⑥ 依据审核方法确定的对信息和通信技术的利用，是否有助于审核的高效实施。应依据适用的数据保护法规对信息安全予以特别关注，特别是包含在文件中但在审核范围之外的信息。

通过审核实施阶段的文件评审，可以评价受审核方管理体系文件控制的有效性。

文件评审可以与其他审核活动相结合，并贯穿在审核的全过程，只要不影响审核实施的有效性。通常情况下是在审核现场结合面谈、查阅文件和记录等过程进行文件评审的。

如果在审核计划所规定的时间框架内提供的文件不适宜、不充分，审核组长应告知审核方案管理人员和受审核方。应根据审核目标和范围决定审核是否继续进行或暂停，直到有关文件的问题得到解决。

三、向导和观察员的作用和责任

受审核方委派的向导和来自监管机构或其他相关方的观察员可以陪同审核组。他们不应影响或干扰审核的进行，如果不能确保如此，审核组长有权拒绝观察员参加特定的审核活动。

观察员应承担由审核委托方和受审核方约定的与健康安全、保安和保密相关的义务。

受审核方指派的向导应协助审核组并根据审核组长的要求行动。他们的职责可包括：

① 协助审核员确定面谈的人员并确认时间安排；

② 安排访问受审核方的特定场所；

③ 确保审核组成员和观察员了解和遵守有关场所的安全规则和安全程序。

向导的作用还包括：代表受审核方对审核进行见证；在收集信息的过程中，做出澄清或提供帮助。

四、信息的收集和验证

在审核中，与审核目标、范围和准则有关的信息，包括与职能、活动和过程间接口有关的信息，应当通过适当的抽样进行收集并验证，只有可证实的信息方可以作为审核证据记录在现场审核记录表上。道听途说、主观臆断、假设猜测等无法证实的信息不能作为审核证据，更不能据此形成审核发现。

在收集证据的过程中，审核组如果发现了变化的情况或新的风险，应予以关注。

从收集信息到得出审核结论的过程如图 5-2 所示。

1. 信息源的选择

审核时，根据审核的范围和复杂性选择不同的信息源，信息源可能包括：

① 和受审核部门人员和其他相关人员面谈获取的信息；

② 对活动、工作环境和周围条件的观察，如车间的温度、噪声、粉尘等；

③ 保持的相关成文信息，如质量方针、质量目标、质量计划、程序规范、作业指导书、标准、图纸、合同、订单等；

④ 保留的相关成文信息，如过程记录、检验记录、会议记录、报告、方案监视和测量结果等；

⑤ 数据汇总、分析和绩效指标；

⑥ 受审核部门所采用的抽样方案的信息，如抽样控制程序、抽样过程记录等；

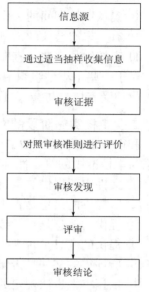

图 5-2　收集和验证信息的过程概述

⑦ 其他来源的信息，如顾客反馈、外部调查与测量、行业排名、数据库和网站提供的信息等。

2. 现场审核方式

（1）按部门审核方式

以部门为单位进行审核，强调质量体系组织机构的职能，比较容易掌握各部门质量管理体系的实施情况，审核时间集中，效率较高，对受审核方正常工作影响较小，检查表也是按部门来编写；缺点是审核分散，条款的覆盖可能不够全面。

（2）按条款审核方式

以标准条款为线索进行审核，即针对同一条款的不同环节而到各个部门进行审核，以便得到该条款的审核结论。其优点是目标集中、判断清晰，能较好掌握体系中各个条款的实施情况；缺点是审核效率低，对受审核方正常工作影响较大，各个部门往往要重复接受多次审核。

目前现场审核大多采用按部门审核方式，只是在重点追踪某一条款的实施情况时，会按条款审核追踪到所有相关部门。

五、现场审核方法

1. 面谈

面谈是现场审核中最常用的一种方法。通过与最高管理者和各职能部门领导面谈，可以确认其对各自职责的理解和落实情况；与组织员工的交谈可以判断出他们对程序文件和作业指导书中要求的熟悉程度和执行情况，收集证据，从而判断质量管理体系的实施情况。

面谈一般可围绕以下几个方面，即什么目的、什么时间（when）、什么地点（where）、谁来做（who）、做什么（what）、怎样做（how）、为什么要这样做（why）等，即5W1H。

(1) 常用提问方式

现场审核常用的提问方法有：

① 开放式提问，例如："日常的设备管理你们是怎么做的？""对合同的评审你们是如何进行的？"等。这是审核员使用最多的提问方式。简短的提问能够得到较为广泛的回答，审核员可以获取大量信息，收集客观证据。

② 封闭式提问，例如："检验不合格的产品要返工吗？"被问者可以用是或不是来简短的回答。审核员一般应尽量少用封闭式提问方式，因为这种提问方式往往会使对方情绪紧张，而实际中许多情况也并不是仅仅用是或不是就能难确定论的。一般在审核员已经发现了不符合事实、需要确认一下时会采用此种方式。

③ 重复性提问，例如："刚才你说培训的记录没有保存，是吗？"即提问主题不变，多角度重复提问。在对方回答含糊其辞时，宜采用这种提问方式。

④ 假设式提问，例如："万一到时候产品从卡车上掉下来怎么办？"这种方式带有主观的推理，要慎用。

⑤ 议论式提问，例如："您觉得增加在这一阶段一个设计评审会怎么样？"这种提问往往带有建议的成分在里面，审核时也要注意使用，避免成为漫无边际的讨论。

提问时，审核员还应注意：考虑被问者的性格特点，说话时不要带有情绪，语速不要快，不能连珠炮式地发问，不能建议或暗示某种答案，适当地表示谢意。

(2) 聆听

学会聆听对审核员来说是非常重要的。在审核过程中，审核员通过聆听对方的回答从中可以获取有价值的信息，以得出客观的审核发现，注意要营造出有助于审核的融洽的氛围。

审核员在聆听时应做到真诚、专注和认真，少讲多听，不怕沉默；多提开放式问题，以鼓励对方发言；同时，在对方不着边际的夸夸其谈时要及时引入主题，以免浪费时间；在周围有其他人插嘴或环境嘈杂时，要善于排除干扰，做出成熟、职业的反应。

(3) 面谈过程中应注意的问题

① 面谈地点最好是在受访人正常工作时间和工作地点进行；

② 在面谈时应解释面谈和做记录的原因，不要给受访人造成压力；

③ 面谈可通过请对方描述其工作职责开始；

④ 应当避免提出有倾向性问题（如引导性提问）；

⑤ 面谈结束时，应与对方总结和评审面谈的结果，并感谢对方的参与和合作。

(4) 内部审核时的注意事项

内部审核时，由于内审员和受审核方都是来自组织内部的领导和同事。因此，需要特别注意面谈的方式方法、语气和技巧等，这主要表现在：

① 在与最高管理者面谈时，应考虑基于审核中发现的问题，在一种汇报式的气氛中征求其意见和看法，从而寻找其按标准建立、实施、保持和改进管理体系的证据，共同探讨有关质量管理体系方向的意识、理念问题；

② 在与部门领导面谈时，应多以协商、请教式的口气，使其有足够的兴趣介绍本部门

的工作,从而寻找其体系运行的证据;

③ 在与部门具体员工面谈时,切忌盛气凌人,要尽量使其保持放松,以了解其真实的工作情况,应更多使用商议和探讨的口气,避免僵化的命令方式。

2. 查阅成文信息

现场审核过程中经常利用查阅文件、记录等成文信息的方式追溯体系的运行状况,收集审核证据,这也是信息来源之一。

审核中需要查阅的成文信息包括质量手册、程序文件、作业指导书和质量记录表格等所有成文信息,例如文件控制程序、预防与纠正措施记录、内审记录、管理评审报告、不合格报告、工艺规程、检验规范、设计图纸、材料清单等。

通过查阅成文信息的方法进行抽样调查,验证信息的客观性,寻找质量管理体系运行的证据。如:

① 文件的发布和更改是否经过批准,文件是否为有效版本;
② 技术图纸、工艺和检验规范是否经过审批;
③ 实际操作各项作业是否按程序的规定执行,是否符合文件规定;
④ 监测仪器、检定证书是否在有效期范围内;
⑤ 证书、报告、市场反馈、顾客意见等各种记录是否符合要求;
⑥ 是否运用数据分析方法,分析评价效果是否正确、有效;
⑦ 纠正、预防措施的实施效果如何,应对风险和机遇的措施的实施如何。

在查阅成文信息时,可能会发现一些在文件和记录管理、规范使用等方面存在的不符合现象,如缺少标准,或缺少实际工作所必须要求的文件,对外来文件未能有效控制,记录的填写、收集、保管出现漏洞等。

由于组织的成文信息很多,不可能一一查阅,审核员只能采取抽样的方法,选取代表性的样本进行审核,不应把过多的时间用在对文件和记录管理的审核上,而是应该注重对过程的监控、过程环节和过程结果的审核,以获得过程运作和管理效果的信息。

3. 观察

观察是审核员利用感观、敏感性及专业知识在工作和生产现场的观察,用于判断组织在实际工作中是否遵守程序文件和作业指导书的要求。在现场审核时,审核员应有足够的时间深入到生产车间中去观察和调查,此时往往能收集更加真实的审核证据,验证受审核部门设备、设施、环境等是合具备满足要求的能力。如:

① 与法律法规、行业规范的符合程度;
② 关键过程控制的可靠性;
③ 生产加工现场的工作条件,如噪声、粉尘、环境温度等是否适宜工作;
④ 生产现场的设备设施完好情况,生产产地、区域划分是否明确;
⑤ 生产现场是否按设计图纸、工艺卡、操作规程等要求进行制造加工;
⑥ 车间在制零件、原材料的状态标识是否清晰、完整;
⑦ 仓库管理的账、卡、物的堆放、标识、防护情况是否与规定相符;
⑧ 监视、测量仪器设备的校准状态情况;
⑨ 产品的运输、存放、标识等情况是否符合要求。

4. 重复验证

在现场审核中经常会采用重复的方法来对审核发现的相关信息做进一步的追溯、分析和确定。例如：

① 抽取已检验过的产品重新检验，通过结果的再现，验证检验的准确性；
② 重复某项接待的行为，验证其服务的规范化；
③ 重复测量仪器的校准和操作；
④ 查询可追溯性是否实现等。

通过必要的重复活动验证特殊工种人员的能力，通过重复某些过程，以证实设备、设施和环境等资源配置满足需要，符合规定的要求，证实过程控制的效果和有效性。但是应注意，重复验证应根据需要和可能而定，对于代价高、成本高、风险大、不具备重复条件的活动，尽可能不采用重复验证的方法，可通过其他可行的经济的方法达到证实目的。

5. 审核记录

在现场审核过程中，审核员应及时做好审核记录，记录下审核中所看到、听到的各项有用的真实信息，作为编制不符合报告、审核报告和做出审核结论的真凭实据，作为查询、追溯的依据。

审核记录要求真实、准确、清晰和简明；记录应包括时间、地点、受访人员、被调查的人员及见证人的职务和岗位、文件名称、产品批号、物资标识、设备编号、合同编号、陈述人等。须注意的是，记录应当场记录，尽量避免事后追记以防内容不准确和遗漏。

审核记录的格式，没有统一要求，一般由各个组织自己制定。表 5-9 是某认证机构现场审核记录的样式。

表 5-9 现场审核记录

审核提示	①涉及的管理体系要求、主管的过程要求、参与协同实施的要求； ②过程模式/流程、环境因素/影响及控制方案； ③职责和权限、目标分解及实施； ④资源配置：人力、基础设施、过程运行环境、测量资源； ⑤信息，数据及沟通，审核范围现场确认	①现场文件审查：完整性、充分性、适宜性、有效性及控制； ②记录表式、填写、控制； ③监视和测量； ④不合格处置； ⑤分析、评价和持续改进
评估	①符合准则要求；②基本符合准则要求(存在轻微问题，可接受)，口头通知受审核方； ③未达到准则要求。 注：应记录符合的和不符合的审核证据，应提供完整、准确和清晰的记录	

审核区域		审核员		审核时间	
标准条款号	检查表	审 核 记 录			评估

现场审核的方法，归纳起来，就是提问、倾听、查阅、观察、记录，即要嘴动（提问）、耳动（聆听）、手动（查阅和记录）、眼动（观察）、脑动（思考）；在这过程中，手一直在不停地记录，头脑一直要不停地思考，以分析和做出判断。还有就是，如有需要追踪或到其他

部门追踪的问题,都要予以记录,以便自己或通知在其他部门的审核员下一步进行追踪。

六、审核中的沟通

在审核期间,审核组内的内部沟通非常重要。一般每天会召开内部会议,审核组要在短时间内完成审核任务,则每位成员只对部分过程或活动进行审核,不可能了解受审核部门内部工作关系上的细节,也无法对其部门或过程作全面评价而得出审核结论,需要进行充分的内部讨论和沟通;所有审核发现,包括不符合项都要经过组内讨论,形成一致意见,得出审核结论。根据审核的进展情况,如果有的审核员审核顺利,提前完成审核工作,有的受审核部门由于难度大或问题较多,使得审核工作量加大,那么,在内部会议上也可以调整和重新分配审核组成员的工作。

审核组与受审核方之间的外部沟通也非常重要。审核组长一般每天审核工作结束前向受审核方(或审核委托方)通报当天的审核情况,如果在审核中收集的证据显示有紧急的和重大的风险(如安全、环境或质量方面),应当及时报告受审核方。如审核员发现某项不合格并掌握了证据,也应及时向受审核方指出,以获得口头确认。

随着现场审核活动的进展,若出现需要改变审核范围的情况,或已经获得的审核证据表明不能达到审核目标,审核组长应当和受审核方或审核委托方进行沟通,以确定采取适当措施,例如修改审核计划、更改审核目标和审核范围或终止审核。当然,任何审核计划的变更都应经过评审,适当时,须审核方案管理人员和受审核方批准。

第五节 审核发现与不符合的确定

一、审核发现的形成

在现场审核中,审核员会发现许多与审核目标、范围和准则有关的审核证据。将这些证据与审核准则进行对比评价,便可得出符合或不符合的审核结果,即审核发现。当审核计划有规定时,具体的审核发现应包括有支持的证据、改进机会以及对受审核方的建议。

应记录不符合及支持不符合的审核证据,对不符合可以进行分级,应与受审核方一起评审不符合,以获得承认和理解,以确认审核证据的准确性。对审核证据或审核发现有分歧的问题,审核员应努力解决,尚未解决的问题应记录在案。

审核组应在内部沟通会上评审这些审核发现。对于合格的审核发现,应按审核的场所、职能、部门或过程加以总结,以便对过程或整个体系的有效性得出初步印象,并写入审核报告中去;对不符合质量管理体系标准、法律、法规、质量体系文件、合同要求等审核准则的审核发现,则必须详细记录,经讨论形成审核结论后,开出不符合报告。

二、不符合项及报告

1. 不符合项的确定

① 不符合项的确定必须以客观事实为基础,客观公正地判断,不能掺杂审核员个人的主观判断,也不能"推理""假设"或"想当然"。客观证据包括:

　　a. 在成文信息审阅以及现场观察中发现的客观事实。例如文件、记录中的记载,现场观察中发现的事实,如现场合格品和不合格品混放在一起等,对这些事实所做的记录也可作为证据。

　　b. 现场审核时受审核方责任人员对审核员所提问题的回答,也可成为客观证据;对于通过面谈得到的信息,应当通过其他事实加以证实,避免因受审核人员情绪紧张而导致错判。例如,面谈时涂装车间主管回答说面漆固化温度按工艺要求是 160~180℃,但我们实际操作都设定在 220℃,到现场观察,证实确实如此,就可以作为客观证据。

② 必须以审核准则为依据,不能把审核员个人的观点作为依据,审核员开具的不符合项报告必须在审核准则中找到对应的不符合的条款或依据。

③ 应分析和评价不符合的审核发现,质量管理体系审核是一种体系审核。目的是判定受审核方的质量管理体系是否符合标准的要求。所以审核员不能仅仅满足于寻找到不符合审核发现,还应对这些不符合的审核发现进行分析评价,以找出管理体系存在的问题。

④ 质量管理体系中存在的问题往往不是孤立的,常常存在某些联系,所以形成不符合项时,需要审核组成员充分讨论,交流情况,互相补充印证,这样才有利于发现受审核方管理体系中的问题。从另一角度来说,凡是发现的不符合事实,均能形成不符合的审核发现,也都能开具不符合报告,但是最终确定不符合报告的数量及发生区域时,须经审核组成员的充分讨论,由审核组长与审核组成员商定后确定。并考虑以下几点因素:

a. 能客观、公正、全面地评价受审核方的质量管理体系,有助于作出现场审核的结论;
b. 有代表性的问题,对受审核方体系改进有较大的促进;
c. 有利于受审核方采取纠正措施。

2. 不符合项的分类

不符合项一般可分为严重不符合项和一般不符合项。

(1) 严重不符合项

严重不满足标准及相关法律法规要求,可能导致质量管理体系或过程失控,产品质量下降,可能会产生严重后果。

① 体系运行出现系统性失效。即受审核部门在多处、多个过程或较长时间内存在着多个同一类型的一般不符合,此时这多个一般不符合由量变发展为质变,从而构成一个严重不符合。例如:体系中许多部门均未按培训计划实施培训,或与设计过程有关的各个部门都存在着文件失控的情况,产品设计各阶段对多个设计项目都未实施设计评审、验证和确认等,均可判为严重不符合。

② 体系运行出现区域性失效。例如某一部门中有关条款的全面失效。例如:一个仓库缺少明确的物品保管制度,账、卡、物不一致,标识混乱,出入库单据不全,不合格的物品也混放在合格品中;未执行企业自己规定的先进先出原则;房顶漏雨,仓库内没有防火、防盗设施等,此时这多个一般不符合也构成一个严重不符合,即该仓库管理存在着严重的失控状态。再比如:一个采购供应部,没有制定原材料、零部件等的采购要求、验收准则,也未对外部供方进行评价、选择、绩效监视和再评价,每次采购产品的外部供方都不一样,随意性很大,采购人员都是企业最高领导者的关系,没有什么学历,也从来不参加相关培训,采购完毕采购清单就扔掉了,货物进来也不验证,质量记录不全,职责不清,管理失控,存在诸多的不符合,这些均可判为严重不符合。

③ 不符合的事实会造成严重的后果。例如:压力容器焊接达不到要求,焊缝未进行超声波探伤检测,实际工作压力大大低于工艺规程要求的压力,如果按工艺规程规定的压力使用会产生泄漏、爆炸,造成重大安全事故,并会造成人员伤亡,此时一项这样的不符合即构成了严重不符合。再比如:宾馆餐厅的菜肴不卫生,造成二十几位顾客食物中毒;工厂检验科擅自放行了一批有严重缺陷的不合格产品,在市场上产生了严重的负面影响。

（2）一般不符合项

① 与审核准则和要求轻微不符；

② 违反质量管理体系要求，属于个别的、偶发的、影响轻微的事件；

③ 可能或已经造成的后果不严重，但影响不大等。

例如：对一部分原材料供应厂家未进行评价，文件更改未经审批，未按规定要求进行进货检验或检验项目不全，半成品、成品无标识，生产厂地无标识，设计输入未经评审，合同未经评审等。

一般不合格属于个别的、偶然发生的不合格项，其后果不严重，也易于纠正。

3. 不符合项报告的编写内容和注意事项

（1）不符合报告的编写内容

各个认证机构不符合报告的格式可能会有所不同，外部审核和内部审核的不符合报告也有差异，但大致内容基本相同，现举某认证机构的不符合报告格式为例（表5-10），说明编写内容如下：

① 基本信息：受审核方名称、审核区域名称、审核员姓名、审核组长姓名、审核日期。

② 观察结果：

a. 不符合事实描述，如发现不符合事实的区域（地点、位置）、时间、事实、结果、谁说的或是谁做的等。

b. 明确不符合判断所依据的审核准则，包括标准或相关体系文件的条款号、相关内容的引用。

c. 确定不符合项的分类，是一般不符合还是严重不符合，以及整改要求和验证方式；是单采取纠正或纠正措施，还是纠正、纠正措施一起完成；是异地验证还是现场验证。

③ 受审核方确认意见：情况是否属实；陪同向导、部门主管签字。

④ 受审核方原因分析：由受审核方人员描述分析发生不符合的原因。

⑤ 受审核方采取的纠正、纠正措施或预防措施；本次审核后受审核方相关人员开会讨论，制定要采取的纠正、纠正措施或预防措施的描述。

⑥ 审核组验证：审核组在受审核方纠正、纠正措施或预防措施全部完成后进行验证，是否有效或基本有效，是否同意报批，有无其他说明的情况；验证人签字及日期。

（2）不符合项报告编写的注意事项

① 要客观地陈述事实，不能用"我认为""如果这样""这说明"等主观语态进行分析、猜想或推测。

② 应使用受审核部门的习惯语言描述产品名称、工艺规程、控制程序等，让受审核方能理解。

③ 报告中涉及的人员，一般不写姓名，只注明职务或岗位，如技术部一位设计人员、计划处调度人员、设备动力处主管等，避免给直接当事人带来行政和经济上的不便。

④ 事实描述应准确、清晰和简明，便于追溯，如写出合同号、图纸号、设备号、检定证书号、零件号、标准、手册、程序或作业指导书的名称和章节号，记录的名称和日期等必要的细节。

⑤ 不能用结论代替客观事实的表述。

表5-10为某组织外部审核不符合报告示例，表5-11为某邮政转运中心包裹分拣车间内部审核不符合报告示例。

表 5-10　外部审核不符合报告

编号：ABB-10.2-01　　　　　　　　　　　　项目号：ABB-32-2016-0763

受审核方名称	江苏春鹤园林机械有限公司			审核区域	人力资源/主管
审核组长	丁舜尧	审核员	陈赢	审核日期	2017 年 7 月 2 日
观察结果： 2017 年 5 月 10 日至 11 日进行了"特殊过程工艺技能培训"，但人力资源部未能提供此次培训有效性的证据。 上述结果不符合：GB/T 19001—2016 标准 第 7.2 条款的规定；属☒一般不符合　　□严重不符合 整改要求：□纠正　☒采取纠正措施　　验证方式：☒异地验证　□现场验证					
受审核方确认意见： 　　　　　　情况属实。 　　陪同人员确认：孙炜炜　　　　质管办主任：贾鲲鹏　　　2017 年 7 月 2 日					
受审核方原因分析： 2017 年 5 月 10 日至 11 日进行了"特殊过程工艺技能培训"，因工作失误未能对此次培训进行有效性评价。 自我感觉对 GB/T 19001—2016 标准学习理解不够深刻，致使某些工作做得不够深入。 　　　　　　　　　　　　　　　质管办主任：贾鲲鹏　　　2017 年 7 月 2 日					
受审核方采取的纠正、纠正措施：(附证实资料) ①2017 年 7 月 10 日至 11 日对缪俊超、胡鹏东、吴小倩、焦海波、钱天骏 5 人进行了"特殊过程工艺技能培训"的考核，考核结果的记录已经存档。 ②本人组织人力资源部对 GB/T 19001—2016 标准、质量手册、人力资源控制程序、成文信息控制程序、不合格输出控制程序文件进行了学习和讨论，对文件的要求理解加深。 ③本人在 2017 年 7 月 13 日和质检部一起，对装配车间的装配产品质量检验记录进行了检查：今年 1~6 月份的装配产品质量检验记录填写清楚、基本完整；同时，再次开会学习并强调按照成文信息控制程序、不合格输出控制程序的要求遵守执行。 　　　　　　　　　　　　　　　质管办主任：贾鲲鹏　　　2017 年 7 月 14 日					
审核组验证：(组长或被委托人) 　　整改：□有效　☒基本有效　　☒同意报批　　□不同意报批 　　　　　□其他需要说明的情况 　　　　　　　　　　　　　　　验证人：丁舜尧　　　2017 年 7 月 20 日					

表 5-11　内部审核不符合报告

编号：NJYZ-10.2-01　　　　　　　　　　　　　　　　　　　　No：

受审核部门	分拣车间	受审核部门负责人	陈浩天	审核类型	复评审核
审核员	张红丽	审核组长	徐大军	审核日期	2017 年 7 月 10 日
审核依据	GB/T 19001：2016 标准，质量管理体系文件，其他标准、规范等				
不符合项事实描述： 在包裹自动分拣流水线上，发现 2 个包裹出口处 45°斜坡下端没有挡板，旁边有一个包裹掉在地上；另外有 2 个出口下端处的挡板没有合上去。 以上事实不符合 GB/T 19001：2016 标准第 7.1.3 条款要求："组织应确定、提供并维护所需的基础设施，以运行过程，并获得合格产品和服务。"同时不符合标准第 8.5.3 条款要求："组织应爱护在组织控制下或组织使用的顾客或外部供方的财产。" 　　　　　　　　　　　　受审核部门代表确认：潘春丽　　　日期：2017 年 7 月 10 日					

续表

不符合类型:☒一般不符合　□严重不符合

不符合原因分析：
这4个出口处为邮寄到银川、西宁等地的分拣出口，平时邮寄包裹很少，所以未发现此现象，车间设备维修工平时巡检时也未注意到。

受审核部门负责人：陈浩天　　日期：2017年7月10日

纠正、纠正措施实施情况：
①已制作了2个新的挡板装上去，另外2个挡板也已经合上去。
②已经对设备维修工进行了维修培训，强调每次巡检时自动分拣流水线上每一处都必须检查到，并重新学习了自动分拣机的设备维修保养的知识。
③近日已对自动分拣机、车间内空调送风系统、包裹运转车以及车间内其他设施进行了一次全面检查、维护和保养。

受审核部门负责人：陈浩天　　日期：2017年7月25日

纠正、纠正措施跟踪情况：
☒纠正、纠正措施有效。　　　□纠正、纠正措施可以接受，在下次内审中验证。
□纠正、纠正措施不接受，开具新的不符合报告。

审核员：张红丽　　审核组长：徐大军　　日期：2017年6月30日

如上述示例所示，不符合项报告是由审核员开具，不符合事实描述也是由审核员撰写，不符合原因分析、纠正措施则是由受审核部门制定和实施，纠正措施的跟踪验证则由审核员来实施。内部审核也同样如此。

并非所有的与审核准则不符合的审核发现都要开具不符合项报告。对于有些偶然的、孤立的现象，且未造成也不会导致不良后果，在现场已迅速纠正的，就不必开具不符合项报告。如操作工将某日某班的生产记录表上交值班主任后，值班主任没有签字，还有一些更轻微的不符合一般会口头提出，要求对方整改，不一定开具不符合报告

三、准备审核结论

1. 审核组内部会议

除了在审核期间每天召开内部沟通会议以外，在现场审核工作基本完成后，审核组应召开全体审核组成员参加的内部会议，对审核结果作汇总分析，确认审核发现并准备审核结论。为末次会议的召开和审核报告做好准备。

会议内容主要包括如下几点：
① 对审核期间收集的涉及体系符合性和不符合性的审核发现进行评审；
② 就现场质量管理体系审核达成一致的审核结论；
③ 就确定需要开列的不符合报告数量和内容达成一致，编制不符合清单；
④ 对本次现场审核作出必要的总结与分析，包括本次审核概况与效果、不符合项的汇总分析、受审核方质量管理体系及其过程有效性的综合分析等；
⑤ 编写不符合项报告；
⑥ 编写审核报告及相关的文件；
⑦ 准备建议性的意见；
⑧ 审核后的跟踪安排计划；
⑨ 准备末次会议。

2. 审核结果的汇总分析

审核末期要做的另一项工作是对现场审核结果进行整理、分类和分析，以判定组织管理体系的有效性。采用方法是将全部不符合项按照严重不符合，一般不符合，条款要求不符合，部门或过程、区域不符合等类别进行分类整理，然后编制以部门为横坐标、条款为纵坐标的不符合项分布矩阵表，进行数据分析，可以反映出各个部门质量管理工作的强弱以及存在的问题：

① 哪个部门或哪个条款不符合比较多，做得比较差，需要改进；

② 将上次审核时发现的不符合总数及其条款和部门分布与这次审核结果进行对比，分析组织的质量管理体系是进步还是退步，从中可以得出质量管理工作是进步还是退步；

③ 从上次纠正措施的完成情况及有效性与这次发现的不符合项对比，也可分析出体系管理进步或不足的情况；

④ 分析出质量管理体系工作做得比较好的部门，予以肯定，其优点还可以推广到其他部门；

⑤ 对质量管理体系进行综合评价，形成一致的审核结论。

对于内审而言，无论是集中式审核还是滚动式审核的一个完整周期，这种汇总分析应是针对整个体系而言的，在这些汇总分析的基础上，可得出组织质量管理体系实施运行的结论性意见。

表5-12为某企业内审时的不合格项分布表示例。

表5-12 不合格项分布表

编号：NJYZ-10.2-02　　　　　　　　　　　　　　　　　　　　　　　　　No：

条款号\部门	总经理	人事教育处	质量管理处	销售服务处	工艺技术处	供应处	生产计划处	设备动力处	一分厂	二分厂	三分厂	检验科	合计
4.1													
4.2													
4.3													
4.4													
5.1.1													
5.1.2													
5.2													
5.3									○				1
6.1													
6.2													
6.3													
7.1.1													
7.1.2													
7.1.3							○						1
7.1.4													
7.1.5												○	1
7.1.6													

续表

条款号 \ 部门	总经理	人事教育处	质量管理处	销售服务处	工艺技术处	供应处	生产计划处	设备动力处	一分厂	二分厂	三分厂	检验科	合计
7.2													
7.3													
7.4													
7.5.1													
7.5.2													
7.5.3						○							1
8.1													
8.2.1													
8.2.2													
8.2.3													
8.2.4													
8.3					○								1
8.4						○							1
8.5.1									○				1
8.5.2											○		1
8.5.3													
8.5.4									○				1
8.5.5													
8.5.6													
8.6													
8.7													
9.1.1													
9.1.2													
9.1.3			○										1
9.2													
10.1													
10.2													
10.3													
合计	0	0	1	0	1	2	0	1	3	0	1	1	10

注：○ 一般不符合；● 严重不符合。

从表 5-12 中可以看出，总经理、人事教育处、销售服务处、生产计划处、二分厂质量管理做得比较好，无不合格项，一分厂、供应处则做得不太好，分别有 3 项和 2 项不合格；从条款上看，岗位、职责和权限（5.3），基础设施（7.1.3），监视和测量资源（7.1.5），成文信息控制（7.5.3），产品和服务的设计和开发（8.3），外部提供的过程、产品和服务的控制（8.4），生产和服务提供的控制（8.5.1），标识和可追溯性（8.5.2），防护（8.5.4），分析和评价（9.1.3）各有 1 项不合格，需要相关责任部门改进，例如，质量管理处负责的分析和评价条款不合格，反映出对组织的质量管理体系的绩效和有效性以及改进等方面的质量管理工作仍然有欠缺。

3. 与受审核方领导的审核沟通

审核组的内部会议开完后，在末次会议前，审核组应安排与受审核方的领导人的沟通会议，对本次审核全过程，特别对审核结论、不符合报告及质量管理体系总体的符合性、充分性及有效性评价等方面进行交流与沟通。沟通的主要内容如下：

① 审核组长就审核概况、不符合报告、审核结论、受审核方的质量管理体系评价作一简单介绍和交流；

② 受审核方领导对审核组长开列的不符合报告发表意见，或确认或做出澄清，并对审核结论及审核评价提出看法；

③ 对末次会议具体议程达成一致。

四、举行末次会议

在现场审核工作全部完成之后应召开末次会议，以向受审核方报告审核发现和审核结论。同首次会议一样，末次会议由审核组长主持，也可由最高管理者主持。审核组全体成员参加，受审核方人员一般包括最高管理者、有关部门或过程的负责人、内审员等，便于各部门了解审核情况和本部门存在的问题，以更好实施纠正、纠正措施，并对其他部门的问题举一反三。在外部认证审核时，会议应是正式的，参加者应在签到表上签到，会议记录应保留归档；对于另一些情况，例如内部审核，末次会议可能不太正式，只是沟通审核发现和审核结论。

末次会议的主要内容如下：

① 感谢受审核方各部门和相关人员在审核期间给予的支持和合作；

② 重申审核目标、范围和准则；

③ 总结审核中发现的质量管理体系运行中的优点和成绩，包括实施比较好的部门和过程，指出体系运行中存在的问题，必要时，也可以由每个审核员就所审核的部门和条款所发现的问题做介绍；

④ 宣读不符合报告，不符合报告也可由审核组组员分别宣读，并请受审核部门确认；

⑤ 宣布审核结论和提出改进意见；

⑥ 重申现场审核是抽样调查活动，可能存在风险；

⑦ 再次做出保密承诺；

⑧ 商定未尽事宜，包括对纠正措施实施效果跟踪验证的安排等；

⑨ 受审核方领导讲话，指出审核结果所说明的问题，强调纠正措施的重要性，对审核组的工作做出评价；

⑩ 再次表示感谢。

末次会议结束后，审核组即撤离受审核组织。

第六节　审核报告编制与分发

一、审核报告的编制

审核报告是说明审核结果的正式文件，应在末次会议之前编制，由审核组长亲自编写，或者在审核组长的指导下编写，审核报告应当提供完整、准确、简明和清晰的审核记录，报告应标有日期和审核组长的签名。

审核报告通常包括下列内容：
① 受审核单位或部门名称、审核组长和审核组成员。
② 审核目标、审核范围、审核准则、审核时间。
③ 审核过程综述及审核情况小结。
④ 审核发现。总结质量管理体系各条款的运行情况、文件审核内容、对质量管理体系运行情况的评价。
⑤ 存在的主要问题及改进建议。包括不符合项及统计分析、审核结果分析、体系运行的有效性。
⑥ 审核结论。如为第三方进行的认证审核，其结论分别为：
　a. 通过现场审核，予以推荐：审核发现若干一般不符合项，要求受审核方按规定对所有不合格项采取有效纠正措施，并经过验证已封闭。
　b. 推迟推荐：存在若干一般不合格项和个别的严重不符合项，经过纠正措施实施后，经现场验证再决定是否推荐。
　c. 不推荐：发现多个严重不合格项，造成体系运行失效，并在规定期限内不能采取有效纠正措施。
⑦ 其他还有，尽管在审核范围内，但没有覆盖到的区域，审核组和受审核方之间没有解决的分歧意见。
⑧ 如果审核计划有规定的话，还有改进的建议、商定好的后续行动计划。
表 5-13 为某机械制造公司的外部审核报告示例，表 5-14 为某公司的内部审核报告的示例。

表 5-13　外部审核报告

1. 审核综述				
1.1 审核组成员				
序号	姓名	组内职务	注册级别	专业代码
1	林森林	组长	QMS:高级审核员	17.09.00
2	叶向俊	组员	QMS:高级审核员	17.09.00
3	厉北川	组员	QMS:审核员	17.09.00
4	杨丽	组员	QMS:审核员	17.09.00
1.2 审核目标　本次审核的目标是根据受审核方质量管理体系的认证申请，通过检查受审核方的管理体系范围覆盖的场所、管理体系文件、过程和活动控制情况、相关法律法规和其他要求的遵守情况、内部审核与管理评审的实施情况，判断受审核方关键绩效的满足能力以及改进机制的完善程度，从而确定受审核方管理体系与审核准则的符合程度				
1.3 接受审核的主要人员（详见首、末次会议签到表）				
1.4 依据文件　①质量管理体系标准:GB/T 19001—2016；　②受审核方的管理手册(版本号/实施日期:D／2016.12.30)、程序文件、质量记录、职业指导书等；　③相关认证方案；　④相关法律法规；　⑤适用的产品和服务质量标准；　⑥其他有关要求(顾客、相关方要求)				

续表

1.5 审核实施过程概述

由认证机构派遣,审核组一行4人于2017年6月25日至27日对受审核方进行了质量管理体系认证审核。

审核组按照审核计划的安排,先后与最高管理者、相关部门负责人和部分员工进行了审核交流,确认了认证范围,了解了体系的运行、保持与改进、内审和管理评审等活动情况,了解了体系的方针、目标及关键绩效指标的实现情况,了解了申诉/投诉的信息及其处理情况,抽查了重点区域、主要产品/服务、过程/活动的运行控制情况,收集了与审核目标有关的其他信息

2. 组织质量管理体系运行情况

2.1 质量管理体系的策划情况

(1) 领导作用

①领导作用在制定方针,目标,资源获得,员工积极参与等方面得到了基本体现;

②确定和应对风险和机遇、致力于增强顾客满意得到了基本体现;

③质量方针对满足要求和持续改进的承诺得到了基本体现;

④质量管理体系无变化;

⑤组织的岗位、职责和权限分配基本合理。

(2) 策划

①组织及其环境、相关方需求和期望、应对风险和机遇的措施得到体现;

②质量目标实现、测量、监视、沟通、更新得到体现;

③变更策划的要素基本体现。

(3) 支持

①体系运行所需的人员、能力与意识、基础设施、过程运行环境、监视测量资源基本满足;

②组织获取必要的知识和更新机制基本确定;

③体系所需的成文信息与控制基本确定;

④内部沟通和外部沟通基本有效。

(4) 运行

①对产品/服务提供所需过程(包括外部供方提供的过程)的识别基本充分;

②所确定的产品/服务质量目标和要求,过程、文件和资源的需求,必要的验证、确认、监视、检验和试验活动,产品的接受准则,必须保留保持的成文信息等内容基本满足标准要求;

③在生产/服务提供的策划时,所确定的产品特性信息,作业指导书,适宜的设备,监视测量装置,实施监视测量,放行、交付/更改等控制方法基本适宜;

④对外部供方的过程、产品/服务的控制基本适宜;

⑤针对产品的检测方案基本适宜;

⑥对不合格输出的控制基本适宜。

(5) 绩效评价

①对所需的监视、测量、分析和评价过程的策划基本适宜;

②对顾客满意度信息的获取、监视和评审方法基本适宜;

③所确定的分析与评价技术(数据分析)等方法基本适宜;

④内部审核程序的策划基本符合要求;

⑤管理评审时间间隔、输入/输出内容策划基本适宜。

(6) 改进

①对持续改进机会、改进内容的选择和确定必要措施的方法基本适宜;

②对不合格和纠正措施的方法基本合适

2.2 质量管理体系文件(含记录)结构及其符合性、适宜性、充分性和控制的有效性

体系文件(记录)无变化。

①组织按照GB/T 19001—2016标准的要求,结合其实际情况,编制了质量手册,手册界定了管理体系的范围,手册中包含了质量管理体系的方针、目标,引用了程序文件;

②质量管理体系的方针、目标及分解,已形成文件并经最高管理者批准发布;

③管理体系共有6个程序文件,19份作业指导书,145份记录清单;

④体系文件(记录)与标准要求基本符合;

续表

⑤体系文件(记录)与体系运行控制的实际要求基本适宜；
⑥获取知识的渠道和更新机制基本适宜；
⑦应对风险和机遇的措施基本适宜；
⑧收集外来文件的渠道和更新机制基本保持；
⑨对体系文件(记录)的控制基本满足标准要求。
在体系文件(记录)的策划与控制中，还存在着以下不符合需要改进的方面：
①在对体系文件进行修订时注意及时更新作业文件的相关内容；
②注意对外来文件的登记管理工作

2.3 质量管理体系的实施情况
(1)领导作用
①最高管理者的质量意识、风险意识、顾客意识、法律意识、持续改进意识一般；
②最高管理者对体系的关注与重视程度一般；
③质量管理部门负责人的能力一般，履行职责基本到位；
④岗位、职责和权限的沟通基本有效。
(2)策划
①风险和机遇目前尚未发生过；
②质量目标的测量、监视和沟通有效；
③变更按策划进行。
(3)支持
①主要岗位人员能力基本满足要求；
②必要的岗位人员资格基本满足要求；
③教育、培训等措施实施基本有效；
④组织的知识基本够用；
⑤员工的认识与参与比较充分；
⑥设备、设施的维护基本有效；
⑦监视测量资源的控制基本有效；
⑧所需的过程运行环境基本满足要求；
⑨内部和外部沟通基本有效；
⑩成文信息的控制基本有效。
(4)运行
①从挖掘机零件方面的合同履约情况看，客户要求识别充分，评审工作运行正常、有效，履约情况良好，客户满意程度较高，客源稳定。
②零部件图纸设计输入/输出清晰合理，按类似产品图纸验证过程控制有效，输出零部件图、材料清单、制造工艺、热处理工艺、检验规程、零件硬度、强度、疲劳极限等参数满足输入要求。
③外部供方提供过程控制类型和程度有效，提供给外部供方的信息充分，供货及时，验证严格有效。
④生产工艺成熟，设施齐备，监测器具有效，现场技术文件充分；对质控点进行强化监管，如零件的精加工等均实行首、巡检和专项检，产品质量稳定；通过流转卡、标识卡(牌)、检验记录等产品标识清晰、可追溯。
⑤顾客财产主要涉及其所提供的技术文件，包括接受准则、类似产品图纸等，技术部进行登记标识，控制分发。
⑥产品通过周转箱、表面保护、平板推车和行车运输以及按要求包装，防护到位，效果良好。
⑦针对产品的检测结果基本有效。
⑧产品和服务的放行遵照策划的要求，未出现生产未圆满完成之前提前放行产品的情况。
⑨对不合格产品采取的纠正、退货、让步接收等控制，效果较好。
建议：
①生产过程记录的填写应进一步规范，减少随意性；
②生产计划的安排注意明确具体的品种型号和数量，以体现计划的严肃、严谨

2.4 质量管理体系绩效评价与改进情况
(1)组织对顾客的满意度进行了监视和测量，获取了数据和信息，采用统计技术进行了分析与评价，评价方法基本适宜；测量结果基本有效；近期来，顾客/相关方无投诉。

续表

(2)组织按照策划的安排,对质量管理体系实施了内部审核:
①内审采用年度审核方式,对年度内管理体系运行的情况进行了检查,对数据进行了分析,并对其有效性进行了评价,评价认为:管理体系运行基本有效。
②内审范围基本满足要求。
③内审员的能力基本满足要求。
④内审共开具 4 份不符合报告,主要反映在技术研发部 7.5.3 成文信息的控制;制造部金工一车间 7.1.3 基础设施等方面条款,口头提出不符合的审核发现 9 项,相关部门已采取了相应的纠正/纠正措施,纠正措施基本有效。
⑤内审基本有效。
(3)组织按照策划的安排,对质量管理体系实施了管理评审:
①评审采用会议方式,对管理体系的方针、目标及体系的适宜性、充分性和有效性进行了评价;
②管理评审的输入/输出基本满足要求,后续的措施基本有效;
③管理评审基本有效。
(4)为证实质量管理体系的适宜性和有效性,对数据收集、分析与评价基本充分;分析评价结果的应用基本充分。
(5)质量管理体系改进情况:
①对不合格品采取了纠正措施,同时分析评审不合格原因,并评审纠正措施的有效性,基本有效;
②对顾客满意度、管理评审中存在的不符合建立了纠正措施程序,实施基本有效;
③为持续改进质量管理体系的有效性,建立了自我完善改进机制,并从人员培训、生产现场的监督检查等方面实施了改进,改进措施基本有效

3. 审核中发现的不符合及需要改进方面的说明
本次审核共开具 3 份不符合报告,管理体系存在的主要不符合及需要重点改进的方面是:
7.5.3,制造部金工一车间焊接过程参数记录填写不规范,较随意;
8.2.3,销售部编号为 2017.032 的合同及技术协议书未评审;
8.5.2,制造部四车间一台车床旁,待检验零件与不合格零件混放,无标识。
其他详见"沟通记录"内容

4. 被认证方的基本信息暨认证范围的表述
经过审核,审核组和被认证方确认本报告附件一的内容无误,以此作为批准认证的依据和认证证书的内容表述

5. 审核结论
　　管理体系符合准则的要求,运行基本有效,要求在 2017 年 7 月 7 日之前,针对不符合采取纠正措施,并递交组长确认适宜性/有效性后再批准认证,逾期将暂停认证

6. 审核组成员签署
　　　　　　　　审核组长:林森林　　　审核组其他成员:叶向俊　周北川　杨丽
　　　　　　　　　　　　　　　　　　2017 年 6 月 27 日

7. 报批
组织于 2017 年 7 月 8 日将不符合整改材料递交审核组,经确认不符合整改有效,建议批准认证。
　　　　　　　　　　　组长或被委托人:林森林　　2017 年 7 月 8 日

8. 批准
同意。
　　　　　　　　　　　　　　　批准人:唐雯　　2017 年 7 月 9 日

9. 审核报告的保密要求、分发范围和使用说明
本报告为中国×××质量认证中心所有,做出认证决定后提交申请方/受审核方。
基于保密原因,未经上述各方允许,本报告不得公开。国家认证认可机构和政府有关管理部门依法调阅除外

表 5-14　内部审核报告

JNJS－9.2－04				No：	
审核目的	检查质量管理体系是否正常运行,评价其有效性和符合性				
审核范围	质量管理体系所涉及的公司内所有部门;质量管理体系所涉及的所有过程				
审核准则	GB/T 19001—2016 idt ISO 9001:2015 标准;公司质量手册、程序文件;适用的法律、法规及产品标准等				
审核日期	2017 年 3 月 22 日 至 24 日				
审核组长	周秋月		审核员	郭文华、黄志贤、徐放	
审核过程综述： 　　根据公司 2017 年质量管理体系内部审核实施计划,审核组成员根据计划要求编制了相应的检查表。3 月 22 日上午按时召开首次会议,各部门根据审核计划的时间要求安排工作,密切配合,使审核工作开展顺利。审核过程中,内审员在部门负责人的陪同下,通过交谈、查阅文件记录、现场观测等方法收集客观证据,与受审核方一起确认不合格事实并予以记录。3 月 24 日下午召开末次会议,澄清了受审核部门提出的问题,宣读了不合格报告,确认了责任部门,并提出了纠正措施总的完成日期。本次审核在总经理的重视和各部门的支持下,按计划完成了全部审核任务					
对质量管理体系运行情况的评价： 　　通过审核可以看出,公司领导和员工的质量意识较强,生产过程受控,产品质量稳定,未发生顾客投诉和批量质量事故,公司的质量管理体系运行处于正常运行状态,已逐步具有防止不合格和满足顾客要求与法律法规要求的能力,已初步形成持续改进的机制					
存在的主要问题及改进建议： 　　本次审核共查出 5 个不符合项,分别发生在销售、采购、生产、供应及质检等部门,均为一般及轻微不合格项,具体情况见不符合项分布表;虽未对产品质量产生直接影响,但可看出这些都是一些老问题,建议公司在人员配置上要保持稳定性。各部门对内审开出的不合格报告应及时整改,并能举一反三,制定切实有效的措施,确保公司质量管理体系持续改进。 　　公司质量管理体系在文件规定和实际运行方面已按 GB/T 19001—2016 标准的要求初步建立,但各部门对质量标准、质量手册、程序文件的熟悉方面尚有一定差距,需加强培训,进一步加深对质量标准、质量手册、程序文件的理解					
审核结论： 　　公司质量管理体系基本符合 GB/T 19001—2016 标准的要求,运行基本有效,在本次内审提出的不合格项按规定要求进行纠正后,各部门要加强自检,保持长效管理					
纠正与纠正措施要求： 　　要求各部门于 30 日内完成纠正及纠正措施,并向审核组长提交书面报告,审核组将采取书面与现场相结合的方式予以验证					
审核报告分发范围： 　　总经理、技术质量副总、受审核部门、审核组成员					
说明： 1. 附不符合项分布表及不符合报告； 2. 本次审核基于抽样调查,不能包括组织全部质量活动,因此未发现不符合项可能仍会存在于目前的管理体系中					
审核组长	周秋月	2017.3.24	最高管理者批准	李功成	2017.3.24

二、审核报告的批准和分发

对于外审来说,审核报告经评审后由认证机构批准,分发给委托方或受审核方,审核报告属委托方所有；当有特殊要求时,还应提交认可机构。如果认证机构批准的正式报告与末次会议上提供信息有差异,应对不同之处做出解释说明。

如果是组织的内部审核，则审核报告通常由最高管理者对审核报告进行评审和批准，并分发至各有关领导及部门，各部门领导再传达到部门员工。

审核报告编写完成之后，审核组长应组织审核组成员将全部审核记录汇总造册存档，按合同、法规、审核方案或成文信息控制程序规定保留。

汇总保留的记录包括：
① 审核计划；
② 审核组长及成员任命书；
③ 首末次会议签到及会议记录；
④ 各审核员签字的现场审核检查表和现场审核记录；
⑤ 不符合报告；
⑥ 审核报告等；
⑦ 待不符合的纠纷与预防措施验证关闭后，也应把相关的材料一并存档。

第七节 审核完成与后续活动实施

对审核中提出的不符合项，质量体系管理部门或质量分管领导应分析原因，采取纠正、纠正措施与预防措施加以改进，确保消除所发现的不符合及其原因，避免类似的问题再次出现。然后还需进行跟踪评审验证，以验证纠正措施和预防措施的实施情况和有效性。

一、提出纠正、纠正措施和预防措施要求

受审核部门负责人确认不符合事实，并调查分析造成不符合的原因，有的放矢地提出纠正、纠正措施和预防措施的建议，其中包括完成期限；严重不符合的完成期限可定为 2~3 个月，一般不符合的完成期限可定为 15~30 日。

在内部审核时，如果受审核部门坚持不同意对不符合的判定，也不肯提出纠正措施和预防措施，则争执应提交最高管理者仲裁。同时，由于内审员是组织的成员，对组织体系管理情况较为了解，所以内审员应参与讨论造成不符合的原因和采取纠正措施和预防措施的方案，但不应代替受审核部门具体制定纠正措施和预防措施，也不应承担纠正措施和预防措施实施效果不佳的责任。

二、纠正措施和预防措施的认可与实施

审核组应考查纠正和预防措施是否具备可行性和合理性，即采取纠正措施的力度与不符合项伴随的质量影响是否匹配；预防措施是否可以防患于未然、举一反三，避免同类问题的再次发生；纠正和预防措施的制定是否及时。

经过审核员认可的纠正与预防措施还要经过最高管理者或指派的负责人批准，特别是系统性的或是牵涉到几个部门的纠正措施，可能还要加以协调，甚至还要请示最高管理者决定批准后，该纠正和预防措施计划方可正式实施。

纠正和预防措施计划批准以后，责任部门即应按照限定的时间期限完成该计划。如部分计划在完成过程中出现问题不能如期完成时，责任部门应向最高管理者或指派的代表或审核组长提出，并说明原因请求延期，经认可后应组织修改计划。

如在实施中发生的困难非一个部门自身力量可以解决，或者几个部门之间对实施责任存有争议，应提请最高管理者或指派的代表协调解决。同时纠正措施和预防措施实施情况的记

录必须存档保存。

三、纠正措施和预防措施的跟踪验证

纠正措施和预防措施完成后的效果如何，是否可将伴随的质量影响控制住，实施情况的记录是否充分，能否反映措施的实施情况及效果，审核组将针对这些问题进行跟踪验证，确认有效还是基本有效，这时应特别注意"纠正"和"纠正措施"的区别，对那些仅仅是纠正不符合的措施不应接受，应要求受审核部门重新采取措施，以确认这些措施是否能达到防止类似问题再发生的目的；确认无误后才能在纠正和（或）预防措施报告的跟踪验证栏内注明验证结论并签字，至此不符合项关闭。

如果某些效果要更长时间才能体现，可留作问题待下次例行检查或审核时再验证。

复习思考题与练习题

一、填空题

请对以下所述进行分析，写出最适用的 GB/T 19001—2016 标准条款的编号（三位章节号）。

1. 与质量管理体系有关的所有文件都经过批准。（   ）
2. 对可能存在的风险及其机遇，某组织制定了应对措施的文件。（   ）
3. 办公室定期收集与本企业有关的新颁布的标准、学术交流、专业会议等信息。（   ）
4. 人力资源部制定有关人员能力要求的规定。（   ）
5. 质检部新分配的大学生不会操作检测设备。（   ）
6. 精密测量室的温度、湿度达不到规定要求。（   ）
7. 员工正在校验测量仪器。（   ）
8. 企业人员都知晓不符合质量管理体系要求的后果。（   ）
9. 生产计划处已经连续两天开会，讨论今年几个新项目实施的方案。（   ）
10. 市场部正在提供新产品说明书。（   ）
11. 宾馆客房的桌子上放着《服务指南》。（   ）
12. 技术部在讨论开发新产品的方案的充分性。（   ）
13. 工艺文件更改后，标明了更改次数和日期。（   ）
14. 仓库管理员按合同要求，核对进货产品的数量、外观及供方提供的检验报告。（   ）
15. 工程技术部向喷漆工人提供了油漆色标。（   ）
16. 烘干车间的工人正在按规定监测烘箱的温度。（   ）
17. 用适当的方法来标识未经检验的产品。（   ）
18. 搬运工正在朝卡车上装运产品。（   ）
19. 车间工人对不合格的零件正在进行返工。（   ）
20. 设备展览会大门口的工作台前，某厂的员工正在散发用户意见调查表。（   ）
21. 内审员正在对全厂进行内部审核。（   ）

二、案例分析题

分析下列事实是否有不符合项，若有，指出违反 GB/T 19001—2016 标准哪个条款，并简述其理由；若没有，也简述理由。

1. 在对某公司进行审核时，发现有一份外来文件《中国羽绒与利用》在检验科现场使用，但在"外来文件清单"上却无此文件登记记录。

2. 按规定现场监理人员须经专业培训后持证上岗，因近期工地监理任务增加，公司只好向省建筑公司暂借了 3 名施工队长顶岗。他们的监理专业培训要等到下半年再安排。

3. 某羽绒制品厂成品仓库的屋顶已经有 3 处渗水的印迹，仓库保管员说，厂里已有计划，保证在夏天台风季节来临前修理好。

4. 某电子厂装配车间使用的 20 多台气动扳手，从 2005 年购入后，由于使用的负荷率过高，离合器已有较大磨损，常常不能把螺钉拧紧。车间主任说："生产任务太紧，根本没时间进行维修，也没有经费更新设备。"

5. 电视机总装调试后需进行老化实验，某电视机厂总装车间到老化实验室之间有 200m 长的过道，地面已坑洼不平。

6. 审核员在销售部查 2014 年 8 月销售统计报表时，发现四台 4－72－12No12 号风机积压，注明"因合同更改积压"字样，销售部长说："这是震泰公司今年 7 月份的订货，后来他们来电话说型号改为 6.3 号风机，我们忘了通知生产部，所以就积压了，这种大风机，又是特殊定做，所以到现在还没有卖出去。"

7. 审核员在某在公司设计科审核，发现一款直热式低电压电加热器的生产图纸已于 2014 年 6 月 6 日批准并正式投产，但设计科长无法提供该款直热式低电压电加热器的设计计划书。

8. 在对某公司的技术部进行审核时发现，关于"新型粉末回收装置"的设计开发项目文件中，没有进行设计和开发输入的评审。

9. 审核员在采购部查合格供方上列有"红星远红外器材厂"，审核员询问如何对红星厂进行评价，采购部部长说："红星厂是老关系了，从我们公司一成立，就给我们供货，价格也合适，又送货上门，有什么问题，一个电话，人家包退包换，评价就没有必要了。"

10. 审核员在采购科查近三个月的采购情况记录，发现西京无线电器材厂近三个月提供的产品的合格率都不到 80％，审核员要求查看对器材厂的评价记录，采购科长说："西京厂是我们的大客户江南公司指定的供货单位，西京厂提供的元器件全部用在江南公司的产品上，既然顾客有要求，当然是按顾客的要求来做，根本没必要对西京无线电器材厂进行评价，反正评价了也没用，还是要用他们的产品。"

11. 某零件表面处理工艺文件中规定：每筐限装该零件 10 件，在 80～90℃ 的槽液中浸泡 20min。近期因蒸汽不足，槽液温度最高也只能达到 68°，车间主任决定用延长浸泡时间来解决，即浸泡 30min，为保证产量，每筐装 15 件。在蒸汽不足的情况下完成了生产任务。审核员问工艺员是否知道这一工艺更改，工艺员表示不知道。

12. 某制氮厂的罐装控制作业指导书规定："罐装时间 5min，并用凉水冷却。"审核员查生产记录，发现记录的罐装时间为 4min，罐装量超过规定的 5％。车间主任说："由于生产计划超过了生产能力，所以罐装时间改为 4min。"

13. 某装配车间的工艺文件规定在产品装配前对所有加工件进行表面清洁处理。审核员发现有些工人未进行清洁就直接装配，工人解释说："其实清不清洁都不会影响装配质量，工艺文件规定得太麻烦，增加了我们许多工作量。"

14. 某食品厂的保温灭菌工艺规定是 140℃，持续 1h，审核员发现现场的自动温度控制仪显示为 120℃，操作工人解释说，140℃ 高温耗电量太大，120℃ 高温足以杀菌了。

15. 某高速齿轮箱厂的齿轮是按批次编号，用工艺流程卡标明并随产品流转的，但在车间加工过程中，齿轮和工艺流程卡常常被分离放置。

16. 审核员在某厂生产车间看见工人将已装配在产品上的螺杆一个个取下来并换上另一个螺杆，车间主任说是工人不小心错装了另一种螺杆，现在正返工重装。审核员看见拆下来的螺杆和准备安装的螺杆没有什么区别，但材质不同，一个是高强度螺杆，一个是普通螺杆，但两种螺杆无任何标记。审核员问："这些螺杆为什么不标识？"车间主任回答："工人都很熟练，一般是不会搞错。"

17. 某服装厂接受了巴黎最新两款时装的 200 件订货单，审核员在车间看到，巴黎订货商提供的两件样品和已加工好的时装一起混放在工作台上，且无任何标识，车间主任解释说，这样是便于大家一边加工一边对照。

18. 某年家具厂制造的一批家具，检验均合格，但运到家具城时发现有些家具表面油漆划伤严重，有的外形碰伤变形。审核员问成品仓库主任为什么会造这种问题，主任说："主要是因为我们厂比较偏，附近一段道路一直不好，坑坑洼洼的，谁能保证装在卡车上的家具不互相碰撞呢？"

19. 2014年5月，审核员到某厂试验站审核，看到一台设备上贴着的英文校准标牌标明：2007年5月5日校准，有效期一年。站长说："这台设备是从国外进口的，我们没有校准手段，无法进行校准，不过这台设备很先进，很准，没出现过什么问题。"

20. 某建筑公司052工程301工地上的磅秤已经不太灵敏了，工地施工员说："这台磅秤主要称混凝土用，只要大致准确就可以了。"

21. 某电脑公司的内审计划中，没有对总经理进行审核的安排。内审员说，总经理认为，内审只是他的管理手段，不需要审核他自己。

22. 审核员发现某厂上一年对生产部进行内审时，派出的审核员是质保部的部长和生产部的副部长，管理者代表说他们两个人对生产部的情况最了解，最能发现问题，审核的效果很好。

23. 某叉车厂在客户上门提货时，产品完整检测报告尚未出来，质检科长电话通知销售科说，肯定没问题，于是，销售科就将5台叉车交付给了用户。

24. 某厂机械加工车间对50个零件进行对焊加工后，未经超声波检测就转入装配车间进行组装，质检员发现时，已无法再进行超声波检测了。

25. 某机床厂的两台C6140车床床身，因铸造时砂孔太大而报废，其体积太大，只好暂时和进行自然时效处理的铸件放置在一起。

26. 某汽轮机厂全质办主任介绍说："我厂产品属小批生产类型，因而有价值的质量数据很少，无法进行统计技术应用。"

27. 在对某公司的生产部进行审核时，被审核方不能提供该部门分解质量目标的分毛、拼堆工序的一次送检合格率的统计记录。

28. 审核员在一家家具厂的客户服务部发现，近一个月内已有多家客户投诉，反映的都是家具表面碰伤。审核员问"你们是如何处理的？"服务部主任说："我们接到客户投诉后都做了详细的记录，由我亲自带人派专车给客户换好的家具，并向他们道了歉。客户对最后处理的结果是满意的，如果再发生，我仍要登门道歉，并让客户满意。"

第六章

质量管理体系文件编写

第一节 质量管理体系文件（成文信息）概述

质量管理体系文件是描述一个组织质量管理体系结构、过程程序、人员职责、所需资源等内容的一整套文件。在 ISO 9001:2015/GB/T 19001—2016 标准中，质量管理体系的所有文件、记录等均表述为"成文信息"（即形成文件的信息），它包含质量手册、程序文件、作业指导书、质量记录等。在本版标准中，取消了质量手册条款，也不再对程序文件作统一要求，这使得组织在策划、制定质量管理体系文件（成文信息）时难度更大、形式也更灵活多样。本章主要讨论质量手册、程序文件、作业指导书、质量记录等文件的编写。

一、质量管理体系文件（成文信息）的作用

质量管理体系文件的作用，一是作为指南和依据，指导组织建立质量管理体系并按 9001 标准和质量管理体系文件实施运行；二是作为准则，和 9001 标准、相关法律法规一起作为质量管理体系的审核准则；三是作为记录和证据，证明组织保持和持续改进质量管理体系的有效性。因此建立质量管理体系的一个重要工作就是把适合组织管理体系运行且行之有效的管理方法、过程程序予以制度化，形成一套统一、完整和严密的体系文件，即成文信息。

按照文件属性和作用的不同，质量管理体系文件可分为指导性文件和证实性文件两类。指导性文件用于明确要求或规定实施某项活动或过程的方法，如质量管理体系文件中的程序文件、作业性文件等；证实性文件用于证实某项活动或过程的进行情况，如质量管理体系文件中的记录等。

质量管理体系文件的具体作用有：
① 可以表达质量管理的有关信息，可以使人们沟通意图，统一行动；
② 可以界定部门有关人员的职责和权限，处理过程之间的接口，使质量管理体系成为职责分明、协调一致的有机整体；
③ 可以保证组织质量方针和质量目标的实现；
④ 可以作为组织员工培训的教材；
⑤ 可以作为审核和评估的客观证据；
⑥ 可以作为质量管理体系持续改进的依据。

质量管理体系文件的作用能否充分发挥，关键在于文件能否得到切实执行。这里有两个前提条件：

一是文件要有良好的适宜性和可操作性。若文件形式、内容过于繁杂，会造成理解和实施的困难；但过于简单，就不能达到规范和指导工作的作用。

二是要对文件内容进行必要的学习和培训，使员工熟悉、理解文件的内容和要求，从而减少执行文件的盲目性，提高自觉性。

二、质量管理体系文件的要求及构成

1. 质量管理体系文件的要求

ISO 9001:2015 标准对质量管理体系文件做了相应的要求：

条款 4.4 "质量管理体系及其过程"要求组织按需要的程度"保持成文信息"，以支持过程运行，并按需要的程度保留成文信息以确信其过程按策划进行。

条款 7.5.1 "总则"解释了质量管理体系文件应包含：

① 该标准要求的成文信息；

② 组织所确定的，为确保质量管理体系有效性所需的成文信息。

该条款后的注解说明，各组织的质量管理体系成文信息可因以下情况而不同：

① 组织的规模，以及其活动、过程、产品和服务的类型；

② 过程及其相互作用的复杂程度；

③ 人员能力。

所有构成质量管理体系（QMS）的组成部分的成文信息必须按条款 7.5 "成文信息"受控。

具体来说，ISO 9001 标准对质量管理体系文件的要求分为两个部分，一部分是标准所要求的文件信息。另一部分则是组织为确保质量管理体系有效运行，从组织的实际情况出发，根据需要安排的各种运行文件。表 6-1 列举了标准对"成文信息"的具体要求，标准全文共有 25 个地方提到应保持或保留成文信息（即形成文件或提供符合要求的证据的记录）。

ISO 9001:2015 标准对质量管理体系文件的结构和格式并无硬性规定，体系文件编制需要采取合理的方式表达，可以是形成书面文件、表格、记录、图片、录像、录音、宣传标语等，由企业自定。这些要求将是第二方、第三方审核的直接证据，是质量管理体系运行符合标准要求、顾客要求、法规要求的直接证据。

表 6-1　ISO 9001:2015 标准对成文信息的要求

序号	标准条款	标准描述	应形成的文件
1	4.3 确定质量管理体系的范围	组织的质量管理体系范围应作为成文信息，可获得并得到保持	描述所覆盖的产品和服务类型，以及说明标准的哪些要求不适合用于本质量管理体系范围，并说明理由
2	4.4 质量管理体系及其过程	在必要的范围和程度上，组织应：a) 保持成文信息以支持过程运行	确保 QMS 运行的各类文件
3	5.2.2 沟通质量方针	质量方针应：a) 可获得并保持成文信息	质量方针
4	6.2 质量目标及其实施的策划	组织应保持有关质量目标的成文信息	质量目标

续表

序号	标准条款	标准描述	应形成的文件
5	7.1.5 监视和测量资源	组织应保留适当的成文信息,作为监视和测量资源适合其用途的证据	规定监视和测量设备使用要求的文件,包括使用、维护、鉴定、校准等
6	7.1.5.2 测量溯源	当不存在上述标准时,应保留作为校准或验证依据的成文信息	监视和测量设备校验规程、指导书及相关记录等
7	7.2 能力	组织应:d)保留适当的成文信息,作为人员能力的证据	能证明人员满足能力要求的记录,包括任职要求、人员技能档案、培训等
8	8.1 运行的策划和控制	e)在必要的范围和程度上,确定并保持、保留成文信息	运行的策划和控制程序文件能证明过程经有效策划,证实产品和服务符合要求的相关记录
9	8.2.3 产品和服务要求的评审	适用时,组织应保留与下列方面有关的成文信息:a)评审结果;b)产品和服务的新要求	产品和服务的新要求及评审结果报告
10	8.3.2 设计和开发策划	j)证实已经满足设计和开发要求所需的成文信息	为证实设计和开发要求已被满足所需的记录
11	8.3.3 设计和开发输入	组织应该保留有关设计和开发输入的成文信息	设计开发输入的记录
12	8.3.4 设计和开发控制	f)保留这些活动的成文信息	设计和开发控制活动的记录
13	8.3.5 设计和开发输出	组织应保留有关设计和开发输出的成文信息	设计和开发输出的记录
14	8.3.6 设计和开发更改	组织应保留下列方面的成文信息:a)设计和开发更改;b)评审的结果;c)更改的授权;d)为防止不利影响而采取的措施	设计和开发变更、包括评审结果、变更授权和必要措施等记录
15	8.4.1 总则	对于这些活动和由评价引发的任何必要的措施,组织应该保留成文信息	对外部供方的评价、选择、绩效监视以及再评价的准则
16	8.5 生产和服务提供	a)可获得成文信息,以规定以下内容:1)拟生产的产品、提供的服务或进行的活动的特征;2)拟获得的结果	生产和服务提供的控制报告
17	8.5.2 标识和可追溯性	当有可追溯性要求时,组织应控制输出的唯一性标识,并应保留所需的成文信息以实现可追溯	控制产品唯一性标识的文件
18	8.5.3 顾客或外部供方的财产	若顾客或外部供方的财产发生丢失、损坏或发现不适用情况,组织应向顾客或外部供方报告,并保留所发生情况的成文信息	顾客或外部供方的财产丢失、损坏或发现不适用的相关记录
19	8.5.6 更改控制	组织应保留成文信息	产品生产和服务的变更的评价、批准和采取的措施相关记录
20	8.6 产品和服务的放行	组织应保留有关产品和服务放行的成文信息	放行管理制度(规定放行人员职权)、检验报告、放行记录
21	8.7 不合格输出的控制	组织应保留下列成文信息:a)描述不合格;b)描述所采取的措施;c)描述所采取的措施;d)识别处置不合格的授权	不合格品处置记录
22	9.1 监视、测量、分析和评价	组织应保留适当的成文信息,以作为结果的证据	监视和测量记录、数据分析与评价报告

续表

序号	标准条款	标准描述	应形成的文件
23	9.2 内部审核	f)保留成文信息,作为实施审核方案以及审核结果的证据	内审方案和记录
24	9.3.3 管理评审输出	组织应保留成文信息,作为管理评审结果的证据	管理评审报告和纠正预防措施相关记录
25	10.2 不符合和纠正措施	组织应保留成文信息,作为下列事项的证据: a)不合格的性质以及随后所采取的措施; b)纠正措施的结果	纠正预防措施相关记录,包括验证

2. 质量管理体系文件的构成

本版标准取消了质量手册、形成文件的程序等术语,统一用"成文信息"这样非常模糊的词表述。意思很明显,不管你采用什么样的方式,只要能把这事说清楚就可以了,你觉得怎么理解方便,怎么使用方便就怎么来,叫制度也好,叫程序也行;同时文件和记录也不再作区分,记录已全部用"活动结果的证据的成文信息"代替。

本版标准在证据方面,更强调的是动作产生的结果,而非事情本身。更强调有没有做,而不是有没有。整个标准中要求的记录,也不强制要求做记录,只要能提供出让人相信的证据就行,不用刻意去"做"记录。证据就宽泛得多,不光是文字、影像、声音可以作为记录,很多之前不能成为记录的证据,如痕迹、外部信息、数据分析等,都能成为证据提供。

本版标准较大地改变了以往版本对体系文件惯有的数量、层次和结构等的要求,这对新版标准的使用者来说,对文件要求的理解和实施过程带来了或多或少的困扰,为此,《ISO 9001:2015 中形成文件的信息要求的指南》(ISO/TC 176/SC2/N 1276)的"ISO 9001:2015 条款 7.5 的指南"做了如下描述:

> 形成文件的信息可以是:
> a) 基于组织建立 QMS(高层文件)的目的需要保持的形成文件的信息。这包括:
> ——质量管理体系的范围(条款 4.3);
> ——支持过程运行所需的形成文件的信息(条款 4.4);
> ——质量方针(条款 5);
> ——质量目标(条款 6.2);
> ——该形成文件的信息应遵从条款 7.5 的要求。
> b) 组织为过程运行沟通信息的目的而保持的形成文件的信息(低层、特定文件),见条款 4.4。尽管 ISO 9001:2015 并不特别要求任何文件,可为 QMS 增加价值的文件的实例可包括:
> ——组织结构图;
> ——过程路线图、流程图和/或过程描述;
> ——程序;
> ——作业和/或测试指引;
> ——规范;

——包含内部沟通的文件；
——批准的供应商清单；
——测试和检验计划；
——质量计划；
——质量手册；
——战略计划；
——表格。

所有的此类文件，如果有，就应按条款 7.5 的要求受控。

c）组织基于为已实现的结果提供证据的目的而需要保留的形成文件的信息（记录）。这包括：

——为过程按照策划的要求运行（条款 4.4）保持信息所需的形成文件的信息；
——表明监视和测量资源适合于目的的证据（条款 7.1.5.1）；
——用作校准监视和测量资源的基准的证据（当没有国际或国家标准时）（条款 7.1.5.2）；
——在组织控制下工作并可影响 QMS 绩效和有效性的人员的能力（条款 7.2）；
——产品和服务的新要求及评审结果（条款 8.2.3）；
——为证实设计和开发要求已被满足所需的记录（条款 8.3.2）；
——设计开发输入的记录（条款 8.3.3）；
——设计和开发控制活动的记录（条款 8.3.4）；
——设计和开发输出的记录（条款 8.3.5）；
——设计和开发变更、包括评审结果、变更授权和必要措施（条款 8.3.6）；
——对外部供方的评价、选择、绩效监视和再评价记录，以及因这些活动产生的任何措施的记录（条款 8.4.1）；
——当要求可追溯性时对于输出的唯一标识证据（条款 8.5.2）；
——顾客或外部提供方的财产的丢失、损坏或发现不适用的记录以及与所有者沟通的记录（条款 8.5.3）；
——生产或服务提供变更的评审、授权变更的人员、采取的必要措施等记录（条款 8.5.6）；
——授权放行产品和服务以交付给顾客的记录，包括接收准则以及对放行人员的可追溯性（条款 8.6）；
——不符合、采取的措施、让步、针对不符合的措施决策的授权标识等记录（条款 8.7）；
——QMS 的绩效和有效性评价结果（条款 9.1.1）；
——审核方案的实施证据以及审核结果（条款 9.2.2）；
——管理评审的证据（条款 9.3.3）；
——不符合的性质及采取的任何后续措施的证据（条款 10.2.2）；
——任何纠正措施结果（条款 10.2.2）。

组织可任意开发其他可能需要的记录，以证实其过程、产品和服务及质量管理体系符合性。如有，所有此类记录应按条款 7.5 受控。

从上述指南可以看出，一个组织的运作通常使用的质量管理体系文件可分为高层文件、低层（或特定）文件、记录三个方面的文件。标准对文件的形式、层次和数量的要求也变得"模糊、宽松"了，组织在满足"ISO 9001：2015版标准所要求的成文信息"的前提下，根据组织的需要再编写一些文件，只要能建立QMS，能确保过程运行沟通，能为已实现的结果提供证据，就可以符合标准的要求。具体地讲，质量管理体系文件可以是：质量管理体系的范围，质量方针，质量目标，组织结构图，过程路线图、流程图和/或过程描述，程序，作业和/或测试指引，规范，包含内部沟通的文件，批准的供应商清单，测试和检验计划，质量计划，质量手册，战略计划，表格，记录等等。

由此可见，ISO 9001：2015标准相对于旧版标准，对文件数量的要求似乎要"少"些。因此，对于已按ISO 9001：2008标准建立质量管理体系的组织，并不需要修订所有形成文件的信息以满足ISO 9001：2015标准的要求。如果组织的质量管理体系是根据其有效的运行方式和过程方法理论建立的，那么是完全可行的。当然，为了简化其质量管理体系，组织可以对现有形成文件的信息进行简化和/或合并。

对于按ISO 9001：2015标准新建立质量管理体系的组织，在满足标准对成文信息要求的前提下，为了便于把握好编写的文件架构和条理性，可以选择：

（1）按层次划分来编写

即仍按照质量手册、程序文件、作业（工作）指导书、记录这样的质量管理体系文件层次架构来编写质量管理体系文件。主要文件的定义及层次划分见表6-2。

表6-2　质量管理体系文件（成文信息）的定义及层次划分

质量管理体系文件的构成		定义及说明	通常的使用者（部门）	备注
层次	类型			
高层文件	质量手册	是对质量管理体系总体的概括性描述；是组织质量管理的纲领性文件	各级管理者、供方和相关方（顾客）	质量手册中可以包括：质量管理体系的范围及删减；支持过程运行所需的成文信息；质量方针；质量目标
高→低 低层文件	程序文件	是指规定为完成某项质量活动的途径和方法所形成的正式文件；是质量手册的支持性文件	部门或基层单位的管理者	
	作业（工作）指导书	是指描述完成某项活动的具体要求和方法的操作性文件；是程序文件的支持性文件；是作业性文件	从事具体业务的管理人员和操作人员	包括操作、检验、测试和设备操作等方面的规范
	…	…	…	…
记录文件	记录	是为已完成的活动或达到的结果提供客观证据的文件；是质量管理体系运行状况的证据	全过程、全员、各部门	表格是记录最主要的表现形式

（2）按类型划分来编写

符合ISO 9001：2015标准对文件的形式、层次和数量的要求变得"模糊、宽松"的特点，质量管理体系文件可以按类型来归类。例如，某企业的 ISO 9001 对质量管理体系文件的分类：

① 管理体系文件：管理方针、管理目标、管理手册、程序文件等。
② 管理性文件：管理制度、规定、办法等文件（红头文件），上级主管部门文件（红头转发文件）等。
③ 行政性文件：有关内部通知性文件、申请文件及批示性文件等。
④ 技术性文件：作业指导书、设计文档等资料。
⑤ 外来文件：国家及上级机关颁发的有关法律法规、政策性文件；行业可直接引用或执行的规范和技术标准；客户提供的资料及有关文件等。

有关质量管理体系文件层次的几个说明：

① 各层次文件可以分开，也可以合并，即其中任何层次的文件都可分开（利用相互引用的条目）也可以合并。
② 下一层次文件的内容不应与上一层次文件的内容相矛盾，下一层次文件应比上一层次文件更具体、更详细。
③ 也有文献把文件中的作业程序作为第三层次，把表格、报告、记录等作为第四层次。
④ 各层次间合并还是分开，可由组织根据自己的习惯和需要去决定。

质量管理体系文件的层次性表现为从高层次到低层次，文件的内容逐渐具体化，文件的数量逐渐增加；还表现为下一层次文件是上一层次文件的支持性文件。

三、质量管理体系文件编制流程

为了有效地完成质量管理体系文件的编写，企业一般会按下面的流程来进行。

（1）成立质量管理体系文件编写小组

其成员由各部门主管、领导组成。任命组长，选择编写成员名单。编写小组采取兼职或专职或兼专结合的方式。

（2）学习和培训

编写人员名单确定后，组织进行学习和培训，包括以下内容：

① ISO 9000 系列标准。对于该系列标准应进行全面系统的学习，对于标准理解的偏差将直接影响质量管理体系文件的编写质量，不对标准进行系统的学习就生编硬造的质量管理体系文件不仅毫无使用价值，还会带来负面影响，让员工感觉标准不适用。培训方式可自行组织，或聘请质量咨询机构、质量认证机构协助进行，也可选派人员参加有关专业学习班，如内审员培训班。企业根据具体情况决定采取相应的培训方式，确保培训效果。
② 与质量管理及建立质量管理体系有关的国家法规、法令、政策、条例等，国内外有关质量审核认证的大纲等文件。
③ 质量管理体系标准要求的相关知识，以及质量管理基本思想、理论和方法等。
④ 国内外同行质量管理体系运行良好的案例。

（3）企业现状调查

经过系统培训学习，掌握了有关质量管理体系编写的基本知识之后，下一步就要充分调查、了解企业目前现状。内容包括：

① 企业业务、人员、生产规模，企业产品和服务性质。

② 企业现有质量水平、生产水平。

③ 企业的内、外环境。外部的相关法律、技术、竞争、市场、文化、社会和经济环境等方面，企业内部的价值观、文化知识和相关绩效。

④ 企业质量管理发展的历史，吸取的经验教训。

⑤ 企业原有管理规范、质量管理文件的收集、归纳和整理。

（4）质量管理体系范围及标准条款的确定

ISO9001:2015 标准的"4.3 确定质量管理体系的范围"规定：

"组织应确定质量管理体系的边界和适用性，以确定其范围。在确定范围时，组织应考虑：a）各种外部和内部因素；b）相关方的要求；c）组织的产品和服务。

如果本标准的全部要求适用于组织确定的质量管理体系范围，组织应实施本标准的全部要求。

组织的质量管理体系范围应作为成文信息，可获得并得到保持，该范围应描述所覆盖的产品和服务类型，如果组织确定本标准的某些要求不适用于其质量管理体系范围，应说明理由。

只有当所确定的不适用的要求不影响组织确保其产品和服务合格的能力或责任，对增强顾客满意也不会产生影响时，方可声称符合本标准的要求。"

根据标准的要求，确定质量管理体系的边界和范围，应考虑下列各项：

① 产品及服务；

② 质量管理体系的基础设施，包括不同现场及活动；

③ 地域范围、组织结构；

④ 由外部供应的相关过程；

⑤ 商业方针及战略；

⑥ 外包；

⑦ 外部供应活动等。

标准要求对于该标准中适用于组织确定的质量管理体系范围的全部要求都要予以实施，不能随便删减。只有那些经过组织评审，确实不影响组织确保产品和服务合格以及增强顾客满意的能力和责任的条款才可以确定不适用，并要说明理由。

具体来说，企业在确定某个条款是否适用，可以通过以下方面进行考虑。

① 如果不满足这一要求会有什么后果；

② 如果保留并满足这一要求是否能够增强顾客满意；

③ 组织不承担责任由谁承担；

④ 如果是外包的过程，组织的责任是什么；

⑤ 如果声称某一要求不适用，是否影响组织持续满足顾客要求和法律法规要求的能力。

如果企业没有充分的理由，应该全部执行该标准提出的要求，才能算是符合该标准要求了。如果觉得某些要求不适用于本企业，需要说明：①本企业没有此类活动；②不采用这些要求，不会影响企业提供合格的产品和服务的能力；③不采用这些要求，不会影响合同/订单的承接和履行，不会影响增强顾客满意的能力。所以，只有那些本企业确实无此活动，而且顾客也对此并不在意的情况下，才能选择不适用某些条款要求，比如产品的设计和开发。

当然有些企业在安全、环境方面有特殊要求，虽然标准中没有该项内容，也可适当地增加上去，这也是企业系统化管理的需要。

（5）体系文件编制计划

按照 ISO 9001:2015 标准条款展开，结合质量管理体系的范围，以及企业的现状，列出体系文件清单，分解成为一项项具体的质量活动和质量工作，再对各项活动和工作确定负责部门和配合部门，对体系文件编制进行分工。一般来说，责任部门就是该项活动相关文件的编写部门。规定完成时间，最后形成《体系文件编制计划》。按计划规定的时间进度要求，原则上各部门的编写人员负责编写本部门承担的文件内容。对于综合性的条款要求，一般由质量管理部门编写。

（6）文件样式确定

ISO 9001:2015 的"7.5.2 创建和更新"条款要求："在创建和更新成文信息时，组织应确保适当的：a）标识和说明（如标题、日期、作者、索引编号）；b）形式（如语言、软件版本、图表）和载体（如纸质的、电子的）；c）评审和批准，以保持适宜性和充分性。"

按标准的要求，文件样式确定要点：

① 文件标识要求。要有标题、日期、作者或编号，标准后面还有"更改的控制（如：版本控制）"要求。

② 格式可以是语言、软件版本、图表。

③ 媒介可以是纸质、电子格式等。

④ 对文件的适宜性和充分性方面，要求进行评审和批准，这也就是我们编写文件时有"审核、批准"。

⑤ 可看出对文件编写空间是自由的，企业可采取文字描述、流程图、图片、语音或其相互组合。编写小组可以根据企业实际情况确定一种或多种文件样式。

（7）文件统稿

在分头编写过程中，专职编写人员应给予指导。按照计划时间，文件编写组组长按期收集各编写人员的草稿后，进行统稿。统稿时发现的问题，应与编写者协调解决，直到达到预期目标。

（8）初次评审试运行

最后完成的质量管理体系文件草案，交由质量管理体系文件编写小组，召开会议进行讨论评审，针对小组提出的意见，责任人进行修改。无异议后，由最高管理者签发试运行指令试运行。为了慎重起见，也可先在小范围内试点，或者部分文件先试运行，总结试点经验后，再全面试行。

（9）再次评审正式运行

质量管理体系文件编写小组组长跟踪试运行结果，总结经验教训，进行相应修改。将完成的正式文件，再次由质量管理体系文件编写小组召开会议，进行讨论评审。无异议后，由最高管理者签发正式运行指令。

四、质量管理体系文件编制要点

质量管理体系文件在编制时，应把握好以下方面的重点要求：

① 符合 ISO 9001:2015 标准、法律法规、组织的质量方针和质量目标等要求，满足过程、产品和服务的要求。

② 在描述任何质量活动过程时，必须具有确定性，即何时、何地、做什么、由谁（部门）来做、依据什么文件、使用什么资源、怎么做、怎么记录等，必须加以明确规定。排除人为的随意性，保证过程的一致性，确保过程质量的稳定性。

③ 质量管理体系文件之间应保持良好的相容性，即不仅要协调一致，不相互矛盾，而且要各自为实现总目标承担相应的任务。

④ 要符合组织的客观实际，使其具有可操作性。这是文件得以贯彻执行的重要前提。

⑤ 质量管理体系是一个由质量方针、目标、相关过程和资源构成的有机整体。因此，要站在系统的高度，注意管理各个过程方法的有效结合，使过程输入、输出、过程之间的接口和相互关系，以及文件的层次（支持性）关系，得到有效的控制，使质量管理体系文件形一个有机的整体。

⑥ 文件的编写应该充分考虑到节省资源，减少差错，易识别、理解，降低培训成本。

⑦ 每个过程都应权衡风险，利益和成本，寻求最佳的平衡。明确优化目标，识别约求条件（包括可能的各种负面效应），寻找可能的解决办法，实施最佳的方案。

⑧ 预防是质量保证的精髓，在体系文件编写过程中，要预先对可能的各种不良影响因素做出有效控制安排，并加以预防控制。

⑨ 各种管理活动不能一刀切，要实行区别对待、分类处理，从问题的重要性和实际情况出发决定对策，如产品重要程度、质量特性、重要供方或客户的分级、内审的策划安排、生产工艺等，更能体现区别对待，分轻重缓急。在文件编制时就应予以充分考虑，对人员、过程、时间、方法等做出合理的安排。

⑩ 闭环。在文件编制时应体现这种闭环管理思想。任何管理活动的安排均应善始善终，并按照 PDCA 循环力求不断改进。检查是否闭环也是检查质量管理体系是否正常运行的一个有效方法。要不断检查和评价管理的效果是否达到了预期的要求。如订单评审，应从订单接收前的评审，生产中的控制与协调，直至能按质、按期交付，实施全过程的闭环管理。

⑪ 实施动态控制，要求不断跟踪文化运行实施的效果，及时准确地反馈信息，适时调整控制方法和力度，从而保证质量管理体系，能不断适应环境条件的变化，持续有效运行。

⑫ 为保持文件的规范性，应用统一的格式来编写，而不能各式各样。

⑬ 在内容安排及说明文字中，要符合逻辑规律，不能前后矛盾或说法不一。

⑭ 文字表达准确、顺畅、简练。

a. 要注意文字表达的规范性。"准确"就是要表达清楚，避免歧义。"顺畅"就是要语句通顺，流畅。"简练"就是要简洁、明了。

b. 质量管理体系文件要用词准确，例如："必须""应该""应""允许""注意"表示要求严格程度是不同的；不能用"是否""请""希望"等词语。

⑮各种质量管理体系文件的编写顺序要合理。

组织质量管理体系文件的编写顺序有以下几种方式：

a. 按文件层次自上而下进行编写。

按"高层文件→低层文件→记录文件"的顺序编写。

采用这种方式先编写质量手册，然后以质量手册为纲，编写程序文件和作业（工作）指导书，体系的过程要素和编写方向都比较明确，文件体系会有比较好的层次性和系统性。但由于程序文件编写在后，编写质量手册时不利于对程序文件的描述和引用；采用这种方式编写要求编写人员要熟练掌握 ISO 9001 标准的条款内容，要全面了解组织的运行情况。

此方法的编写特点：

（a）利于上一层次文件与下一层次文件的衔接；

（b）对文件编写人员，特别是手册编写人员的要求较高；
（c）文件编写所需时间较长；
（d）必然会伴随着反复修改。
b. 按文件层次自下而上进行编写。
按"记录文件→低层文件→高层文件"的顺序编写。
采用这种方式从编写基础性的作业（工作）指导书入手，往上编写程序文件和质量手册。由于编写作业（工作）指导书是以部门为单位进行的，各部门之间缺乏纲领性文件的指导，容易出现文件之间衔接不好的问题，会影响质量管理体系文件的系统性和完整性。
此方法的编写特点：
（a）适用于原质量管理基础较好的组织；
（b）如无文件总体方案设计指导易出现混乱。
c. 从低层文件开始，向两边扩展的编写方法。
按"高层文件←低层文件→记录文件"的顺序编写。
这是比较常用的编写方法。由于程序文件先编写，编写质量手册时就可以描述或引用程序文件的内容，同时可以根据程序文件中提出的相关作业（工作）指导书和记录的要求来组织编写，有比较强的方向性。
此方法的编写特点：
（a）有利于 ISO 9000 标准的要求与组织的实际紧密结合；
（b）可缩短文件编写时间。

第二节　质量手册的编制

质量管理体系文件的编写主要集中在质量手册、程序文件、作业指导书、记录四大类型的文件。

质量手册是规定组织质量管理体系的文件。它阐明组织内为实现质量方针和质量目标所需的一组相互关联和相互作用的过程。它具有纲领性和概括性，全面描述组织的质量管理体系，概述质量管理体系文件的结构，能反映出组织质量管理体系的全貌。

ISO 9001:2015 标准虽然对质量手册不作要求，但为了方便实施运行以及向相关方描述企业的质量管理体系以及标准其它要求的应用情况，大多数企业还是编有质量手册，否则散乱的质量管理体系文件更难实施。

一、编写质量手册的主要目的

编写质量手册主要是为了达到以下目的：
① 阐述组织的质量方针、程序和要求；
② 确保组织的质量管理体系及其要求的持续性；
③ 为质量管理体系审核提供依据；
④ 可作为质量管理体系运作的培训教材；
⑤ 明确控制方法和质量管理活动的方式；
⑥ 对外介绍组织的质量管理体系，证明其质量管理体系完全符合 ISO 9001:2015 质量管理体系标准。

二、质量手册的内容

质量手册属于组织的受控文件，因此编写时要注意适度，既要能作为组织实施运行 9001 标准的依据和指南，让外部能了解组织的质量管理体系全貌，又不需过多过深的涉及控制的细节。

要注意质量手册与程序文件、作业（工作）指导书的衔接。通常质量手册提出对各过程的控制要求。由手册所引用的程序文件及作业指导书作出可操作实施的安排。

质量手册可以包括质量管理体系的范围、不适合本组织的标准要求及理由、程序文件或对其引用，以及对质量管理体系过程及其相互作用的描述。

具体来说，质量手册包括以下要素：

① 标题和范围。质量手册的标题和范围应当规定手册所适用的组织。手册可以引用组织特定的质量管理体系所依据的质量管理体系标准。

② 目录。质量手册的目录可以列出每一部分的章节号、标题及其页码。

③ 评审、批准和版本。质量手册的评审和批准的证据，以及修订状态和日期，应当在手册上清楚地表明。可行时，更改的性质应当在文件或适当的附件上明确。

④ 组织（企业）概况。如名称、地址和通信方法等。此外也可以包括其他信息，如业务所属行业、组织背景、历史、规模和业绩的简要描述等。

⑤ 质量方针和目标。组织要把质量方针和目标包括在质量手册中时，可在质量手册中包括对质量方针和质量目标的声明。组织可以决定在其他的质量管理体系文件中规定符合这些目标的具体质量指标。质量方针和目标的制定参考 ISO 9001:2015 标准 5.2 和 6.2 的要求。

⑥ 组织、职责和权限。质量手册可以描述组织的结构、职责、权限和相互关系，一般是通过组织机构图、流程图和对工作的描述等方法来表明。这些内容可以包括在质量手册中，或在其中引用。

⑦ 质量管理体系的描述。质量手册可以对质量管理体系及其实施过程进行描述，主要包括：对质量管理体系过程及其相互作用的描述；质量管理体系程序文件或对其引用；说明组织为实现其方针和目标所采用的方法等。

还应当明确质量管理体系的范围，也包括不适合本组织的标准条款要求（任何删减条款的细节）及理由说明。

组织可以按过程的顺序，所采用标准的结构或任何适合于组织的顺序，将其质量管理体系形成文件。可以用对照表的方式说明采用的标准与质量手册内容之间的对应关系。

⑧ 引用文件。质量手册可以列出没有包括在手册中的引用的文件。

⑨ 支持性文件附录。支持性文件资料有程序文件、作业程序、技术标准和管理标准等。

三、编制质量手册应注意的问题

为了确保质量手册的有效实施，体系过程在编制质量手册过程中还应注意以下问题：

① 质量手册可以包括质量管理程序，也可以摘要说明质量管理体系过程程序，并列出所引用的过程程序名称及编号，指明查询路径，对过程的阐述要抓住控制重点，无须详细描述具体的做法。

② 注意手册编制用词要规范严谨。避免使用模棱两可的用词，如也许、可能、大概等，造成执行人员无所适从。

③ 质量手册通常用书面形式体现，也可采用多种媒体的形式，但为了防止文件丢失，应注意做好必要的备份。

质量手册的示例见第七章第一节

第三节　程序文件的编制

ISO 9000:2015《质量管理体系　基础和术语》明确了程序是"为进行某项活动或过程所规定的途径。注：程序可以形成文件，也可以不形成文件"。程序是质量管理体系的重要组成部分，虽然标准对程序没有要求是否形成文件，但程序文件是描述实施质量管理体系过程中所需要的质量活动的文件，是质量手册的具体展开和支撑。因此，绝大多数组织都会编制程序文件。

一、程序文件与质量手册、作业（工作）指导书的关系

程序文件是质量手册的下一层次的文件，对质量手册起支持作用。

质量手册是组织质量管理的纲领性文件，对程序文件起导向作用。质量手册可直接包含程序文件，也可以引用程序文件的内容。因此程序文件的重要内容部分应与质量手册保持一致，避免出现矛盾。

程序文件是作业指导性文件的上一层次的文件。从某种意义上讲，作业指导书也是一种程序文件，但在描述的对象上有所不同。程序文件的内容注重管理方面，所描述的是与本程序相关的职能部门的活动内容，一般不涉及纯技术的细节，必要时可在程序文件中引用作业指导书。而作业指导性文件描述的是具体的作业活动，必须涉及技术细节，才能发挥指导人们规范操作的作用。

二、程序文件的作用

在质量管理体系中程序文件具有以下作用：

（1）使质量活动受控

① 对影响质量的各项活动作出规定；

② 规定各项活动的方法和评定的准则，使各项活动处于受控状态。

（2）阐明与质量活动有关人员的责任

包括职责、权限和相互关系。

（3）作为执行、验证和评审质量活动的依据

① 程序的规定应在实际活动中执行；

② 执行的情况应保留证据；

③ 依据程序审核实际运作是否符合要求。

三、程序文件的编制内容

1. 程序文件的要求及格式

ISO 9001:2015 标准用"成文信息"取代了"程序文件"，也没有格式和数量的具体要求，所以组织应根据自身的规模、产品的类型、过程的复杂程度、员工的素质能力等因素来确定程序文件的存在、格式及数量。通常情况下，为了确保组织质量管理体系有效运行，制造企业的质量管理体系程序文件可达到二十几个。某企业的编写的程序文件见表6-3。

表 6-3 程序文件清单

序号	文件编号	版次	成文信息
1	××-CX-01	A/0	组织环境及相关方控制程序
2	××-CX-02	A/0	风险识别和应对控制程序
3	××-CX-03	A/0	质量体系变更策划控制程序
4	××-CX-04	A/0	人力资源控制程序
5	××-CX-05	A/0	基础设施控制程序
6	××-CX-06	A/0	监视和测量资源控制程序
7	××-CX-07	A/0	组织知识控制程序
8	××-CX-08	A/0	文件控制程序
9	××-CX-09	A/0	记录控制程序
10	××-CX-10	A/0	产品和服务的要求控制程序
11	××-CX-11	A/0	产品应急管理控制程序
12	××-CX-12	A/0	设计和开发控制程序
13	××-CX-13	A/0	外部提供过程、产品和服务的控制程序
14	××-CX-14	A/0	生产过程控制程序
15	××-CX-15	A/0	标识和可追溯性控制程序
16	××-CX-16	A/0	顾客或外部供方财产控制程序
17	××-CX-17	A/0	产品防护控制程序
18	××-CX-18	A/0	产品放行控制程序
19	××-CX-19	A/0	不合格输出控制程序
20	××-CX-20	A/0	分析评价控制程序
21	××-CX-21	A/0	内部审核控制程序
22	××-CX-22	A/0	管理评审控制程序
23	××-CX-23	A/0	持续改进控制程序
24	××-CX-24	A/0	顾客满意度测量控制程序

程序文件编制过程中，尽可能采用流程图加文字说明的方式，将活动的目的、范围、职责、作业过程、控制要点等内容，条理清楚、主次分明地表述出来。

组织可以采用文本、流程图、表格或者上述方式的综合，以及其他符合组织需求的适当的方式建立形成文件（硬拷贝或电子媒体）的程序。

2. 程序文件的内容

程序文件内容应包括标题、目的、范围、职责和权限、活动描述、记录、支持信息的附录、评审、批准和修改以及更改的标识等内容。文件的详细程度取决于活动的复杂性、采用的方法及员工完成活动所需的技术和培训水平等要素。具体编制可参考下列内容：

（1）标题

标题应当能清楚地识别程序文件的控制内容。

（2）目的

应当规定书面程序的目的。

（3）范围

应当描述书面程序的范围，包括覆盖的区域或不覆盖的区域。

（4）职责和权限

应当规定人员和组织职能部门的职责和权限，以及程序中所描述的过程和活动中相互合作的关系。为清晰起见，可以用适当的流程图和文字表述的方式来描述。

（5）活动的描述

详细程度的变化，可以取决于活动的复杂性、使用的方法、人员为完成活动所必需的技能和培训程度。不论详细程度如何，适用时应当考虑以下方面：

① 确定组织、顾客和供方的需求；
② 以文字术语和（或）流程图描述过程所要求的有关活动；
③ 明确做什么、谁或组织的哪个职能部门做、为什么做、何时做、何处做和如何做；
④ 描述过程控制和对所识别的活动的控制；
⑤ 规定为完成活动所必需的资源（就人员、培训、设备和材料而言）；
⑥ 规定与所要求的活动有关的适当文件；
⑦ 规定过程的输入和输出；
⑧ 规定要执行的测量。

组织可以决定上述信息中的一些内容是否在作业（工作）指导书中规定更适宜。

（6）记录

程序文件中与活动有关的记录应当在程序文件中的本章节，或其他章节中规定。适用时，这些记录所采用的表式应当规定，应当说明完成、归档和保存记录的方法。

（7）附录

程序文件可以包括含有支持信息的附录，如表、图、流程图等。

（8）评审、批准和版本

程序文件应当表明评审和批准的证据，以及修订状态和日期。

（9）更改的标识

可行时，应当在文件或适当的附件上标识更改的性质。

总的来说，质量管理体系程序都应根据需要明确何时、何地、由谁、做什么、怎么做、为什么做（即5W1H），以及应保留什么记录。

3. 程序文件案例

程序文件编制的内容、格式等可参考表6-4。

表6-4 文件控制程序

××××有限公司	文件编号	PD14
文件控制程序	版本/版次	A/1
	页码	第__页,共__页

1 目的
　　为保证有效的使用文件和资料,对公司的文件进行控制。
2 范围
　　公司质量管理体系文件及外来文件、技术文件、行政文件的管理。
3 职责
3.1　公司办公室负责质量管理体系文件的标识、印发、存档、回收与管理工作以及其他文件、外来文件、行政文件、技术文件的统一归档,分级管理。
3.2　总经理负责公司文件的批准。
3.3　部门办公室负责部门文件的标识、印发、存档、回收与管理工作以及其他文件、外来文件的管理。
3.4　部门经理负责部门文件的批准。

××××有限公司	文件编号	PD14
文件控制程序	版本/版次	A/1
	页码	第__页,共__页

4 程序内容

4.1 定义

文件是指信息及其承载媒体。质量管理体系文件是指给出质量管理体系相关信息的任何文件,如质量手册、程序文件、规范、图样、标准等。而媒体可以是纸张、磁盘、光盘、照片、样件、电子媒体或它们的组合。质量管理体系文件是质量管理体系运行的依据。

4.2 质量管理体系文件的编制、审核、批准

质量技术总监在组织相关部门进行质量管理体系策划时,应考虑质量管理体系文件的构成及其类型,列出质量管理体系文件清单,如《程序文件清单》《作业指导文件清单》《记录表格清单》和《外来文件清单》等。明确文件的数量及其责任部门,使文件清晰可辨,易于识别和检索,并通过明确质量管理体系文件的编制、审核、批准之职责,以确保文件的正确性、适宜性、充分性和有效性。

4.2.1 质量方针、目标

(1)质量方针

总经理编制并批准发布。

(2)质量目标

①公司总目标由质量技术总监编制,总经理审批。

②各职能部门分目标由各部门编制,质量技术总监审核、总经理批准。

4.2.2 质量手册

由体系策划与审核管理组组织编制,质量技术总监审核、总经理批准。

4.2.3 质量计划

由主要责任部门组织编制,质量技术总监审核、总经理批准。

4.2.4 程序文件

由主要责任部门组织编制,其部门负责人审核,质量技术总监批准。

4.2.5 作业指导文件

由引用作业指导文件的主要使用部门组织编制,其部门负责人负责审批。

4.2.6 外来文件

对外来文件的批准不是对文件内容的审批,而是公司对文件的适用性的审批。由主要使用部门负责审批。

4.3 质量管理体系文件的归口、分类、编号

为了使文件易于识别,检索快速,所有已审批的质量管理体系文件应交予质管部文件管理员归口、分类。由文件管理员统一编号,编号方法规定如下:

4.3.1 质量手册:QM

4.3.2 程序文件:PD□□(□□表示序号01,02,…)。

4.3.3 作业指导书

管理标准:MD□□(□□表示序号01,02,…)。

操作规程:CIR□□(□□表示序号01,02,…)。

检验规程:TR□□(□□表示序号01,02,…)。

4.3.4 记录表格:RF□□(□□表示序号01,02,…)。

对不同类别的文件,分别通过授权人审批签名、生效日期和"受控"章或其组合,识别文件的有效性。

4.4 外来文件的控制

①外来文件包括国际、国家、部级、行业、地方的标准,法律法规和客户提供的文件等。

②在公司内使用的外来文件由归口部门负责人在《外来文件登记表》内签名和填写审批日期,表明其来源可靠,内容对公司适用。

③审批后的外来文件由文件归口部门文件管理员在适当位置盖"已审批"章。

④文件归口部门文件管理员对可能更新版本的外来文件应及时跟踪(不超过半年),将跟踪结果填写在《外来文件登记表》中,确保使用有关版本的适用的外来文件。

⑤更新后的外来文件需重新审批。

续表

××××有限公司	文件编号	PD14
文件控制程序	版本/版次	A/1
	页码	第__页,共__页

4.5 质量管理体系文件的分发

4.5.1 质量手册、程序文件、作业指导文件的分发

①质管部根据公司的具体情况编制《质量管理体系文件持有者清单》,经质量技术总监审批后交文件管理员。

②文件管理员根据《质量管理体系文件持有者清单》中规定的份数复印,按4.3节要求进行标记,在封面上填写分发号,统一分发给规定的持有者。同时,让接收人在《文件分发记录表》上签字。

4.5.2 外来文件的分发

外来文件根据实际需要分发,分发时由接收人在《文件分发记录表》上签字。

4.6 质量管理体系文件的保管和借阅

4.6.1 文件的保管

①质量手册、质量计划、程序文件、作业指导文件(工作计划、合同、清单、临时通知除外)的受控原件由质管部负责统一归档保管。相应的受控副本由各部门文件管理员或持有人负责保管。

②外来文件由归口部门和持有部门文件管理员或持有人负责归档保管。

③保管者需将持有的文件分类放置,并按放置的顺序进行编目,在放置位置贴标签,使文件便于识别和检索。

④文件在保管和使用过程中需保持清晰,不可随意涂划。

⑤质管部对各部门文件的使用及保管情况要不定期地进行检查,以达到对各部门文件管理实施监控的目的。

4.6.2 文件的借阅

如公司内部员工需要暂时借阅质量管理体系文件,应到质管部或相关部门办理借阅和归还手续,并填写《文件借阅登记表》。

4.7 质量管理体系的评审和更改

4.7.1 文件评审

①文件发布后,管理和使用部门需根据公司的实际运作情况对文件进行评审,对不适当之处提出更改申请。

②在每次内部质量管理体系现场审核前,审核组对文件进行评审,对不符合及不适当处提出更改申请。具体按《内部审核程序》实施。

4.7.2 文件更改

①提出更改部门填写《文件更改申请表》,部门负责人确认后交质管部,质管部组织有关部门(岗位)人员对更改内容进行评审,确保更改内容:

a. 不背离标准和法规要求;

b. 与质量管理体系的其他相关要求相一致,对关联的文件明确更改要求;

c. 更改后的要求在公司的实际条件下是可行的。

②评审完毕后,由质管部组长在《文件更改申请表》上签字确认,按5.1节规定的要求进行审批。

③更改申请获得批准后,由文件管理员按《文件更改申请表》的要求对文件进行修改,并在《文件更改记录表》上进行记录。

④更改文件后,应更新受控原件,按4.4节的规定分发并换回旧版文件,填写《文件分发记录表》。非受控副本不受文件更改的控制。

4.8 质量管理体系文件废弃

4.8.1 质量管理体系文件新版生效时,旧版同时作废(有特殊说明的除外)。

4.8.2 有必要保留的已作废质量管理体系文件原版,由质管部或相关部门文件管理员统一保管,作废文件上应加盖"作废"印章,并在《保留作废文件登记表》上登记。

4.8.3 无必要保留的作废原版和副本由质管部或相关部门文件管理员统一收回并销毁,也可在每页上盖"作废"印章留作其他用途。

4.9 文件和记录的管理

4.9.1 本程序文件及本程序的支持文件,按本程序的要求进行管理。

4.9.2 所有质量记录、文件范本/格式及部门自行发行与控制的作业指导文件按《记录控制程序》进行管理。

5 相关文件

5.1 内部审核程序

5.2 记录控制程序

续表

××××有限公司	文件编号	PD14
	版本/版次	A/1
文件控制程序	页码	第__页,共__页

6　记录
6.1　外来文件登记表
6.2　文件借阅登记表
6.3　文件更改申请表
6.4　文件分发记录表
6.5　保留作废文件登记表

批准		审核		编制	
日期		日期		日期	

第四节　作业（工作）指导书的编制

作业（工作）指导书就是规定某项活动如何进行的文件，属于作业性文件。它是指对某个指定的岗位/工作/活动，为确保完成该岗位/工作/活动的要求，对该岗位或对完成此工作或活动的员工应该怎样做而作出具体规定的文件。

一、作业指导书类型

作业（工作）指导书的类型很多，在同一企业的作业指导书内容、格式、应用，甚至名称都会不同。工艺规程、操作规程、操作规范、工作指引、工作细则、作业规范、检验规程、作业标准、设备操作手册等都属于作业指导书。

常见的作业指导文件的类型：

① 管理（工作）细则。用于规定某一具体管理活动的具体步骤、职责和要求的文件。

② 产品标准。用于规定某项产品的具体标准。

③ 工艺规范。用于规定生产产品所应采用的方法。

④ 操作规程。用于操作某一设施或设备的具体方法。

⑤ 检验规范。用于检查所提供的产品是否达到规定的产品标准的方法。

⑥ 指令性文件。用于命令由谁，在什么时间、地点做某项工作。此类文件一般采用表格来规范其形式，常常被称为一次性有效文件。注意不要将此类文件与记录相混淆，前者是工作的依据，后者是工作结果的记录。

⑦ 技术图纸。

……

上述这些类型的文件通常称为作业指导书。

二、编制作业指导书的目的及作用

编制作业（工作）指导书的主要目的：

① 使工作或活动有章可循，使过程控制规范化，处于受控状态；

② 确保实现产品/工作/活动的质量特性；

③ 保证过程的质量；

④ 对内、对外提供文件化证据；
⑤ 作为持续改进质量的基础和依据；
⑥ 某些情况下，若没有作业指导书，则工作或活动的质量不能保证。

作业性文件的作用表现在两个方面，一是对程序文件起支持性作用，二是对具体的作业活动提供技术性的指导。

三、作业指导书的编制内容

1. 作业指导书的结构和格式

作业指导书的结构、格式和详细程度应当依据工作的复杂性、使用的方法、所接受的培训、人员的技能和素质等因素来确定。为减少混乱或失误，组织应当建立和保持统一的格式或结构。

2. 作业指导书的内容

作业指导书应当描述关键活动，应当给出活动的更多控制细节。以提供有关人员获得必要信息而正确地执行其工作。应当表达操作的顺序，正确地反映要求和有关活动。表达所要描述和规定的活动（作业文件）的目的、适用范围、职责、何时、何地、谁做、做什么、怎么做（依据什么去做）、留下什么记录来证实所做工作符合要求。

对于作业指导书，描述的关键内容主要是如何去做；对于管理标准或工作标准，描述和规定的主要内容是要求和验收条件。

3. 作业指导书编写要点

（1）编写应当简单实用，通俗易懂

尽可能应用流程图、图片、表格和符号，文字部分要简明而要，通俗易懂。

（2）是否编写作业（工作）指导书的原则

作业指导书过多或过少都不好，如果缺少指导书会对该项工作产生不利影响时，就应当编写作业（工作）指导书。

（3）应与已有的各种文件有机地结合

① 作业指导书的编写任务一般由具体部门承担；
② 明确编写目的，是编写作业指导书的首要环节；
③ 当作业指导书涉及其他过程（或工作）时，要认真处理好接口；
④ 编写作业指导书时应吸收操作人员参与，并使他们清楚作业指导书的内容。

4. 作业（工作）指导书案例

例 6-1：某公司的仓库管理作业指导书

仓库管理规范

仓库是本公司物料管理部门，负责生产原料及辅料储存、防护及收发。为进一步明确仓管人员的职责、权限，特制定本规定，仓管人员及相关人员必须共同遵守。

一、收发及收货程序

① 仓管人员依据来料单收货，点清来料数量、型号、规格，核对是否与货单相符，无误后签名入暂存仓，并开具收货报告单，登记入账，并通知品管员检验来料。
② 仓管人员如发现原料淋湿、色差、抽纱、破洞、经纬不符，布料有污迹，应立即报告厂长处理。

二、原料及辅料归类存放，防护

① 布料应明确布料型号，布种并分别存放。

② 辅料按其种类分类放置。
③ 需避免受雨淋、日洒，防潮湿，防虫鼠害。
④ 原材料存放要严格分区域，标识清楚。
⑤ 检验后不合格品应放在不合格区，进行分类存放。
⑥ 仓库场地应定时搞好环境卫生。

三、物料的标识

① 仓管人员应对不同品种的布料及辅料做标识，标明其名称、日期、产地、规格、缩水率。
② 标识应保管好，避免遗失破损。

四、发料程序

仓库人员应根据项目订单查验领料单，依据开具的领料单中的品种、品名及数量发货，复核后在领料单上签名，并要求领料人员签名。

五、材料库存盘点及报表

每月月底仓库人员对库存布料，辅料进行盘点，并根据本月收、发、存数据填写月报表，交由公司财务部。

六、必须做好安全预防措施，做好三防工作，防火，防盗，防湿，确保仓库安全。

第五节　记录的编制

记录是质量管理体系符合要求和有效运行的证据。记录是记载过程状态和过程结果的文件，是质量管理体系文件的一个重要组成部分。所谓过程状态主要针对产品质量的形成过程和体系的运行过程，而过程结果则是指体系运行效果和产品满足质量要求的程度。由上述特性可见记录在组织的质量管理体系中发挥着重要的作用。

一、记录的类型

ISO 9001:2015 标准明确要求为已实现的结果提供证据的目的而需要保留的成文信息，需要编制的 21 种记录，见表 6-5。

对大多数组织来说，为了验证质量管理体系的有效性，维持和改进质量管理体系提供充分的依据。除了 ISO 9001:2015 标准明确应编制的 21 个记录外，还需要结合质量管理体系和程序文件的要求获得足够的记录，再加上某一种记录可能派生出好几个记录，例如，对于文件控制的记录就可能包括文件发放记录、文件会签记录、文件审批记录、文件更改记录、文件管理记录、文件回收记录和文件销毁记录 7 个文件，实际上记录的数量已远远超过 21 个。总之，产品形成的过程及管理越复杂，对应的记录的种类和个数也就会越多。

表 6-5　ISO 9001:2015 标准要求编制的记录

序号	证据性成文信息要求（记录）	对应的 ISO 9001 标准条款
1	为过程按照策划的要求运行保持信息所需的形成文件的信息	4.4
2	表明监视和测量资源适合于目的的证据	7.1.5.1
3	用作校准监视和测量资源的基准的证据（当没有国际或国家标准时）	7.1.5.2
4	在组织控制下工作并可影响 QMS 绩效和有效性的人员的能力	7.2

续表

序号	证据性成文信息要求（记录）	对应的 ISO 9001 标准条款
5	保留确信过程已经按策划进行，证实产品和服务符合要求的成文信息	8.1e)
6	产品和服务的新要求及评审结果	8.2.3
7	为证实设计和开发要求已被满足所需的记录	8.3.2
8	设计开发输入的记录	8.3.3
9	设计和开发控制活动的记录	8.3.4
10	设计和开发输出的记录	8.3.5
11	设计和开发变更、包括评审结果、变更授权和必要措施	8.3.6
12	对外部供方的评价、选择、绩效监视和再评价记录，以及因这些活动产生的任何措施的记录	8.4.1
13	当要求可追溯性时对于输出的唯一标识证据	8.5.2
14	顾客或外部提供方的财产的丢失、损坏或发现不适用的记录以及与所有者沟通的记录	8.5.3
15	生产或服务提供变更的评审、授权变更的人员、采取的必要措施等记录	8.5.6
16	授权放行产品和服务以交付给顾客的记录，包括接收准则以及对放行人员的可追溯性	8.6
17	不符合、采取的措施、让步、针对不符合的措施决策的授权标识等记录	8.7
18	QMS 的绩效和有效性评价结果	9.1.1
19	审核方案的实施证据以及审核结果	9.2.2
20	管理评审结果的证据	9.3.3
21	不符合的性质及采取的任何措施和纠正措施的结果的证据	10.2.2

二、记录的作用

① 证实作用。记录可以证实产品质量满足顾客的质量要求的程度。同时，它也可为质量管理体系运行的有效性提供客观证据。它还是质量审核中的重要依据。

② 追溯作用。通过记录可查明内外部顾客反馈的质量问题的原因和责任者。从合同号、生产令、工号标识可以追溯到生产时间、生产者，参照当时的值班记录、工艺参数监控记录、检验和试验报告乃至原辅材料、配套件的状况，从而便于查找原因和责任者。

③ 是统计分析的数据源。为了对过程进行有效的控制，以及采取纠正、预防措施和质量改进，常需要运用统计分析技术，而这些分析必须建立在记录中的数据源之基础上。

由上述可见，记录在质量管理体系中占有相当重要的位置。

三、记录的基本形式

记录的基本形式有原始记录、统计报表和分析报告等。

① 原始记录。原始记录是对质量管理活动过程和结果的第一次直接记载。这种记载通常以数字、文字或图表的方式体现在相应的记录表格中。

② 统计报表。统计报表是按质量管理的需要，对原始记录结果进行统计汇总所形成的表格式记录。

③ 分析报告。分析报告是对专项质量活动进行总结、统计分析后形成的文字报告，必要时附有图表、相片等资料。

四、记录的编制要求

记录的内容涉及面很广，使用的记录表格不可能有统一的格式。记录的主要表现形式就是表格（表单），实际应用最多的也是表格。下面以表格为例，说明记录的编制要点和编制方法。

1. 记录的编制要点

① 记录表格的设计一般应与其相关的文件同时进行编制。记录往往是程序文件和作业文件的附录,也就是说在编写程序文件和作业文件时,应根据标准要求和质量管理的需要,确定应有哪些记录,同时对记录的内容加以系统考虑。

② 规划质量管理体系所需要的记录。

③ 规定表格名称、标识方法、编目、表格形式、记载的项目、填写、审核与批准要求。

④ 应避免重复性,内容和格式安排应考虑填写方便。

⑤ 与所对应文件的要求不应有矛盾或遗漏的内容。

⑥ 兼顾周期性与信息容量,便于收集装订和保存。

⑦ 设立"备注"栏,以适用于特殊情况。

⑧ 规定一式几份和传送部门。

2. 记录的设计方法

① 根据程序文件中规定的记录的要求确定记录表格的数量;

② 整理现有的记录表格,分析其正确性和适用性;

③ 列出需要补充,修改的记录表格目录;

④ 按记录表格使用部门落实设计责任人,明确工作要求;

⑤ 由文件编写小组组织相关部门审核每份记录表格;

⑥ 试用记录表格,跟踪评价其正确性和适用性,修改不完善之处;

⑦ 按规定的权限审核,批准,印刷(必要时);

⑧ 汇编成册(也可附在每份程序文件之后),并编制记录目录清单,发布后执行;

⑨ 必要时,可对复杂的记录表格形式注明其填写方法。

3. 记录的格式案例

例 6-2:某公司的进料检验记录表,见表 6-6。

表 6-6 进料检验记录表

编号: 序号:

物料名称		型号规格	
供应/生产单位		进货日期	
进货数量		检验数量	
检验方式			

检验项目	标准要求	检验结果	合格否(打"√")
			□合格 □不合格
			□合格 □不合格
			□合格 □不合格
			□合格 □不合格
			□合格 □不合格

最终检验结论:(打"√")
□合格 □不合格
                        检验员: 日期:

不合格处置:(打"√")
□退货 □让步接收 □挑选 □报废 □其他:_____
                        批准: 日期:

更多的记录表格见第七章第三节质量记录表样。

复习思考题与练习题

1. 什么是质量管理体系文件？质量管理体系文件（成文信息）主要有哪些？
2. 建立质量管理体系文件有什么作用？
3. ISO 9001：2015 标准中的"设计和开发"要求了哪些成文信息？
4. ISO 9001：2015 标准对质量管理体系文件提出了哪些要求？
5. ISO 9001：2015 版标准的文件要求与 2008 版比较，有何特点？
6. 按 ISO 9001：2015 标准新建立质量管理体系，在满足标准对成文信息要求的前提下，编写文件的方式有哪些？
7. ISO 9001：2015 标准对文件样式有何要求？
8. 质量管理体系文件编制流程是？
9. "从低层文件开始，向两边扩展"的质量管理体系文件编写方法，如何进行？有何特点？
10. ISO 9001：2015 标准并不要求编写质量手册，为何大部分企业还要编写质量手册？
11. 编写质量手册的主要目的是什么？
12. 质量手册应该包括哪些内容？
13. 什么是程序？什么是程序文件？必须编写程序文件（形成文件）吗？
14. 程序文件在质量管理体系中有什么作用？
15. ISO 9001：2015 标准要求多少个程序文件？
16. 程序文件有哪些表现形式？
17. 程序文件的编写应考虑到哪些方面的内容？
18. 什么是作业（工作）指导书？编制作业（工作）指导书的目的及作用是什么？
19. 常见的作业指导文件有哪些类型？
20. 作业指导书的编写内容有何要求？
21. 试编制学校学生请长假（>3 天）的作业（工作）指导书（文件名称自订）。
22. 什么是记录？记录的最主要作用是什么？
23. ISO 9001：2015 标准对"不合格产品"要求做哪些记录？
24. ISO 9001：2015 标准要求编制多少个记录？实际要编写多少个？
25. 记录有何作用？
26. 记录哪些基本形式？
27. 记录的编制要点？
28. 试编制一个学校检查宿舍卫生的记录。

第七章

质量管理体系文件示例

第一节　质量手册示例节选

质 量 手 册

依据 GB/T 19001—2016 idt ISO 9001：2015

版　　本　　A/0

文件编号　NHY-SC-2017

受控状态　　受控

持　有　人＿＿＿＿＿＿＿

××机械设备工程有限公司发布

2017 年 04 月 20 日发布　　　　2017 年 07 月 01 日实施

××机械设备工程有限公司　质量手册		版本	A/0
文件编号	NHY-SC-2017	目录　　　　页次	/

目　录

条款号与标题　　　　　　　　　　　　　　　　　　　　　　　　　　　页次

0.1　修改记录

0.2　发布令

0.3　企业概况

0.4　组织质量管理机构图

1　范围

2　规范性引用文件

3　术语和定义

4　组织环境

4.1　理解组织及其环境

4.2　理解相关方的需求和期望

4.3　确定质量管理体系的范围

4.4　质量管理体系及其过程

4.4.1　总则

4.4.2　过程方法

5　领导作用

5.1　领导作用和承诺

5.1.1　总则

5.1.2　以顾客为关注焦点

5.2　方针

5.2.1　制定质量方针

5.2.2　沟通质量方针

5.3　组织的岗位、职责和权限

6　策划

6.1　应对风险和机遇的措施

6.2　质量目标及其实现的策划

6.3　变更的策划

7　支持

7.1　资源

7.1.1　总则

7.1.2　人员

7.1.3　基础设施

7.1.4　过程运行环境

7.1.5　监视和测量资源

7.1.6　组织的知识

7.2　能力

7.3 意识
7.4 沟通
7.5 成文信息
7.5.1 总则
7.5.2 创建和更新
7.5.3 成文信息的控制
8 运行
8.1 运行的策划和控制
8.2 产品和服务的要求
8.2.1 顾客沟通
8.2.2 产品和服务要求的确定
8.2.3 产品和服务要求的评审
8.2.4 产品和服务要求的更改
8.3 产品和服务的设计和开发
8.3.1 总则
8.3.2 设计和开发策划
8.3.3 设计和开发输入
8.3.4 设计和开发控制
8.3.5 设计和开发输出
8.3.6 设计和开发更改
8.4 外部提供的产品、过程和服务的控制
8.4.1 总则
8.4.2 控制类型和程度
8.4.3 提供给外部供方的信息
8.5 生产和服务的提供
8.5.1 生产和服务提供的控制
8.5.2 标识和可追溯性
8.5.3 顾客或外部供方的财产
8.5.4 防护
8.5.5 交付后活动
8.5.6 更改控制
8.6 产品和服务的放行
8.7 不合格输出的控制
9 绩效评价
9.1 监视、测量、分析和评价
9.1.1 总则
9.1.2 顾客满意
9.1.3 分析与评价
9.2 内部审核
9.3 管理评审

10　改进
10.1　总则
10.2　不符合和纠正措施
10.3　持续改进
附录1：质量管理体系职能分配表
附录2：程序文件一览表

××机械设备工程有限公司　质量手册		版本	A/0
文件编号	NHY-SC-2017　　0.4 组织质量管理机构图	页次	/

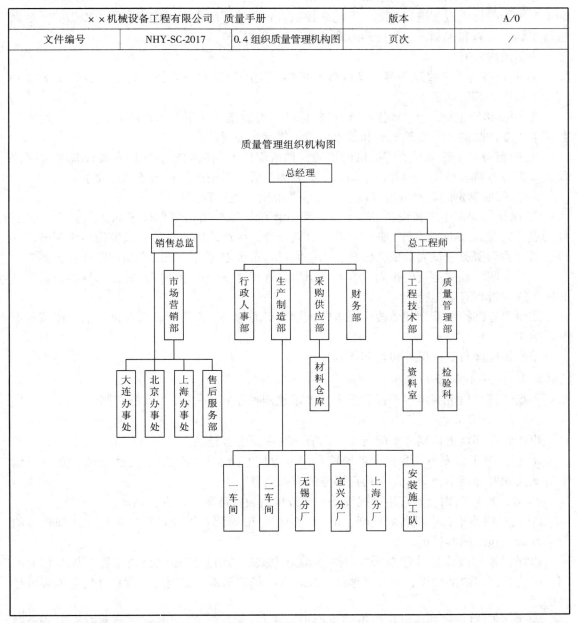

质量管理组织机构图

编制		审核		批准	
日期		日期		日期	

××机械设备工程有限公司　质量手册		版本	A/0
文件编号	NHY-SC-2017　　8　运行	页次	/

8 运行

8.1 运行的策划和控制

总工程师负责组织质量管理部、工程技术部、生产制造部、采购供应部等部门对本公司的生产和服务提供过程进行策划、实施和控制，各职能部门负责对生产和服务提供的子过程进行策划、实施和控制，并实施第 6 章策划所确定的措施。

策划的内容有：

① 确定各种生产线设备等产品的技术指标、生产制造和安装施工计划、验收及交付使用、售后服务等活动要求；

② 建立以下准则：生产制造过程检验标准，安装施工规范，生产线调试准则，设备验收标准，新产品测试，实验规程和验收标准，售后服务规范；

③ 确定每一工程项目所需提供的资源，如所需生产制造设施、现场安装设备与检测仪器、所需专业特长员工、专业技术知识与研发力量等，以使产品和服务满足要求；

④ 按照所制定的各种规范、规程、标准等准则实施过程控制；

⑤ 保持、保留生产线设备设计方案、设计图纸、原材料与零部件采购清单、生产制造计划表、安装施工进度计划、调试内容与计划安排、生产线验收报告、设备使用说明书、维修手册、售后服务一览表等成文信息，以证实过程按策划进行，证实产品和服务符合要求。

产品和服务提供运行的策划应与本公司质量管理体系要求相适应，并能指导本公司生产和服务提供过程有效运行。

质量管理部控制策划的更改，评审非预期变更的后果，必要时，采取措施消除或减轻不利影响。

采购供应部负责确保外包过程得到控制。

8.2 产品和服务的要求

市场营销部负责制定《产品和服务的要求控制程序》，并按要求实施控制。

8.2.1 顾客沟通

市场营销部负责识别并实施与顾客沟通，其主要内容包括：

① 以网络平台发布、参加设备展览会、专业技术杂志广告发布、电话交流、邮件通信等方式向顾客介绍本公司产品及售后服务的有关信息。

② 处理顾客问询、签订生产线设备合同或单台设备订单，负责合同或订单的修改。

③ 通过网络平台、设备展览会、电话、通信、市场调查等方式收集并有效处理顾客的意见反馈，包括顾客投诉。

市场营销部以信息处理单形式将顾客沟通中获得的信息传递到公司主管领导及相关部门，由相关部门内部协调，并将处理结果反馈至市场营销部，必要时，营销部应与顾客进行再沟通。

④ 在合同或订单洽谈过程中由顾客提供的样品、图纸、工艺资料等顾客财产由营销部负责处置与控制。

⑤ 一旦发生顾客严肃的投诉，应执行公司的《顾客投诉处理流程》，并最终评价处

理结果。

如发生生产线设备或单台设备等产品存在重大质量隐患或发生重大事故等紧急情况下，市场营销部负责与顾客就潜在的不利影响和可采取的措施进行沟通；质管部牵头，与工程技术部、生产制造部、市场营销部等部门一起制定应急措施。

上述与顾客沟通、处理等结果，应保留记录。

8.2.2 产品和服务要求的确定

市场营销部在产品和服务宣传、与顾客洽谈时，签订合同前应确定向顾客提供的与产品和服务有关的要求，确保产品和服务的要求得到规定，包括：

① 产品执行标准、服务规范、质量、环境等国家相关法律法规要求；

② 公司认为的必要要求，如产品主要性能、技术特点、价格、交货期、交货地点、付款方式、运输方式、售后服务内容、设备安全操作与使用环境、连续生产时间与维修保养周期等要求。

营销部在向顾客做出产品和售后服务承诺或保证时，应确保公司有能力满足其所声明的要求。

8.2.3 产品和服务要求的评审

市场营销部负责组织对与产品和服务有关的要求举行评审，工程技术部、生产部、采购供应部、质管部等相关部门配合。

产品和服务要求评审应在销售合同正式签订前，或在标书投标前，或在网络平台发布有关的产品目录之前进行。

评审内容如下：

① 顾客规定的要求，包括对交付及交付后活动的要求；

② 顾客虽然没有明示，但规定的用途或已知的预期用途所必需的要求；

③ 组织规定的要求；

④ 适用于产品和服务的法律法规要求；

⑤ 与以前表述不一致的合同或订单要求。

组织应确保与以前规定不一致的合同或订单要求已得到解决。

在以口头方式接受订单而对要求没有书面说明的情况下，营销部应采用传真或其他可行的方式使顾客要求在接受之前得到确认。

产品和服务要求的评审方法有：

① 对定型产品可采用预先评审，授权销售人员在与顾客签订合同或订单上签名作为评审证据；

② 对非标产品，采用会议或会签的方式予以评审，并形成评审记录，必要时，经总工程师签字作为评审结果的确认。

营销部负责按《成文信息控制程序》的要求保存产品和服务要求的评审记录；技术部保留负责对设计和开发方面的予以记录并保存记录；生产部、质管部分别负责对实现产品要求的情况如计划进度、质量状况等予以记录并保存记录，适时与营销部进行沟通。

8.2.4 产品和服务要求的更改

当产品要求发生更改时，营销部应及时组织相关部门评审并以书面文件形式通知技术、生产、供应、财务等部门，确保相关人员知道已更改的要求，相关的技术设计、生产计划、采购清单、验收规范等文件应及时得到修改。

8.3 产品和服务的设计和开发

8.3.1 总则

公司的产品分为两类，定型产品和非标准的自动化生产线设备。

工程技术部负责制定《设计和开发控制程序》，并按要求建立、实施和保持适当的设计和开发过程，以确保后续的产品和服务的提供。

8.3.2 设计和开发策划

工程技术部在确定设计和开发的各个阶段和控制、编制设计和开发计划书时，应考虑以下方面的因素：

① 设计和开发活动的性质、持续时间和复杂程度，例如自动生产线设备的技术复杂程度、新技术新工艺所占比例、销售合同价格（200万以下、200万~600万、600万~1000万、1000万以上）、制造与安装周期、交货期等；

② 所需的过程阶段，包括适用的设计和开发评审，在设计和开发的哪一阶段确定进行怎样的评审活动；

③ 所需的设计和开发验证、确认活动，在设计和开发的哪一阶段确定进行怎样的验证、确认活动；

④ 设计和开发过程涉及的技术部、营销部、采购供应部、质管部等各部门的职责和权限；

⑤ 产品和服务的设计和开发所需的内部、外部资源，如资料收集、工艺试验、实验仪器、样品制造、外聘专家以及差旅费用等；

⑥ 设计和开发过程参与的技术部内各设计室及各设计人员之间接口的控制需求；

⑦ 客户方工艺人员、技改处负责人员、设备管理人员、车间使用者参与设计和开发过程的需求；

⑧ 对后续产品和服务提供的要求，涉及设备维护维修、备品备件供应、人员培训等；

⑨ 顾客和其他有关相关方期望的对设计和开发过程的控制水平；

⑩ 证实已经满足设计和开发要求所需的成文信息。

8.3.3 设计和开发输入

工程技术部负责针对所设计和开发的具体类型的产品和服务，确定必需的要求，并编制设计和开发任务书。设计和开发输入主要包括以下内容：

① 合同、标书、技术协议书、补充协议、备忘录等文件中所阐明的功能和性能要求，如产品主要性能、技术特点、使用材料、设备安全操作与使用环境、连续生产时间与维修保养周期、售后服务要求等；

② 来源于以前类似项目设计和开发活动的信息，如安全性、包装、运输、储存等；

③ 法律法规要求，如质量、环保、安全等国家相关法律法规；

④ 组织承诺实施的标准或行业规范，如产品、零部件执行的国际、国家部颁或行业标准，服务规范等；

⑤ 由产品和服务性质所导致的潜在的失效后果。

针对设计和开发的目的，输入应是充分和适宜的，且应完整、清楚。

相互矛盾的设计和开发输入应和营销部、顾客、相关方以及公司其他相关部门交流沟通，得到解决。

工程技术部保留有关设计和开发输入的成文信息。

设计和开发任务书在下达之前，工程技术部应组织销售、生产、采购供应等部门对其输入的适宜性和充分性进行评审，不完整的、含糊的或矛盾的要求应予以解决。经技术部主任批准后实施。

8.3.4 设计和开发控制

工程技术部负责对设计和开发过程进行控制，以确保以下几点要求：

① 按照设计和开发策划计划实施，规定拟获得的结果。

② 按照设计和开发策划，在设计和开发输入阶段、设计阶段过程中、设计和开发结束时等适当的阶段实施评审活动，以评价设计和开发的结果满足要求的能力。

根据设计和开发的自动生产线设备的规模和复杂程度，评审可以包括下列内容：

　a. 生产线设备设计的功能、性能及相关技术参数能否满足要求；
　b. 产品设计能否满足所有预期的环境变化；
　c. 设计的产品产量和本组织的生产能力是否相符；
　d. 实施产品设计的采购、生产、检验等计划是否方便、可行；
　e. 产品采用的标准及验收准则是否有效、是否可行。

参加评审的人员应包括与所评审的设计和开发阶段有关职能部门的代表，如营销部、生产部、采购供应部等部门，需要时可包括外聘专家、客户方代表。

③ 按照设计和开发策划，在适当的阶段实施验证活动，以确保设计和开发输出满足输入的要求。

本公司采取的验证方式有以下几种：

　a. 对设计和开发的文件进行评审；
　b. 对新的生产线设备设计，与过去生产过的相类似的成熟的自动生产线设备进行设计比较；
　c. 变换计算方法进行设计验算；
　d. 对于新的单台设备设计，将样品进行振动、冲击、耐老化等试验，将试验结果与设计输出的要求进行比照。

验证活动由技术部负责，质管部、生产部和供应部协助。

④ 实施确认活动，以确保形成的产品和服务能够满足规定的使用要求或预期用途。

本公司的确认方式分为两种：

　a. 对非标自动生产线设备，确认方式为设备通过验收，双方在验收报告正式签字；
　b. 对公司自主立项研发的新产品，确认方式为新产品鉴定方式。

技术部或市场营销部负责实施确认活动，质管部和生产部协助。

⑤ 针对评审、验证和确认过程中确定的问题采取必要措施。

⑥ 工程技术部资料室负责保留设计和开发控制活动的成文信息。

8.3.5 设计和开发输出

工程技术部应确保设计和开发的输出符合下列要求：

① 满足设计和开发输入的要求。

② 满足后续产品和服务提供过程的需要；为生产部提供产品设计图纸，制造工艺，安装施工规范，产品搬运、储存、包装防护规范等文件，为采购供应部提供原材料采购清单、外购件采购明细表、采购技术要求，为营销部准备设备验收标准、操作使用说明书、维修保

养手册等文件。

③ 包括或引用监视和测量的要求，适当时，包括接收准则；为质管部提供半成品、外购件检验规范、产品检验标准等。

④ 规定产品和服务特性，这些特性对于预期目的、安全和正常提供是必需的。

技术部资料室负责保留设计和开发输出的成文信息。

8.3.6 设计和开发更改

工程技术部负责对产品和服务在设计和开发期间以及后续所做的更改进行识别，根据更改范围大小、重要性程度决定是否进行评审，以确保这些更改对满足要求不会产生不利影响。

一般更改时应填写《文件更改申请单》，并附上相关资料，报技术部主任批准后即可进行更改，重大更改须由技术部组织专门评审，评审通过后由总工程师签字批准后方可进行更改。

工程技术部资料室负责保留下列方面的成文信息：

① 设计和开发更改；

② 评审的结果；

③ 更改的授权；

④ 为防止不利影响而采取的措施。

设计和开发控制的详细规定见《产品设计和开发控制程序》。

8.4 外部提供的过程、产品和服务的控制

8.4.1 总则

采购供应部会同质量管理部、工程技术部、生产制造部等相关部门编制《外部供方提供的过程、产品和服务的控制程序》。采购供应部负责按控制程序要求实施，并确保外部提供的过程、产品和服务符合要求。

在下列情况下，采购供应部负责确定对外部提供的过程、产品和服务实施的控制：

① 外部供方提供的原材料、水泵、风机、换热器等产品以及维修等，构成组织自身的自动生产线设备和售后服务的一部分；

② 外部供方代表组织直接将本公司生产的成熟的定型产品和服务提供给顾客；

③ 组织决定由外部供方提供过程或部分过程，有与本公司生产的自动生产线设备配套的废水、废气处理装置，消防灭火系统，积放式输送系统，石油天然气发生站，燃气加热装置等。

采购供应部根据外部供方按照本公司要求提供过程、产品和服务的生产能力、产品质量、售后服务水平、绩效、诚信程度等因素，制定供方评价和选择准则，每一种外配件和分包工程选择3~4家外部供方进行比较，排出优先采购顺序，对其进行绩效监视；每年定期查阅外部供方的供货检验记录、产品检验报告、实验数据分析、绩效指标评价、第二方审核结果、顾客投诉、市场反馈等成文信息，对其进行再评价。对于这些活动和由评价引发的任何必要的措施，采购供应部保留成文信息。

8.4.2 控制类型和程度

采购供应部和质管部应确保外部提供的过程、产品和服务不会对组织稳定地向顾客交付合格产品和服务的能力产生不利影响。

① 质管部确保外部提供的过程保持在其质量管理体系的控制之中。

② 采购供应部和质管部规定对外部供方的控制及其输出结果的控制。

③ 供应部和技术部针对外部供方所提供过程、产品和服务对本组织的产品和服务影响的重要程度进行等级划分，将采购物资和外包项目分为三类：

A类：外包工程和关键采购物资，构成最终产品和服务的主要部分或关键部分，直接影响最终产品和服务的使用和安全性能，可能导致顾客重大投诉的原材料、外配件和外包工程；

B类：重要采购物资，构成最终产品和服务的非关键部位的原材料和外配件，影响最终产品使用、质量或安全性能；

C类：一般采购物资，不影响最终产品和服务的质量或即使略有影响，但可采取措施予以纠正的原材料和外配件物资。

对A类外包工程和关键采购物资进行重点控制，对B类重要采购物资进行重要控制、对C类一般采购物资进行一般控制。

④ 为确保外部提供的过程、产品和服务满足要求，质管部确定以下几种验证方式：

a. 由质管部检验科在本公司进行进货检验或验证；

b. 由质管部质检员或和本公司顾客方在外部供方单位进行检验、监督试验或验证；

c. 由质管部检验科派质检员到顾客方设备安装现场对外包工程或采购物资进行施工监督或检验；

d. 由顾客在安装施工现场实施验证。

采购产品或外包工程如发现质量问题，采购供应部应根据其质量的严重程度，对外部供方采取限期整改，发出警告，直至取消外部供方资格等必要措施，供应部保留相应的成文信息。

8.4.3 提供给外部供方的信息

采购供应部应确保在与外部供方沟通之前所确定的要求是充分和适宜的。

采购供应部应与外部供方沟通以下要求：

① 需提供的过程、产品种类、型号、规格、数量交货期等和服务内容。

② 下列内容应预先经过采购供应部批准：

a. 产品的技术要求、服务体系与规范；

b. 生产方法、制造工艺、所采用的生产设备；

c. 样品检验、批量交付检验方法、验收标准等放行方式由质管部批准。

③ 对外部供方外包过程或外配件生产技术人员的能力、工作经验、学历职称、技术等级、技能方面的要求。

④ 采购供应部、质管部与外部供方的联系沟通方式。

⑤ 质管部使用的对外部供方绩效的控制和监视方法。

⑥ 质管部或本公司顾客拟在外部供方现场实施的验证或确认活动。

8.5 生产和服务提供

8.5.1 生产和服务提供的控制

生产制造部制定《生产和服务提供的控制程序》《生产制造规范》《设备安装规范》等文件，负责在受控条件下进行生产和服务提供。

受控条件应包括下列内容：

① 产品生产、现场安装时，严格按照产品图纸、零件制造工艺卡、安装施工规范、检

验规程、检验标准、服务程序和规范等要求进行，直至产品或服务合格。

② 提供和使用符合检定要求的量具、测量和试验仪器等监视和测量资源。

③ 在生产制造和现场设备安装过程中，按照零件制造工艺、设备安装施工工艺的规定，进行单项性能检验、中间检验、产品最终检验，自动生产线设备调试试车检验等监视和测量活动，以验证是否符合过程或输出的控制准则以及产品和服务的接收准则。

④ 为满足生产零件的质量和产量要求，必须有适宜的基础设施，并保持适宜的环境；公司应提供宽敞、明亮、安全、通风良好的厂房和合适的环境，生产部应配置合适的生产制造设备、刀具、工模夹具、转运车辆等，并经常维护、保持良好状态；为满足安装施工要求，施工现场应配置合适的安装设备、施工机具和辅助设施，并经常维护、保持良好状态。

⑤ 人事行政部应根据各岗位人员能力要求，为生产制造部计划调度、工艺、设备操作、设备维修、质量检验、分析化验等岗位配备足以胜任的人员，包括工作能力、经验、学历、技能等级、技术职称。

⑥ 若输出结果不能由后续的监视或检验测量加以验证，应对生产和服务提供过程实现策划结果的能力进行确认，并定期再确认。

⑦ 生产部应采取措施，防止因懈怠、懒散、疲惫、责任心不强等情况下导致的人为错误。

⑧ 对产品放行、交付和交付后的活动实施控制。

生产部应配合质管部检验科，严格执行产品中间检验、最终检验程序规定，未经检验或检验不合格的产品或安装不能交付或放行到下一制造工序或安装阶段；产品交付后，生产部应密切配合营销部售后服务部的产品退换、维修保修等售后服务活动。

生产部、质量管理部、工程技术部等部门，应确定产品实现全过程所必需保留的成文信息，并在文件中明确保存部门。

8.5.2 标识和可追溯性

本公司采用产品标识和检验状态标识两种方法识别输出，以确保产品和服务合格。

产品标识由生产部按照合同项目负责实施，以防止不同的合同项目混淆或错用。检验状态标识由质管部检验科负责实施，以防止未经检验或检验不合格的产品混淆。

公司应在生产和服务提供的整个过程中按照监视和测量要求识别输出状态。

（1）产品标识

① 原材料采用标签或材料号方式进行标识；

② 在制品采用合同顾客方名称书写标识；

③ 外购件采用合同顾客方名称书写标记或标签标识；

④ 制成品采用合同顾客方名称书写标记或铭牌标识方式进行标识。

（2）检验和试验状态标识

本公司的检验和试验状态分为待检、合格、不合格和待判定四种，采用划分区域方式或标签挂牌进行标识。

当合同或法律法规具有可追溯性要求时，生产部、各分工厂和质管部检验科应在产品和检验状态标识的同时作详细记录，并保留所需的成文信息，以便根据产品和检验状态的标识和记录实现可追溯。

8.5.3 顾客或外部供方的财产

公司应爱护在组织控制下或组织使用的顾客或外部供方的财产。营销部和采购供应部分别负责识别、验证、保护和防护顾客和外部供方的财产。

若顾客或外部供方的财产发生丢失、损坏或发现不适用情况，营销部或采购供应部应向顾客或外部供方报告，并保留所发生情况的成文信息。

本公司涉及的顾客财产可能有顾客方提供的生产样品或图纸、表面处理工艺文件、专利与专有技术，顾客提供的材料、零部件等。

本公司涉及的外部供方的财产可能有外配件或样品、备品备件、油漆等。

8.5.4 防护

采购供应部负责原材料、外购件的防护工作；生产制造部负责生产制造过程中、半成品、成品运输、现场安装和验收交付使用前的防护工作。

① 标识：应清晰、醒目、牢固；

② 处置：对不同状态的产品、外购件分别进行处置，油漆、磷化剂等化学品单独储存，控制仓库内温度、湿度、通风、渗漏、防止污染；

③ 包装：应按规定要求包装，货品在包装箱内应固定可靠，包装材料和包装箱结构应符合规定要求；

④ 仓库储存：仓库应通风良好、无潮湿渗漏现象，货品分类堆放、标识清楚、无挤压受损现象；

⑤ 传输和运输：货品在厂区内传输和运输顾客现场时，选用适当的搬运工具、吊装设备和运输车辆，防止产品在搬运运输过程中磕碰、划伤或丢失，搬运人员应经过培训，具备必需的作业规定技能；

⑥ 保护：在储存、包装、运输、现场安装、调试直至交付给顾客的全过程中，所有公司员工均负有保护的责任，以确保产品质量不受影响。

8.5.5 交付后的活动

生产制造部、市场营销部所属售后服务部负责与产品和服务相关的交付后的活动。

工程技术部负责对顾客方员工的操作维护培训，生产部负责对生产线设备的维修，采购供应部负责备品备件供应，售后服务部负责处理产品可能存在的质量、安全等潜在不良隐患或其他未知问题。

在确定所要求的交付后活动的覆盖范围和程度时，组织应考虑：

① 法律法规要求；

② 与产品和服务相关的潜在不良的后果；

③ 产品和服务的性质、使用和预期寿命；

④ 顾客要求；

⑤ 顾客反馈。

8.5.6 更改控制

生产制造部制定《更改控制规定》，负责对生产或服务提供的更改进行必要的评审和控制，以确保持续地符合要求。

生产制造部牵头，会同技术部、质量管理部和供应部对重要更改进行评审；生产部负责保留成文信息，包括有关更改评审结果、授权进行更改的人员以及根据评审所采取的必要措施。

8.6 产品和服务的放行

技术部负责制定《产品和服务的放行控制程序》，对产品的监视和测量进行策划，包括确定原材料、外购件、半成品、最终产品的检验测量点、检验测量标准以及验收准则。

质管部所属检验科依据《产品和服务的放行控制程序》文件要求，负责对采购原材料、外购件、半成品、最终产品的符合性进行监视和测量控制，以验证产品要求是否得到满足。

在策划的检验测量合格完成之前，不应向顾客放行产品和交付服务，除非得到有关授权人员的批准，或得到顾客使用方的批准。

质管部检验科负责保留有关产品和服务放行的成文信息。成文信息包括：

① 符合接收准则的证据，如检验记录、检验标准等；

② 可追溯到授权放行人员的信息，如责任人的签字。

8.7 不合格输出的控制

8.7.1 质量管理部负责制定《不合格输出的控制程序》，负责对不符合要求的输出进行识别和控制，以防止非预期的使用或交付。

质管部负责根据不合格的性质及其对产品和服务符合性的影响采取适当措施。这也适用于在产品交付之后，以及在服务提供期间或之后发现的不合格产品和服务。

质管部负责通过下列一种或几种途径处置不合格输出：

① 对外部供方提供的原材料、外购件出现不合格时，采取退货方式，并记录作为外部供方供货的再评价的成文信息，三次发现不合格时，外部供方的供货资格；

② 生产过程中的半成品、成品检验发现不合格取消时，采取返工、返修、降级、转为它用或报废等措施；

③ 对生产线设备在现场调试验收时出现的不合格时，采取返工、返修等措施；

④ 如生产线设备现场调试验收时出现较严重不合格且无法彻底修好只能降级使用时，采取告知顾客、获得让步接收的授权等措施。

对不合格输出进行纠正之后应验证其是否符合要求。

8.7.2 质量管理部负责保留下列成文信息：

① 描述不合格；

② 描述所采取的措施；

③ 描述获得的让步；

④ 识别处置不合格的授权。

相关程序文件：成文信息控制程序，产品和服务的要求控制程序，设计和开发控制程序，外部供方提供的过程、产品和服务的控制程序，生产和服务提供的控制程序，产品和服务的放行控制程序，不合格输出的控制程序。

编制		审核		批准	
日期		日期		日期	

××机械设备工程有限公司		质量手册	版本	A/0
文件编号	NHY-SC-2017	附录1：部门职能分配表	页次	/

条款号	职能分配	总经理	总工程师	质管部	营销部	技术部	供应部	生产部	检验科	行政人事部	财务部
4.1	理解组织及其环境	●	●	○	○	○	○	○			
4.2	理解相关方的需求和期望	●	●	○	○	○					
4.3	确定质量管理体系的范围	●	●	○	○	○	○	○	○		
4.4	质量管理体系及其过程	●	●	○	○	○	○	○	○		
5.1	领导作用和承诺	●	○	○	○	○	○	○	○		
5.2	方针	●	○	○	○	○	○	○	○		○
5.3	组织的岗位、职责和权限	●	○	○	○	○	○	○	○		
6.1	应对风险和机遇的措施		●	○	○	○	○	○	○		
6.2	质量目标及其实现的策划		●	○	○	○	○	○	○		
6.3	变更的策划		●	○	○	○	○	○	○		
7.1.1	（资源）总则	●	○								○
7.1.2	人员	○	○	○	○	○			○	●	
7.1.3	基础设施	○	○	○		○		●			○
7.1.4	过程运行环境	○	○	○				●			
7.1.5	监视和测量资源			○		○	○		●		
7.1.6	组织的知识		●							○	
7.2	能力		○	○	○	○				●	
7.3	意识		○	○	○	○				●	
7.4	沟通	○	●	○	○	○	○	○	○	○	○
7.5	成文信息		○	●	○	○	○	○	○	○	
8.1	运行的策划和控制		●	○	○	●	○	●	○		
8.2	产品和服务的要求	○	○	○	●	○					
8.3	产品和服务的设计和开发	○	●	○		●					
8.4	外部提供的过程、产品和服务的控制		○	○		○	●	○	○		○
8.5.1	生产和服务提供的控制			○	○	○		●	○		
8.5.2	标识和可追溯性			○		○	○	○	●		
8.5.3	顾客或外部供方的财产				●	○	●	○	○		
8.5.4	防护			○		○	○	●	○		
8.5.5	交付后活动			○	●	○		●	○		
8.5.6	更改控制		○	○	○	○	○	●	○		
8.6	产品和服务的放行			○	○	○		○	●		
8.7	不合格输出的控制		○	○	○	○	○	○	●		
9.1.1	（监视、测量、分析和评价）总则	○	●	●	○	○	○	○	○		
9.1.2	顾客满意	○	○	○	●	○		○	○		
9.1.3	分析与评价		○	●	○	○	○	○	○		○

续表

条款号	职能分配	总经理	总工程师	质管部	营销部	技术部	供应部	生产部	检验科	行政人事部	财务部
9.2	内部审核	○	○	●	○	○	○	○	○	○	
9.3	管理评审	●	●	○	○	○	○	○	○	○	
10.1	（改进）总则	●	●	●	○	○	○	○	○	○	○
10.2	不合格和纠正措施	○	○	●	○	○	○	○	○	○	
10.3	持续改进	○	○	●	○	○	○	○	○	○	

●主要责任部门　　○相关责任部门

编制		审核		批准	
日期		日期		日期	

××机械设备工程有限公司　质量手册			版本	A/0
文件编号	NHY-SC-2017	附录2：程序文件一览表	页次	/

序号	文件名称	文件编号	版本	主要职能部门
1	组织环境及相关方控制程序	NHY-CX-01-2017	A/0	总工程师
2	应对风险和机遇的措施控制程序	NHY-CX-02-2017	A/0	总工程师
3	基础设施和过程运行环境控制程序	NHY-CX-03-2017	A/0	生产制造部
4	监视和测量资源控制程序	NHY-CX-04-2017	A/0	质管部检验科
5	人力资源控制程序	NHY-CX-05-2017	A/0	行政人事部
6	组织的知识控制程序	NHY-CX-06-2017	A/0	总工程师
7	成文信息控制程序	NHY-CX-07-2017	A/0	质量管理部
8	产品和服务的要求控制程序	NHY-CX-08-2017	A/0	市场营销部
9	设计和开发控制程序	NHY-CX-09-2017	A/0	工程技术部
10	外部供方提供的过程、产品和服务的控制程序	NHY-CX-10-2017	A/0	采购供应部
11	生产和服务提供的控制程序	NHY-CX-11-2017	A/0	生产制造部
12	产品和服务的放行控制程序	NHY-CX-12-2017	A/0	质管部检验科
13	不合格输出的控制程序	NHY-CX-13-2017	A/0	质管部检验科
14	顾客满意度测量控制程序	NHY-CX-14-2017	A/0	市场营销部
15	分析与评价控制程序	NHY-CX-15-2017	A/0	质量管理部
16	内部审核控制程序	NHY-CX-16-2017	A/0	质量管理部
17	管理评审控制程序	NHY-CX-17-2017	A/0	质量管理部
18	预防和纠正措施控制程序	NHY-CX-18-2017	A/0	质量管理部
19	持续改进控制程序	NHY-CX-19-2017	A/0	质量管理部

编制		审核		批准	
日期		日期		日期	

第二节 程序文件示例

××机械设备工程有限公司	程序文件	版本	A/0
文件编号 NHY-CX-09-2017	设计和开发控制程序	页次	/

1 目的

通过对产品设计和开发过程的有效控制,保证设计和开发的产品满足规定的或预期的要求。

2 适用范围

适用于产品的设计和开发全过程活动的控制。

3 引用文件

成文信息控制程序。

4 职责

4.1 工程技术部负责产品开发设计、制造、安装工艺、工艺装备设计,并制定检验规程、检验标准、产品验收标准等。

4.2 生产制造部负责新产品样机试制。

4.3 采购供应部负责外购件采购。

4.4 质量管理部检验科负责产品质量检验和验收。

4.5 有关车间负责新产品样机试制。

5 工作程序

5.1 产品分类

按本公司的实际情况将产品分成两类:

① 非标准产品:按合同要求部分或全部重新设计的生产线设备;

② 标准产品:公司所设计开发的已定型且多次生产销售的设备。

5.2 设计和开发策划

5.2.1 公司根据市场需求和顾客合同要求,下达产品设计和开发任务。

5.2.2 工程技术部主任根据产品设计和开发任务编制设计和开发计划,指定项目设计负责人,必要时成立项目设计小组,上报总工程师审批。

5.2.3 产品设计和开发计划应明确产品名称、用途、技术与质量目标、总体设计、总装配图、零部件图设计等设计和开发各阶段的进度要求及评审、验证、确认活动的要求。

5.2.4 明确参与设计和开发的各设计室和人员的职责权限。

5.2.5 产品设计和开发的进度由技术部主任协调。

5.3 设计和开发输入

5.3.1 技术部主任针对非标产品,编制非标产品开发实施计划的同时,编制非标产品"设计和开发任务书"。

5.3.2 "设计和开发任务书"的内容包括:

① 产品名称、用途及使用范围;

② 产品基本参数,主要技术指标;

③ 产品所属标准及标准化要求；
④ 产品安全、环保包括适用的社会法律和法规的要求；
⑤ 以前类似产品的设计资料。

5.3.3　总工程师召集工程技术部、市场营销部、生产制造部、质量管理部等部门对设计和开发任务书进行评审。

5.3.4　评审内容包括：
① 设计和开发任务书规定的产品基本参数及技术指标是否满足顾客要求或合同要求；
② 对设计和开发任务书中不完善、含糊的或矛盾的要求，会同提出者一起解决。

5.3.5　评审后的设计和开发任务书经总工程师批准，正式下达给产品设计和开发负责人或设计开发小组实施。

5.4　设计和开发输出

5.4.1　以设计和开发任务书为输入，通过设计和开发完成的以下一种或多种输出文件：
① 图样及技术规范：产品零件图、装配图。
② 设计文件，各类明细表、外购件、标准件汇总表、必要时含设计计算书、产品技术条件、产品使用说明书、合格证、装箱单等。

5.4.2　产品图样画法、尺寸公差配合、表面结构、形位公差等标注，应符合现行国家标准。

5.4.3　所有设计和开发输出文件发放前应得到批准。

5.5　设计和开发评审

5.5.1　按设计和开发计划，由技术部在相应的阶段组织相关部门对设计和开发进行系统的评审，以便：
① 评价设计和开发的结果满足要求的能力；
② 识别任何问题并提出必要的措施。

5.5.2　设计和开发评审的实施：
① 总工程师或技术部主任负责组织设计人员和与产品设计相关的职能部门的代表按策划的要求评审设计和开发方案、总装图、关键零部件图、检验试验规范等输出文件；
② 技术部主任负责审核产品设计和开发的其他输出文件；
③ 当合同有要求时，或设计和开发阶段与顾客有重大关联时，应邀请顾客参与设计和开发输出文件的评审；
④ 正常产品设计输出文件采取逐级签字的方式审核批准进行评审；
⑤ 评审后记录填写设计和开发评审报告。

5.6　设计和开发验证

5.6.1　技术部主任按设计和开发计划的安排组织进行设计验证，以确定设计和开发输出是否满足输入的要求。

5.6.2　设计和开发验证方法：
① 采用其他方法进行计算的设计和开发，如强度刚度设计、结构计算、热值计算、抽风量计算等，采用变换计算的方法对设计和开发进行验证；
② 参照以往设计制造的生产线设备，采用类比方法进行比较，对设计和开发进行验证；
③ 对于重要且复杂程度高的新产品，在设计和开发的适当阶段，进行零部件试验、模拟试验等，进行验证；

④ 验证结果和再验证结果所引起的任何必要措施应填写设计和开发验证报告中。

5.6.3 一般产品的验证采用技术部主任对图纸进行审核、审批、签名的方式进行验证。

5.7 设计和开发确认

5.7.1 总工程师按设计和开发计划表的安排组织相关部门实施，以确保所设计开发的产品满足规定的或预期的使用要求。

5.7.2 设计和开发确认方法

① 对非标生产线设备，采用在现场调试、试生产、双方在设备验收报告书签字验收为设计和开发确认；

② 对于标准产品，经过最终检验或试验合格后，顾客提货即为确认；

③ 对公司自主立项研发的新产品，确认方式为新产品鉴定方式；

④ 当产品不满足规定的或预期的使用要求时，技术部有关设计人员应分析原因，会同生产部一起，采取返工、返修、改进设计、制造、安装等措施，直至达到规定的或预期的使用要求、顾客签字同意验收为止。

5.8 设计和开发更改

5.8.1 范围

① 设计人员应识别不能满足要求的设计和开发的更改，包括交付使用的图纸、经批准的设计输出文件等；

② 标准化人员及时向设计人员提供产品标准变更信息，以保证对设计和开发输出的及时更改；

③ 技术部根据营销部反馈的顾客信息进行分析后提出设计和开发的更改；

④ 技术部根据生产部、质管部检验科等部门的反馈意见进行分析后提出更改。

5.8.2 更改的实施

① 设计和开发输出文件的更改由设计开发人员依据5.8.1中提出的更改的原因和更改内容，填写文件更改通知单报总工程师审批。

② 必要时总工程师或技术部主任主持召集技术部、营销部、生产部、供应部等部门进行评审，必要时进行验证、确认。

③ 由总工程师决定，批准更改方案。

5.8.3 设计和开发的更改评审结果以及任何必要的措施应记录在文件更改通知单上。

5.9 设计和开发文件、图样和质量记录的管理由技术部资料室按《成文信息控制程序》的规定执行。

6 相关记录表格

设计和开发计划书，设计和开发任务书，设计和开发输入清单，设计和开发评审报告，设计和开发验收报告，设备验收报告书，新产品鉴定报告，设计和开发输入清单，文件更改通知单。

编制		审核		批准	
日期		日期		日期	

××机械设备工程有限公司 程序文件			版本	A/0
文件编号	NHY-CX-16-2017	内部审核控制程序	页次	/

1 目的

定期进行质量管理体系审核,以便验证质量活动和相应的结果是否符合计划的安排,并确定质量管理体系的有效性。

2 适用范围

适用于本公司内部质量管理体系审核的控制。

3 引用文件

成文信息控制程序,不合格输出的控制程序,预防和纠正措施控制程序,持续改进控制程序。

4 职责

4.1 质量管理部协助总工程师组织、策划内部质量管理体系审核。

4.2 内审组具体实施内部质量管理体系审核,各相关人员配合。

5 工作程序

5.1 审核方式和频次

5.1.1 公司质量管理体系审核分为集中审核和滚动审核。

5.1.2 公司质量管理体系涉及的部门每年至少进行一次集中审核。

5.1.3 当有以下情况发生时,总工程师应与总经理协商,适当增加审核次数,及时进行审核。

① 发生了严重质量问题或顾客有重大投诉;

② 本公司组织机构、产品、质量方针和目标、生产技术、设备及生产场所有较大改变;

③ 质量管理体系有重大改变后,且运行三个月。

5.1.4 滚动审核的对象为质量管理体系中的主要部门和薄弱环节,审核的时机和频次由总工程师决定,质量管理部组织实施。

5.2 内审年度计划的编制

质管部每年年初根据总工程师意见制订"年度内部质量管理体系审核计划",报总工程师批准后实施。

5.3 审核准备

5.3.1 总工程师担任或指定审核组长并组成审核组,审核组成员应具有内审员资格且与被审核区域无直接责任,审核组长负责本次审核的组织工作。

5.3.2 审核组长组织审核组成员制定或准备审核用文件:

① 审核组长负责编制本次审核的"审核实施计划";

② 根据"审核实施计划",由承担审核任务的内审员编制本次审核用"审核检查表",并经审核组长批准;

③ 由审核组长准备审核用表式。

5.3.3 审核组长负责在审核一周前向受审核部门或人员发放"审核实施计划"。

5.4 集中审核的实施

审核组按"审核实施计划"要求组织实施。

5.4.1 召开首次会议

由审核组长主持首次会议,明确审核目的、审核范围、审核依据、审核方法、要求等,参加者应在"签到表"上签到。

5.4.2 进行现场审核

审核员按"审核检查表"实施审核,通过交谈、查阅文件、现场检查、收集证据等方式,检查质量管理体系的运行情况,对于现场发现的问题,审核员应如实记录,并请被审核方确认,以保证不合格项能够完全被理解,有利于纠正。

5.4.3 审核组会议

审核组长主持审核组会议,主要内容有:

① 听取审核组成员关于审核进度、审核情况及审核中发现的不合格事项的汇报;

② 协调进度,解决组员提出的问题;

③ 讨论发现的不合格项,作出评价与判定。

5.4.4 编写"不合格报告"

对确定的不合格项,由审核员负责编写"不合格报告",做到:

① 不合格事实描述应力求具体;

② 不合格事实性质应清楚、明了;

③ 违反标准或质量手册的具体条款应判断准确。

5.4.5 审核结果汇总分析

审核组长应在末次会议前召开一次审核组全体会议,对审核的观察结果作汇总分析,以便对受审核区域的质量管理体系运行作出评价。

5.4.6 召开末次会议

由审核组长主持末次会议,参加者应在"签到表"上签到。审核组长重申审核目的、审核范围、审核依据,宣读不合格报告,提出纠正措施要求,并对本公司质量管理体系运行的符合性和有效性作出总体评价。

5.4.7 编写审核报告

审核组长编写"审核报告",经总工程师批准后发放。

5.5 滚动审核的实施

5.5.1 质管部根据总工程师的意见按5.3条的规定组成审核组,编制审核计划,准备审核用文件和表式,编制审核检查表,并通知被审核部门。

5.5.2 审核组到现场后,向被审核部门负责人介绍审核计划和审核安排,并按5.4.2条执行。

5.5.3 审核组会议按5.4.3条执行。

5.5.4 不合格报告的编制按5.4.4条执行。

5.5.5 现场审核结束时,由审核组长与被审核部门沟通,说明被审核部门执行体系文件的有效程度,提交现场发现的不合格报告,请被审核方确认,并提出纠正措施要求。

5.5.6 审核组长与被审核方沟通后,负责编制审核小结,将本次审核情况向总工程师汇报。

5.6 纠正措施的实施

5.6.1 受审核部门在收到"不合格报告"后,按《预防和纠正措施控制程序》的规定,对不合格项实施纠正,并采取纠正措施。

5.6.2 纠正措施实施完成后,由审核员验证其有效性,并在"不合格报告"中填写验证的结果。

5.6.3 每次审核形成闭环后,由审核组长负责将与本次审核有关的记录汇总移交质管部存档。

5.7 年度汇总报告

5.7.1 每年年底，质管部负责根据年度审核计划完成情况（含集中审核和滚动审核），编制年度汇总报告，其主要内容有：

① 审核概述；

② 不合格报告总数及部门分布；

③ 纠正措施完成情况；

④ 质量管理体系总体评价及改进的建议。

5.7.2 总工程师负责将年度汇总报告提交管理评审，作为管理评审的输入内容之一。

5.8 涉及本程序的质量记录由质保部按《成文信息控制程序》的规定实施控制。

6 相关记录表格

年度内部质量管理体系审核计划，审核实施计划，审核检查表，不合格项报告，内部质量管理体系审核报告，不合格项分布表，会议签到表。

编制		审核		批准	
日期		日期		日期	

第三节 质量记录表样

一、质量记录表格明细

序号	编号	表格名称	页次
1	NHY-7.1.3-01	全厂设备一览表	
2	NHY-7.1.3-02	设备安装验收移交书	
3	NHY-7.1.3-03	设备检修计划表	
4	NHY-7.1.3-04	设备检修记录单	
5	NHY-7.1.3-05	设备检修验收单	
6	NHY-7.1.3-06	设备维护保养检查表	
7	NHY-7.1.5-01	计量检测设备一览表	
8	NHY-7.1.5-02	计量器具周期检定计划表	
9	NHY-7.1.5-03	检定校准记录表	
10	NHY-7.2-01	岗位能力需求表	
11	NHY-7.2-02	2018年度培训计划	
12	NHY-7.2-03	人员培训申请表	
13	NHY-7.2-04	培训记录表	
14	NHY-7.2-05	特殊工种持证记录	
15	NHY-7.2-06	部门培训档案	
16	NHY-7.5-01	记录清单	

续表

序号	编　号	表　格　名　称	页次
17	NHY-7.5-02	文件更改记录	
18	NHY-7.5-03	文件发放、回收记录	
19	NHY-7.5-04	受控文件一览表	
20	NHY-7.5-05	外来文件清单	
21	NHY-7.5-06	文件更改通知单	
22	NHY-7.5-07	签到表	
23	NHY-8.2-01	合同（标书）评审记录	
24	NHY-8.2-02	产品要求评审表	
25	NHY-8.2-03	合同修改申请单	
26	NHY-8.2-04	口头订单电话记录	
27	NHY-8.2-05	年度销售合同台账	
28	NHY-8.3-01	设计开发任务书	
29	NHY-8.3-02	设计开发方案	
30	NHY-8.3-03	设计开发计划书	
31	NHY-8.3-04	设计开发输入清单	
32	NHY-8.3-05	设计开发评审报告	
33	NHY-8.3-06	设计开发验证报告	
34	NHY-8.3-07	新产品鉴定报告	
35	NHY-8.3-08	设备验收报告书	
36	NHY-8.3-09	设计开发输出清单	
37	NHY-8.3-10	文件更改通知单	
38	NHY-8.4-01	供方情况调查表	
39	NHY-8.4-02	供方质量评价表	
40	NHY-8.4-03	合格供方复评表	
41	NHY-8.4-04	合格供方名录	
42	NHY-8.4-05	采购物质分类明细表	
43	NHY-8.4-06	采购计划单	
44	NHY-8.5-01	生产作业计划	
45	NHY-8.5-02	生产过程检查单	
46	NHY-8.5-03	特殊过程确认记录	
47	NHY-8.5-04	领料单	
48	NHY-8.5-05	物资收发卡	
49	NHY-8.5-06	工序流转卡	

续表

序号	编号	表格名称	页次
50	NHY-8.5-07	物料标识卡	
51	NHY-8.5-08	顾客服务表	
52	NHY-8.6-01	进货验证记录	
53	NHY-8.6-02	半成品检验记录	
54	NHY-8.6-03	最终检验记录表	
55	NHY-8.6-04	质量控制点检查记录	
56	NHY-8.7-01	不合格品报告单	
57	NHY-8.7-02	不合格品返工、返修后检验报告	
58	NHY-8.7-03	不合格品台账	
59	NHY-9.1.2-01	用户调查表	
60	NHY-9.1.2-02	顾客满意程度调查表	
61	NHY-9.1.2-03	顾客满意度评价报告	
62	NHY-9.2-01	年度内部审核计划	
63	NHY-9.2-02	审核实施计划	
64	NHY-9.2-03	审核检查表	
65	NHY-9.2-04	内部质量管理体系审核报告	
66	NHY-9.2-05	不符合项报告	
67	NHY-9.2-06	不符合项分布表	
68	NHY-9.3-01	管理评审计划	
69	NHY-9.3-02	管理评审记录	
70	NHY-9.3-03	管理评审报告	
71	NHY-9.3-04	管理改进实施计划	
72	NHY-10.2-01	预防和纠正措施处理单	
73	NHY-10.2-02	预防和纠正措施实施情况一览表	

二、部分质量记录表格样式

设备检修计划表

编号：NHY-7.1.3-03　　　　　　　　　　　　　　　　　　　　　　　No：

序号	设备编号	设备名称	检修内容	检修时间	检修人

| 编制 | | 日期 | | 审核 | | 日期 | | 批准 | | 日期 | |

设备检修记录单

编号：NHY-7.1.3-04　　　　　　　　　　　　　　　　　　　　　　　　　　　　No：

设备编号		设备名称	
型号规格		使用部门	
故障现象：			
检修情况记录：			
检修结果：			
备注：			

检修人：　　　　　　日期：　　　　　　使用部门负责人：　　　　　　日期：

设备维护保养检查表

编号：NHY-7.1.3-06　　　　　　　　　　　　　　　　　　　　　　　　　　　　No：

设备名称	设备检查内容	存在问题及解决办法	检查日期	参加人员

编制		审核		批准		日期	

计量检测设备一览表

编号：NHY-7.1.5-01　　　　　　　　　　　　　　　　　　　　　　　　　　　　　　　　　　　　　　No：

序号	设备编号	名称及规格型号	价格	生产厂家	验收日期	放置地点	测量范围	精度	首校日期	校准周期	校准机构	备注

编制：　　　　　　　日期：　　　　　　　审核：　　　　　　　日期：　　　　　　　批准：　　　　　　　日期：

计量器具周期检定计划表

编号：NHY-7.1.5-02　　　　　　　　　　　　　　　　　　　　　　　　　　　　　　　　　　　　　　No：

计量器具名称	数量	编号	规格、精度或型号	检定周期	周期检定日期（完成/计划）											
					1月	2月	3月	4月	5月	6月	7月	8月	9月	10月	11月	12月

检定校准记录表

编号：NHY-7.1.5-03　　　　　　　　　　　　　　　　　　　　　　　　　　　　No：

序号	器具名称	检定日期	检定结果	有效期	检定部门	备注

记录：　　　　　校对：　　　　　审核：　　　　　批准：　　　　　日期：

岗位能力需求表

编号：NHY-7.2-01　　　　　　　　　　　　　　　　　　　　　　　　　No：

序号	部门与岗位	学历	工作经历	技能与能力	培训及其他

编制：　　　　　　审核：　　　　　　批准：　　　　　　日期：

人员培训申请表

编号：NHY-7.2-03　　　　　　　　　　　　　　　　　　　　　　　　　No：

申请部门		办学形式	
培训类别		培训工种	
培训人数		计划课时	
起止日期			

申请单位意见：

办公室意见：

总经理意见：

备注	

2018 年度培训计划

编号：NHY-7.2-02　　　　　　　　　　　　　　　　　　　　　　　　　　No：

序号	培训对象	培训内容	培训方式	责任人	完成日期	学时	考核方式

特殊工种持证记录

编号：NHY-7.2-05　　　　　　　　　　　　　　　　　　　　　　　　　　No：

序号	姓名	性别	年龄	工种	部门	培训单位	培训时间	培训内容	证件名称	证件编号	发证编号	发证日期	有效期	备注

编制		日期		审核		日期		批准		日期	

记 录 清 单

编号：NHY-7.5-01   No：

序号	记录名称	编号	保存期/年	使用部门	备注

编制：   审核：   批准：   日期：

受控文件一览表

编号：NHY-7.5-04   No：

序号	文件编号	文件名称	版本	保存年限	保存部门	备注

编制：   审核：   批准：   日期：

文件发放、回收记录

编号:NHY-7.5-03　　　　　　　　　　　　　　　　　　　　　　　　　　　　　　　　No:

序号	文件名称	编 号	分发号	版本号	发放记录					回收记录		
					审批	部门	签收	日期	份数	签回	日期	份数

备注:(处理记录)

产品要求评审表

编号：NHY-8.2-02　　　　　　　　　　　　　　　　　　　　　　　　　　No：

客户名称		客户联系人		签约日期	
签约人		订货名称和数量		交付日期	
信息来源	□ 电话记录		□ 付招标书或合同等		共　　页

部门/内容	评审内容
销售部： 标书或合同的完整性、明确性；产品要求、技术要求、质量要求、价格等	填写人：　　　　　　日期：
本工厂为满足要求作出的承诺；国家法律、法规要求	填写人：　　　　　　日期：
生产制造部： 生产制造能力、交货期限等	填写人：　　　　　　日期：
工艺技术部： 设计开发能力、工艺水平等	填写人：　　　　　　日期：
采购供应部： 物料供应能力及交货期	填写人：　　　　　　日期：
质量检验科： 检验能力等	填写人：　　　　　　日期：
评审结论	填写人：　　　　　　日期：

备注：本表只使用于对没有现货的常规产品或有特殊要求及特殊合同产品的评审

口头订单电话记录

编号：NHY-8.2-04　　　　　　　　　　　　　　　　　　　　　　　　　No：

顾客名称		电话	
顾客地址		邮编	

订购产品内容（规格型号、数量、交货期、单价、交货方式等）：

特殊要求：

接待（接话人）			记录时间	

评审意见：

编制		审核		批准		日期	

设计开发计划书

编号：NHY-8.3-03　　　　　　　　　　　　　　　　　　　　　　　　　　　　　No：

项目名称		起止日期	
型号规格		预算费用	
职责	设计开发人员	职责	设计开发人员

资源配置（包括人员、生产及检测设备、设计经费预算分配及信息交流手段等）要求：

设计开发阶段的划分及主要内容	设计开发人员	负责人	配合部门	完成期限

备注：

编制：　　　　　　审核：　　　　　　批准：　　　　　　日期：

设计开发评审报告

编号：NHY-8.3-05　　　　　　　　　　　　　　　　　　　　　　　　　　No：

项目名称			型号规格		
设计开发阶段			负责人		
评审人员	部门	职务或职称	评审人员	部门	职务或职称

评审内容：□评审通过打√，有建议或疑问打?，不同意打×

1. 合同、标准符合性□；2. 采购可行性□；3. 加工可行性□；4. 结构合理性□；
5. 维修性□；6. 检验性□；7. 美观性□；8. 环境影响□；9. 安全性□；
10.　　　□；11.　　　□；12.　　　□

存在问题及改进建议：

评审结论：

对纠正、改进措施的跟踪验证结果：

　　　　　　　　　　　　　　　　　　　　　　　　　验证人：　　　日期：

备注：1. 评审会议记录应予以保留。
　　　2. 可另加页叙述

编制：　　　审核：　　　批准：　　　日期：

设计开发验证报告

编号：NHY-8.3-06　　　　　　　　　　　　　　　　　　　　　　　　　　　No：

项目名称		型号规格	
验证单位及参加验证人员			
试验样品编号		试验起止日期	

设计开发输入综述（性能、功能、技术参数及依据的标准或法律法规等）：

主要试验仪器和设备：

序号	仪器设备编号	仪器设备名称	操作者

针对输入要求的各专项试验/检测报告内容摘要及其结论：

设计开发验证结论：

对验证结论的跟踪结果：

备注：可另附页叙述

编制：　　　　　审核：　　　　　批准：　　　　　日期：

设备验收报告书

编号：NHY-8.3-08　　　　　　　　　　　　　　　　　　　　　　　　　　　　　No：

设备名称		型号规格	
需方（甲方）名称		制造方（乙方）名称	
甲方地址、邮编		乙方地址、邮编	
甲方电话、传真		乙方电话、传真	
甲方法人代表		乙方法人代表	
设备调试日期		设备试生产日期	

设备试生产情况（包括符合标准、合同、技术协议书要求的情况）：

客户试生产结论：（确认：同意验收或不同意验收）

未尽事宜：

正式通过验收日期：	确认交付使用日期：
需方（甲方）： （盖章） 代表： 日期：	制造方（乙方）： （盖章） 代表： 日期：

设计开发输出清单

编号：NHY-8.3-09　　　　　　　　　　　　　　　　　　　　　　　　　　　No：

项目名称		型号规格	
项目负责人		日期	

设计开发输出清单（附相关资料　份）：
1. 设计图纸：
2. 工艺文件：
3. 材料、外购件清单：
4. 验收标准、检验规程：
5. 使用说明书、维修手册：
6. 其他：
备注：

编制：　　　　　　　审核：　　　　　　　批准：　　　　　　　日期：

文件更改通知单

编号：NHY-8.3-10　　　　　　　　　　　　　　　　　　　　　　　　　　　　No：

更改文件名称		更改文件编号	
更改产品名称		更改产品编号	
原文件下发日期		更改日期	

更改原因：

更改内容：

申请部门：	申请人：	审核：	批准：

发往部门	市场营销部	行政人事部	生产制造部	采购供应部	工程技术部	质量管理部
收件人						

合格供方名录

编号：NHY-8.4-04　　　　　　　　　　　　　　　　　　　　　　　　　　　　No：

序号	供方名称	供应的产品名称及类别（A、B、C）	首次列入日期	评定表序号	年度复审结果

编制		审核		批准		日期	

供方情况调查表

一、请供方填写：

编号：NHY-8.4-01　　　　　　　　　　　　　　　　　　　　　　　　No：

公司名称				拟供产品		
公司地址				电话及传真		
法定代表人			质量负责人		业务代表	
公司现状	公司性质			总人数	专职质量人员人数	生产区建筑面积
	国营企业□	集体企业□				
	合资企业□	私营企业□				
	外　企□					

拟供产品年生产能力及其营业额	
主要产品品种、性能	
质量管理体系受到何种正式认证（如有请说明所覆盖产品）	
拟供产品的现有使用厂商（请列举几家有影响的厂家）	
提供公司产品资料	

供方填表人：　　　　　　　　　　　　　　　　　　　　　　　　　　日期：

二、本公司填写：

采购部门负责人意见	希望于　　年　　月　　日以前给出评定意见 　　　　　　　　　　　　　　签名：　　　　　日期：
技术部门负责人意见	 　　　　　　　　　　　　　　签名：　　　　　日期：
备注	

供方质量评价表

编号：NHY-8.4-02　　　　　　　　　　　　　　　　　　　　　　　　　　　No：

供方名称		资源等级	
采购产品		职工人数	
评价人		评价时间	

序号	评价项目	得分 1	2	3	4	5	备注
1	是否按 ISO 9000 标准建立质量管理体系						
2	质量部门是否具有独立行使权力						
3	质量控制是否有详细的规定						
4	检验及必要的试验有无规定						
5	检验试验用计量器具是否符合规定						
6	是否建立了首检和巡检制度						
7	检验记录是否齐全和符合规定要求						
8	产品工艺文件是否齐全						
9	是否制定作业指导书等必要的操作文件						
10	关键工序是否重点控制						
11	生产现场的不合格品控制方法是否有效						
12	设备状况是否良好						
13	是否制定了设备维护和保养制度						
14	设备的维护保养记录是否符合规定要求						
15	对顾客投诉、处理是否有规定						
16	对顾客投诉是否按规定给予处理和分析						
17	采购产品的检验是否建立了相关制度						
18	对采购产品的检验是否按规定执行，是否记录						
19	特殊工种的操作人员是否接受了专业培训						
20	职工质量意识教育的培训情况是否有效						

跟踪措施记录	

编制：　　　　　审核：　　　　　批准：　　　　　日期：

特殊过程确认记录

编号：NHY-8.5-03　　　　　　　　　　　　　　　　　　　　　　　　　　　No：

过程名称		设备名称		设备编号	
设备要求				确认意见	
操作者要求				确认意见	

主要工艺参数：

过程结果检测					
序号	技术要求		实测结果	合格情况	检验员/日期

上次确认时间		首次确认时间	
本次确认结论（时间）			

姓名	部门	职责及意见

工序流转卡

编号：NHY-8.5-06   No：

生产指令号		规格型号		数量		下达时间	
序号	零部件工序名称		自检	互检	巡检	专职检验	备注

产品入库时间：   年   月   日

物料标识卡

编号：NHY-8.5-07   No：

货物名称	规格型号	数量	进厂日期	产地	检验状态	备注

仓库保管员：   部门主管：   签发日期：

进货验证记录

编号：NHY-8.6-01　　　　　　　　　　　　　　　　　　　　　　　　No：

产品名称		型号规格	
供应/生产单位		进货数量	
进货日期		验证数量	
验证方式			

验证项目	标准要求	验证结果	合格否

验证结论：

　　　　　　　　　合格（　）　　　　不合格（　）

　　　　　　　　　　　　　　　　检验员：　　　　　日期：

不合格品处置：

　　　　　　　退货（　）；让步接收（　）；拣用（　）；报废（　）

　　　　　　　　　　　　　　　　批准人：　　　　　日期：

其他说明：

编制：　　　　审核：　　　　批准：　　　　日期：

最终检验记录表

编号：NHY-8.6-03　　　　　　　　　　　　　　　　　　　　　　　　　　　　　　　No：

产品名称		规格型号			本批数量			执行标准						
序号	检验要求	检验结果											判断	备注
		1	2	3	4	5	6	7	8	9	10	11	12		

注：抽检数量：　　　检验员：　　　日期：　　　审核：　　　批准：　　　日期：

不合格品返工、返修后检验报告

编号：NHY-8.7-02　　　　　　　　　　　　　　　　　　　　　　　　　　　　　　　No：

序号	不合格品名称	部位	数量	返修返工结果	检验人，时间	备注

顾客满意程度调查表

编号：NHY-9.1.2-02　　　　　　　　　　　　　　　　　　　　　　　　　　No：

顾客名称		地址	
电话传真		联系人	

定购产品时间、定购方式、产品型号、规格、数量等：

对本工厂的满意程度：   质量：　很满意□　　比较满意□　　一般□　　不满意□   价格：　很满意□　　比较满意□　　一般□　　不满意□   交货期：很满意□　　比较满意□　　一般□　　不满意□   请分别说明原因（可另附纸）：

对本工厂服务态度：很满意□　　比较满意□　　一般□　　不满意□   对产品提供方式：　很满意□　　比较满意□　　一般□　　不满意□   对售后服务咨询：　很满意□　　比较满意□　　一般□　　不满意□   请说明原因（可另附纸）：

对代理商满意程度：　很满意□　　比较满意□　　一般□　　不满意□   请分别说明原因（可另附纸）：

其他意见、要求或建议等（对于好的建议一经采用、本工厂将对顾客给予奖励）（可另附纸）：

备注：请贵单位填好此调查表并于2周内传回我公司售后业务部，   电话：   传真：

编制：	审核：	批准：	日期：

预防和纠正措施实施情况一览表

编号：NHY-10.2-02　　　　　　　　　　　　　　　　　　　　　　　　　　　　　　　　　　　No：

处理单序号	内容提要	责任部门	发出日期	完成期限	验证人	验证结果及完成情况	备注

编制：　　　　日期：　　　　审核：　　　　日期：　　　　批准：　　　　日期：

复习思考题与练习题参考答案

第一章　现代管理体系及认证知识概述

1. QMS、EMS、OHSAS。
2. 认证机构证明产品、服务、管理体系符合相关技术规范、强制性要求或者标准的合格评定活动；体系认证和产品认证。
3. ISO 9001、IATF 16949。
4. 环境；ISO 14001。
5. 职业健康安全；作用（略）。
6. 汽车行业、能源、食品安全、信息安全。
7. 参见本书第一章第一节表1-1。
8. 证明产品达到指定标准要求；证明产品达到相关国家或地区的产品安全标准要求。
9. 3C、UL、CE 等。
10. 参见本书第一章第一节"三、产品认证简介"中相关内容。
11. 证明产品符合标准、通行证。
12. 负责除电工、电子领域外标准化；负责电工、电子领域标准化活动。
13. 参见本书第一章第二节内容。
14. 关键词：质量观念、评价规范、认证依据、需要共识、企业发展需求、市场竞争需要。
15. 参见本书第一章第二节相关内容。
16. 参见本书第一章第二节相关内容。
17. 参见本书第一章第二节相关内容。
18. 参见本书第一章第二节相关内容。
19. GB/T 19000—2016、GB/T 19001—2016、GB/T 19004—2011、GB/T 19011—2013。
20. 关键词：管理水平、降低成本、竞争能力、奠定基础。
21. 认证数量第一。
22. 准备阶段、体系策划、编写文件、培养内审员、体系试运行、内审、管理评审、体系认证、改进完善。
23. 申请与认证审核、监审和管理（参见本书第一章第三节第二点内容）。
24. 组织自身审核、顾客对供方审核、认证机构审核。
25. 参见本书第一章第三节第三点内容。
26. CNAC、CNAS、CCAA。
27. CQC、CQM、SAC 等。
28. 参见本书第一章第三节第五点内容。

第二章 质量管理体系基础和术语

1. 以顾客为关注焦点、领导作用、全员积极参与、过程方法、改进、循证决策、关系管理。

2. 增加顾客价值、顾客满意、忠诚、重复性业务、组织声誉、收入和市场份额，扩展顾客群；参见第二章第三节第一点内容。

3. 提高效率、组织协调性、员工能力、改善沟通、获得期望结果；参见第二章第三节第二点内容。

4. 增进积极性，提高参与度、满意度，促进主动性、创造力、价值观；参见第二章第三节第三点内容。

5. 提高关注和改进能力、协调过程体系，得到预知结果、获取相关方信任、获取最佳绩效；参见第二章第三节第四点内容。

6. 改进过程绩效、组织能力和顾客满意，增强对预防和纠正措施关注、提高对风险和机遇反应能力，增强创新驱动力；参见第二章第三节第五点内容。

7. 改进决策过程、改进有效性和效率、提高决策能力；参见第二章第三节第六点内容。

8. 提高组织及相关方绩效、提高为相关方创造价值的能力；巩固稳定的供应链；参见第二章第三节第七点内容。

9. 属种、从属、关联。

10. 一组固有特性满足要求的程度；相互关联或作用的一组活动；组织和顾客之间未发生任何交易的情况下，组织产生的输出。

11. 关于质量的管理、管理体系中关于质量的部分。

12. 硬件、软件、流程性材料等。

13. 满足要求、未满足要求、与预期或规定用途有关的不合格。

14. 为消除已发现的不合格所采取的措施、为消除不合格的原因并防止再发生所采取的措施、为消除潜在不合格或其他潜在不期望情况的原因所采取的措施。

第三章 质量管理体系要求的理解

一、单项选择题

1. A	2. D	3. C	4. A	5. C
6. C	7. D	8. C	9. B	10. D
11. D	12. C	13. C	14. A	15. A
16. B	17. D	18. C	19. C	20. A

二、是非判断题

1. √	2. √	3. √	4. ×	5. ×
6. ×	7. ×	8. ×	9. √	10. ×
11. √	12. √	13. √	14. ×	15. ×
16. ×	17. √	18. √	19. √	20. ×

21. √　22. ×　23. √　24. √　25. √
26. ×　27. ×　28. ×　29. √　30. √
31. √　32. √　33. ×　34. √　35. √
36. √　37. ×　38. √　39. √　40. √
41. ×

三、问答题

1. 证实有能力稳定地提供产品，满足顾客和适用的法律法规要求，增强顾客满意。

2. 要求、建议、允许、可能或能够。

3. 策划、实施、检查、处置。参见本书第三章第二节第三点内容。

4. 参见本书第三章第四节内容。

5. 参见本书第三章第四节内容。

6. 风险是不确定性的影响，不确定性可能有正面影响，也可能有负面影响；正面影响可能提供机遇，但并非所有正面影响均可提供机遇。具体参见第三章第二节第三点、第六节内容。

7. 质量手册、程序文件、作业指导书、记录等。

8. 8.1 运行的策划、8.3.2 设计和开发策划、9.2.1 内审策划、9.3.1 管理评审策划。

9. 人员、基础设施、过程运行环境、监视和测量资源、组织的知识。

10. 资源、能力、意识、沟通、成文信息。

11. 检验测量仪器、量具等，如千分尺、量规、游标卡尺、卷尺、超声波探伤仪等。

12. 信息顺畅、减少不合格、全员参与、质量体系有效运行。

13. 人员：运行和控制 QMS 所需的人员；能力：人员所需具备的工作能力，如操作技能、工作经验、技术水平、培训、教育程度等。

14. 参见第三章第七节第一点资源内容。

15. 产品名称、规格型号、技术性能、质量、数量、交货方式及地点、交货时间、安全性、售后服务等。

16. 功能、性能、法律法规、以前类似设计信息等要求。

17. 参见第三章第八节第四点外部提供的过程、产品和服务的控制内容。

18. 见第三章第八节第五点生产和服务提供内容。

19. 产品标识：区分不同性质的产品；监视和测量状态标识：区分同一产品的不同状态；唯一可追溯性标识：通过所记录唯一标识，能追溯一个产品的历史。

20. 原材料、设备、工模夹具、图纸、专有技术等；识别、保护和维护，发生丢失、损坏等情况时，应报告顾客，并保持记录。

21. ① 采取措施，消除已发现的不合格；② 经有关授权人员批准，适用时经顾客批准，让步使用、放行或接收不合格品；③ 采取措施，防止其原预期的使用或应用；④ 交付或开始使用后发现产品不合格时，采取与不合格的影响或潜在影响的程度相适应的措施。

22. 先监视测量，后分析评价。

23. 顾客对其要求已被满足的程度的感受。

24. 顾客满意度调查、用户意见调查表、流失业务分析、顾客赞扬、担保索赔和经销商报告等方法获取。

25. 内部审核、管理评审、全员参与、领导作用、持续改进、与顾客有效沟通等。
26. 内审：确定 QMS 是否有效实施和保持；管评：评审 QMS 适宜性、充分性和有效性。
27. 领导作用、过程方法、改进、循证决策。
28. 适宜性：QMS 与组织的宗旨、总体目标和组织的实力是否相适宜；充分性：QMS 范围是否充分符合 ISO9001 标准的要求；有效性：QMS 是否有效保持和实施并持续改进。
29. 8.7 不合格输出的控制：对不符合要求的输出识别和控制，防止非预期的使用或交付；10.2 不合格和纠正措施：对不合格做出应对，采取纠正措施，评价有效性，防止再发生。
30. 纠正：是为消除已发生的不合格所采取的措施；纠正措施：采取纠正措施是为防止再次发生此类不合格事件；预防措施：是还未发生，为防止发生类似事件而采取的措施。

第四章 质量管理体系审核概论

1. 按照 QMS 标准、相关程序、法律法规等审核准则，通过现场审核活动，收集到客观真实的审核证据，进行分析比较，得到审核发现，最后经过审核组讨论评审，在考虑了审核目的并综合分析所有审核发现的基础上，得出了最后的审核结论。
2. 审核计划：对审核活动和安排的描述。审核方案：针对特定时间所策划并具有特定目标的一组（一次或多次）审核。参见本书第四章第一节表 4-1 内容。
3. 多体系审核：两个或两个以上的管理体系结合在一起审核；联合审核：两个或两个以上的认证机构共同审核一个受审核方。
4. 全部审核：审核范围覆盖了产品形成的全部过程各个方面；部分审核：审核范围覆盖组织的某类产品、某个过程或部分区域。
5. 诚实正直、公正表达、职业素养、保密性、独立性、基于证据的方法。
6. 条件抽样。
7. 审核目标；审核范围与程度、数量、类型、持续时间、地点、日程安排；审核程序；审核准则、审核方法；审核组的选择；所需的信息和资源；保密性等。
8. 参见本书第四章第三节内容。
9. 审核计划、审核报告、不符合报告、纠正和预防措施的报告、审核后续活动的报告等。

第五章 质量管理体系审核实施

一、填空题

1. 7.5.2　　2. 6.1　　3. 7.1.6　　4. 7.2　　5. 7.2
6. 7.1.3　　7. 7.1.5　　8. 7.3　　9. 8.1　　10. 8.2.1
11. 8.2.1　　12. 8.3.2　　13. 8.3.6　　14. 8.4.2　　15. 8.5.1
16. 8.6　　17. 8.5.2　　18. 8.5.4　　19. 8.7　　20. 9.1.2
21. 9.2

二、案例分析题

1. 不符合 7.5.3 条款。
2. 不符合 7.2b）条款。
3. 不符合 7.1.3 条款。
4. 不符合 7.1.3 条款。
5. 不符合 7.1.3 条款。
6. 不符合 8.2.4 条款。
7. 不符合 8.3.2 条款。
8. 不符合 8.3.3 条款。
9. 不符合 8.4.1 条款。
10. 不符合 8.4.1 条款。
11. 不符合 8.5.1 条款。
12. 不符合 8.5.1 条款。
13. 不符合 8.5.1 条款。
14. 不符合 8.5.1 条款。
15. 不符合 8.5.2 条款。
16. 不符合 8.5.2 条款。
17. 不符合 8.5.3 条款。
18. 不符合 8.5.4 条款。
19. 不符合 7.1.5.2 条款。
20. 不符合 7.1.5.2 条款。
21. 不符合 9.2.1 条款。
22. 不符合 9.2.1 条款。
23. 不符合 8.6 条款。
24. 不符合 8.6 条款。
25. 不符合 8.7 条款。
26. 不符合 9.1.3 条款。
27. 不符合 9.1.3 条款。
28. 不符合 10.2.1 条款。

第六章 质量管理体系文件编写

1. 体系文件：描述一个企业质量管理体系结构、职责和工作程序的一整套文件；成文信息：质量手册、程序文件、作业指导书、管理制度、标准、规范、质量记录等。

2. 参见第六章第一节内容。

3. 设计和开发策划、设计和开发输入、设计和开发控制、设计和开发输出、设计和开发更改。

4. 参见第六章第一节表 6-1 内容。

5. 参见第六章第一节第二点内容。

6. 参见第六章第一节第二点内容。

7.7.5.2 创建和更新条款要求，确保适当的标识和说明（如标题、日期、作者、索引编号）；形式（如语言、软件版本、图表）和载体（如纸质的、电子的）；评审和批准。

8. 参见第六章第一节第三点内容。

9. 参见第六章第一节第四点内容。

10. 质量手册具有纲领性和概括性，全面描述组织的质量管理体系，概述体系文件结构，反映组织质量管理体系全貌；方便向相关方描述企业质量管理体系、标准等应用情况。

11. 见第六章第二节第一点内容。

12. 见第六章第二节第二点内容。

13. 程序是为进行某项活动或过程所规定的途径，程序可以形成文件，也可以不形成文件。程序是质量管理体系的重要组成部分，是描述实施质量管理体系过程中所需要的质量活动的文件，是质量手册的具体展开和支撑。因此，组织一般都会编制程序文件。

14. 控制质量活动、明确质量相关人职责、权限和相互关系、执行、验证和评审质量活动的依据。

15. 见第六章第三节表6-3内容。

16. 文本、流程图、表格、硬拷贝、电子媒体等。

17. 见第六章第三节第三点内容。

18. 见第六章第四节第二点内容。

19. 见第六章第四节第一点内容。

20. 见第六章第四节第三点内容。

21. 略

22. 记录是记载过程状态和过程结果的文件。为已实现的结果提供证据的作用。

23. 不符合、采取的措施、让步、针对不符合的措施决策的授权标识等记录。

24. 见第六章第五节第一点内容。

25. 证实作用、追溯作用、统计分析数据源作用。

26. 原始记录、统计报表和分析报告等。

27. 见第六章第五节第四点内容。

28. 略。

参 考 文 献

[1] 中华人民共和国国家质量监督检验检疫总局,中国国家标准化管理委员会. GB/T 19000—2016/ISO 9000:2015 质量管理体系 基础和术语. 北京:中国标准出版社,2017.

[2] 中华人民共和国国家质量监督检验检疫总局,中国国家标准化管理委员会. GB/T 19001—2016/ISO 9001:2015 质量管理体系 要求. 北京:中国标准出版社,2017.

[3] 中华人民共和国国家质量监督检验检疫总局,中国国家标准化管理委员会. GB/T 19011—2013/ISO 19011:2011 管理体系审核指南. 北京:中国标准出版社,2014.

[4] 中国认证认可协会. 质量管理体系审核员 2015 版标准转换培训教材. 北京:中国质检出版社,中国标准出版社,2015.